U0909048

中国公共就业服务均等化的水平测度及实现路径研究

于洪波 著

中国社会科学出版社

图书在版编目(CIP)数据

中国公共就业服务均等化的水平测度及实现路径研究/于洪波著.—北京:中国社会科学出版社,2015.10

ISBN 978-7-5161-7170-7

Ⅰ.①中… Ⅱ.①于… Ⅲ.①劳动就业—社会服务—研究—中国 Ⅳ.①D669.2

中国版本图书馆CIP数据核字(2015)第275382号

出 版 人 赵剑英
责任编辑 赵 丽
责任校对 季 静
责任印制 王 超

出 版 中国社会科学出版社
社 址 北京鼓楼西大街甲158号
邮 编 100720
网 址 http://www.csspw.cn
发 行 部 010-84083685
门 市 部 010-84029450
经 销 新华书店及其他书店

印 刷 北京君升印刷有限公司
装 订 廊坊市广阳区广增装订厂
版 次 2015年10月第1版
印 次 2015年10月第1次印刷

开 本 710×1000 1/16
印 张 14.5
插 页 2
字 数 245千字
定 价 56.00元

前　言

本书基于现有研究成果，对公共就业服务均等化相关问题进行了系统研究。在公共就业服务均等化内涵的理解上，从价值、横向和纵向等多维视角来考虑。认为，从价值维度看，公共就业服务均等化体现的是“以人为本、促进人的全面发展”的价值追求；从纵向维度看，公共就业服务均等化是机会、过程、结果的复合均等的集成；从横向维度看，公共就业服务均等化包括就业培训、职业介绍等多项内容。在此基础上，本书进一步提出：公共就业服务均等化是一个循序渐进的过程，是随着中国特色社会主义的建设步伐而发展的；在这个过程当中，制度现代化是关键，不断完善和发展中国特色的公共就业服务制度，使之规范化、系统化、科学化是首要任务；制度是前提和基础，公共就业服务均等化以制度现代化为先决条件。本书对公共就业服务均等化内涵的分析与界定是对现有成果的进一步拓展、深化和升华，具有一定的理论创新性。

在对公共就业服务区域均等化水平测度过程中，本书根据“投入—产出—受益”维度构建包含 16 个三级指标的公共就业服务区域均等化水平测度指标体系，基于熵值法和 TOPSIS 方法的理论机理，建立熵值—TOPSIS 模型对省际和地区间公共就业服务均等化水平进行实证测度，并分析区域间公共就业服务均等化差异的影响因素。在对城乡公共就业服务均等化水平测度方面，本书以城镇化进程作为评价城乡间公共就业服务均等化差异水平的标准，选择经济发展状况、政府公共就业服务能力和公共就业服务偏好等影响因素作为解释变量，通过构建省级面板数据模型来测度城乡公共就业均等化水平差异，并探究城乡公共就业服务非均等化程度及主要影响因素。实证研究方法的运用丰富了现有的研究成果，亦弥补了当前学界对公共就业均等化问题实证研究的不足。

在公共就业服务均等化的路径选择上，本书将公共就业服务均等化的实现路径从宏观、中观、微观三个层面加以总结归纳；既有制度体制等上层建筑层面的导向性措施，又有资金技术等经济社会领域的操作性措施，更有评价、监督等人文社科领域的保障性措施；由表及里、点面结合地提出建设性意见，打破以往的政策框架，建立全新的路径建议体系，具有重要的现实意义，亦具有一定的创新性。

本书的主要研究目标是期望能为政府主导的公共就业服务均等化推进过程提供具有可行性和科学性、普遍应用性、较高的实用性、整体协作性的实践模式与相应的政策建议。在尝试给出解决就业服务体系“碎片化”问题建议的基础上探求推进公共就业服务均等化的未来生长点，推动实践层面的中国特色的公共就业服务体系的构建；促进中国特色的公共就业服务体系和机制的细化、深化，不断提升人力资源的经济社会效益。同时，公共就业服务是帮助劳动者实现就业的一种有效手段。加强公共就业服务均等化研究，有助于解决中国就业问题，也有助于用有效的管理工具促进劳动力的合理有序流动。更深层次的意义在于期望通过公共就业服务均等化体系的构建与新的户籍政策实施的配合，推动城乡一体化进程，促进城乡二元结构樊篱的真正破除，加快中国城市化、现代化的进程。

目　录

第一章　绪论

第一节　研究背景、研究目的和研究意义

一　研究背景

公共就业服务最早的项目是职业介绍。1910 年，英国开办了世界上第一个国家职业介绍所，时至今日，世界性的公共就业服务事业已经走过了百年历程。可以说从 1910 年起，现代政府治理国家追求的目标之一就是向公民提供均等的公共就业服务，并在施政纲领上加以贯彻。发达国家在公共就业服务实践中，通过强化政府的垄断地位，推行国有化改制，并借助公共财政预算与转移支付等手段，不断创新公共就业服务供给模式，形成政府主导、社会组织和私营部门多元参与、协同供给的机制，逐步实现了公共就业服务均等化。

公共就业服务作为基本公共服务的重要组成部分，是首要的民生工程。在中国，面对不断增长的就业大军，就业形势日益严峻，就业矛盾不断增加，推进公共就业服务均等化显得尤为重要。

一个世纪以来的实践证明，公共就业服务在减少失业率、保障失业者基本生活、调节劳动力市场、提高劳动者就业能力、促进人力资源合理流动等方面，发挥了重要作用。随着时代的发展和社会的进步，客观上对公共就业服务提出了更高的要求，而实现公共就业服务均等化是适应社会发展要求的重要之举。目前，虽然官方统计显示的失业率在 4% 左右，但因为中国人口基数大，所以这一数字还是非常值得重视的，再加上中国幅员辽阔，各地区自然资源环境不同，就业环境复杂，城乡二元结构矛盾突出，不均衡的就业服务状况日益成为经济发展和人类全面发展的障碍，而且随着老龄化社会特征的显现、劳动力资本红利减少带来的结构性失业人数增多，推进就业服务均等化更显得刻不容缓。而同样，由于中国复杂的

社会环境，实现这一目标，任重而道远。因而，对这一问题进行系统梳理、寻求其解决路径意义重大。

第一，公共就业服务均等化是释放人力资源活力的操控器。中国作为世界人口大国，城市新增劳动力就业、失业人员再就业、高校毕业生就业及农村剩余劳动力转移就业等问题交织在一起，就业压力巨大。仅以高校毕业生为例，如图1—1所示，2013年毕业人数就达到699万，2014年达到727万，2015年更是达到了749万。不断创造最难就业季的历史，大学生就业牵动着千家万户的心，“就业”成为全民话题。尽管中国自20世纪80年代以来，逐步建立起包括职业介绍、职业指导、职业培训、社区就业岗位开发等公共就业服务体系机制，对解决多层面人群的就业问题发挥了重要作用，但阻碍劳动力资源自由、有序流动的制度性障碍依然存在。一是劳动力市场的城乡分割、地区分割；二是劳动力市场政策及制度措施欠缺公平合理性；三是行业垄断壁垒和城乡就业服务体系分割。这些障碍因素成为人力资源合理流动的樊篱。因此，创新公共就业服务模式，不断推进公共就业服务均等化，促进人力资源的合理科学流动是解决问题的重要途径。

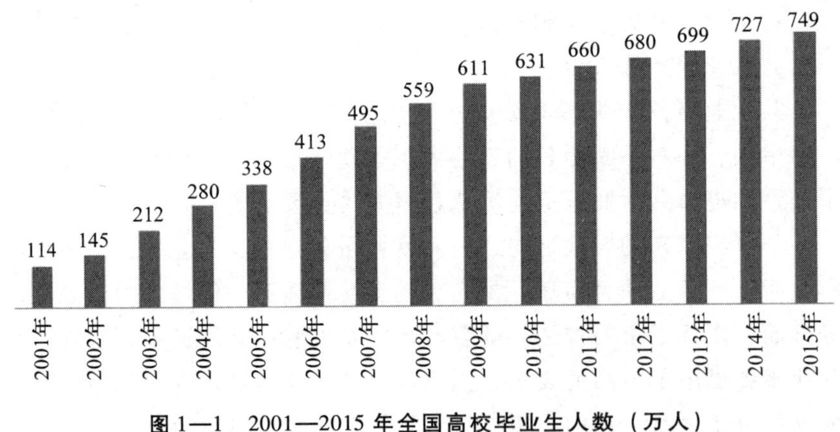

图1—1　2001—2015年全国高校毕业生人数（万人）

第二，公共就业服务均等化是经济均衡发展的助推器。公共就业服务作为基本公共产品之一，政府的主导地位不容置疑。但其发展现状表明，中国政府的公共就业服务职能定位不科学，导向引领作用不突出，在城市管得过多、过细，而在农村和某些欠发达地区管理又严重欠缺。由于没有充分利用市场化供给手段，调动多方力量，导致政府很疲惫、财政压力巨大，而服务效果却不明显，而且城乡和区域之间的差距不断扩大，不均衡发展现象突出。现实的矛盾促使政府在提供公共就业服务的过程中，在尊重差异的基础上，必须注重均等化原则。宏观调控和微观管理相结合，从国家管控层面消除城乡二元结构的体系机制，同时尊重差异性，支持地方建立符合实际的治理机制；更进一步调整政府的角色地位，尊重市场的主体作用，将部分适合竞争、经营的就业服务项目完全市场化，鼓励非政府组织、社会团体等进行公共就业服务经营运作，发挥市场在公共就业服务中的作用，形成人、财、物流畅运行的体系机制，促进公共就业服务均衡发展。

第三，公共就业服务均等化是中国公共就业服务理论制度创新的加速器。21 世纪初，中国开始由生存型社会向发展型社会转变。在发展型社会中，生存需要不再是第一需要，取而代之的是个人的全面发展需要。人们对衣食住行等物质层面和文化娱乐等精神层面的需求不断提高，更多地追求个人价值的社会认可度。而就业是一切发展需要的实现基础，所以人们对就业的关注度更高，要求也更高。就业服务作为满足公民就业发展需要的保障，必须随着人的需求发展而不断发展，要使服务总量不断增加，服务主体不断延伸，服务结构和层次不断调整和提升。这需要中国的公共就业服务进行重新定位和改革创新，而这一过程，需要科学、系统的理论作指导。

第四，公共就业服务均等化是适应经济新形势、应对全球化挑战的稳定器。世界经济日益全球化一体化的趋势是不可逆转和不可回避的。中国作为发展中大国、世界第二大经济体，经济的发展、社会的进步与世界紧密结合。自 1978 年以来，中国的发展历程证明，改革开放是中国经济发展的强大助推器。中国要全面建成小康社会、实现中国梦，必须坚持改革开放绝不动摇，全面发展外向型经济，外需、内需、投资“三驾马车”共同驱动、缺一不可。就业作为与经济发展相关的指标，对经济发展变化的影响不容忽视。而对现实就业问题的解决和均等化的真正实现又是至关重要的。商务部相关课题研究显示，在不考虑其他因素变化的情况下，就业的进出口弹性为 0.3219。中国受传统劳动力资源优势的影响，纺织业、服装业、加工业等劳动密集型产业在对外贸易中占据重要地位。2008 年，国际金融危机曾造成大量农民工返乡，现虽已步入后危机时代，劳动密集型产业在外向型经济中的比重也有所下降，但随着中国融入世界的进程不断加深，劳动就业与全球发展的联系也日益密切。近年来，中国一直是国际上遭受反倾销调查最多的国家。反倾销调查及其他各种新的贸易摩擦对中国的就业产生了负面的影响。一些发达国家指责中国在劳动就业方面上存在工时长、工作环境差、安全保障低等问题，导致它们相关产品在价格上没有优势，它们认为中国产品存在着“劳工倾销”。诚然，这些国家的指责主要是受经济利益的驱动，但国际贸易与劳工标准相联系是个不争的事实。劳工问题国际化是中国在融入经济全球化过程中必须要直面的一个现实性问题。所以，转变国际贸易方式，需要扭转劳动力成本依赖模式，这迫切要求中国为劳动力资源构建一个公平竞争的就业环境，全方位地加强公共就业服务，以改变一些企业“劳工压榨”的形象。因此，以公共就业服务均等化促进就业环境等的改善和提高是必然的选择。

二　研究目的

公共就业服务均等化是衡量政府公共服务均等化的核心指标之一，是维系全体社会成员生存与发展，促进社会公平正义和文明和谐的“基石”，是政府关注民生、改善民生的重要切入点，也是实现国家富强民主、人民生活富裕的基础保障。公共就业服务是以促进就业为目的，由政府向劳动者提供的、公益性的、能用来满足劳动者就业需要的产品和服务。公共就业服务的公益性本质要求把与就业相关的各个服务项目覆盖到社会各领域、惠及社会各类就业群体中。政府向每一个公民提供的公共就业服务的机会必须是均等的，通过均等化的公共就业服务实现就业权的平等，这是公民平等享有一切权利的基础。党的十七大报告指出：“要坚持实施积极的就业政策，加强政府引导，完善市场就业机制，扩大就业规模，改善就业结构。完善支持自主创业、自谋职业政策，加强就业观念教育，使更多劳动者成为创业者。健全面向全体劳动者的职业培训制度，加强农村富余劳动力转移就业培训。建立统一规范的人力资源市场，形成城乡劳动者平等就业的制度。完善面向所有困难群众的就业援助制度，及时帮助零就业家庭解决就业困难。”① 党的十八大进一步提出了推进实现更

① 胡锦涛：《高举中国特色社会主义伟大旗帜　为夺取全面建设小康社会新胜利而奋斗——在中国共产党第十七次全国代表大会上的报告》，《人民日报》2007 年 10 月 25 日第 1 版。

高质量就业的总要求。2013 年 8 月，习近平总书记在辽宁考察时指出，要做好就业再就业工作。党的十八届三中全会提出了为健全、促进就业创业体系机制，应着力完成的任务：一是建立联动机制，促进经济发展和扩大就业双向共赢；二是健全政府促进就业的责任制度；三是规范招人、用人制度，努力消除影响平等就业的制度障碍和就业歧视；四是建立创业新机制，形成政府激励、社会支持、劳动者投身创业的局面；五是完善城乡均等化的公共就业创业服务体系；六是构建劳动者终身职业培训体系，完善失业保险、失业监测统计等制度体系；七是创新劳动关系协调机制，畅通合理诉求表达渠道。这些为新时期就业服务工作的均等化发展指明了方向。

就业是民生之本。平等的就业权是社会和谐、进步的重要参考指标。判定政府服务职能是否履行的重要指标之一是面向就业领域为所有就业人群提供基本的服务。就业领域的服务以促进就业为目的，以提供公益服务来定性，以政府服务公众的职能来定位，由公共政策、公共财政给予保障和支持。只有通过公共就业服务均等化和就业扶持政策普惠化，帮助有就业意愿的人员实现就业，才能达到社会就业更加充分的目标①。2008 年 1 月 1 日颁布实施的《中华人民共和国就业促进法》对公共就业服务的性质、原则、政策框架、服务内容等作了详细规定，使公共就业服务均等化的实现有了法律的保障。推进公共就业服务均等化，是加快统筹城乡就业步伐、缩小区域发展差距的直接动力，是建设和谐社会的重要环节，是贯彻落实党的十八届三中全会确定的实施扩大就业发展战略的重要内容。

三　研究意义

就业是民生之基。公民均等地享有公共就业服务的权利，是彰显社会公平正义的重要体现，也是实现充分就业、优质就业的重要手段和必由之路。同时，均等化的资金统筹规划也有助于提高就业服务专项资金的使用效率。因此，本书以“公共就业服务均等化”为主题，具有十分重要的理论意义和现实意义。

---

① 孙向南：《基本公共就业服务均等化促进充分就业的对策研究——以广东省为例》，《北方经济》2010 年第 6 期。

（一）理论意义

尽管目前中国国内学者对于公共就业服务均等化问题的研究，已经取得了不少共识性研究成果，但是对于均等化政策背后的理念研究仍然不够充分和深入，这往往导致不少学者和不同群体依据不同视角来看待这个问题。简单来说，从社会公平与公正视角出发来探讨公共就业服务均等化问题，所得出的结论必然与从现实的财政保障能力与支出结构等方面考察所得出的结果不一致。基于当前中国经济社会发展的国情可看出，现阶段中国的公共就业服务供给既存在总量供给方面的不均等问题，同时也存在结构供给方面的非均衡化问题，而具体到供给标准和提供方式方面，地区之间、城乡之间也有很大差异。这些现实问题的解决对于学术界而言，并非以分头研究和逐一解决为最佳方式，最终还是需要从公共就业服务供给制度本身入手，并结合现阶段的社会经济发展状况来进行宏观把握。同时，从已有大量相关的研究成果来看，尽管有众多成果对公共就业服务均等化问题进行了深入的探讨和研究，但真正从供给制度与政策入手，结合现阶段社会经济发展及公共就业服务供给现状等方面所做的研究，还是相对不足。因此，本书以现有的研究成果、前沿理论、时下改革政策为研究背景和理论基础，基于公共就业服务的供给现状和其均等化的制度变迁历程，通过分析中国公共就业服务不均等的表现，梳理产生问题的根源，测度公共就业服务均等化水平，剖析现有问题对就业服务的障碍，为实现公共就业服务均等化提供理论支撑和决策依据，推动公共就业服务体系的改革和创新。在理论分析和实证研究的基础上，提出实现中国公共就业服务均等化的原则基础、政策措施及路径选择，为促进政府在公共就业服务领域的正确角色定位、调整公共就业服务布局、推进社会公平正义、维护社会稳定和全面深化改革、早日建成小康社会提供有力帮助。

（二）现实意义

理论来源于实践，又作用于实践、指导实践。权为民所系、利为民所谋是政府的职责所在，是检验政权性质和社会发展程度的根本标准。公共就业服务的均等化发展要求政府主导、多元参与、合作整合来实施就业服务。本书的主要研究目标是期望能为政府主导的公共就业服务均等化推进过程提供具有可行性和科学性、普遍应用性、较高的实用性、整体协作性的实践模式与相应的政策建议。在尝试给出解决就业服务体系“碎片化”

问题建议的基础上探求推进公共就业服务均等化的未来生长点，推动实践层面的中国特色的公共就业服务体系的构建；促进中国特色的公共就业服务体系和机制的细化、深化，不断提升人力资源的社会经济效益。同时，公共就业服务是帮助劳动者实现就业的一种有效手段。加强公共就业服务均等化研究，有助于解决中国的就业问题，也有助于用有效的管理工具促进劳动力的合理有序流动。更深层次的意义在于期望通过公共就业服务均等化体系的构建与新的户籍政策实施的配合，推动城乡一体化进程，促进城乡二元结构樊篱的真正破除，加快中国城市化、现代化的进程。

第二节　国内外研究述评

目前，国内外学者对公共就业服务的研究较多，成果颇丰，但对公共就业服务均等化问题的研究还不是很丰富。截至 2015 年 7 月，中国知网上标题中含有“公共就业服务均等化”字样的学术论文仅有 23 篇。2001 年至今，标题中含有“公共就业服务”字样的论文共有 359 篇，多以某个省、市、县为例，进行的是公共就业服务均等化问题的某个方面的研究，全面阐述公共就业服务均等化问题的论文基本没有。国外公共就业服务均等化问题的研究渗透在相关学术成果的字里行间，因为国外公共就业服务从设计之初就是本着均等化的理念的，所以一切的作为都是在均等化范畴内的，没有也没必要将均等化作为公共就业服务过程中的问题来探讨。而中国，由于城乡二元结构以及新中国成立以来的体系机制制约，公共就业服务的不均等状况不断出现新情况、新问题，使得推进公共就业服务均等化成为一个严峻课题。为了更好地研究该问题，本书首先对公共就业服务相关问题的研究成果进行总结归纳，在此基础上对公共就业服务均等化的国内外相关理论成果进行梳理和总结，为分析研究问题奠定基础。

一　国外研究现状

在国外，尤其是在发达的市场经济国家，由于经济发展时间长，经济水平已达到相当高的程度，以此为基础的社会福利整体水平较高，劳动力市场起步早、发育成熟，就业服务体系亦较为完善。在理论和实践的相互作用中，国外学者对公共就业服务相关问题的研究也较为成熟和全面，尤其是在就业服务功能、绩效、组织模式等方面较为突出。

（一）关于公共就业服务的重要性及有效性研究

国外有学者认为，就业困难者解决就业问题的唯一有效方式是公共就业服务。公共就业服务机构是失业劳动者和私营部门之间的纽带和桥梁。失业福利计划的实施目标不仅要解决目前的失业状况，还要立足长远，将未来的“失业危机”纳入计划范畴。

针对公共就业服务政策的有效性问题，有学者认为，政府公共就业服务计划对劳动力市场上的弱势群体的针对性并不强，就业计划没有有效地刺激失业者的再就业积极性，所以存在公共就业计划参与者的境况并不比不参与者更好的现象①。

为提高公共就业服务的质量，使公共就业服务市场更有效率，有学者认为，公共就业服务在采用外包模式进行培训服务时，对培训的个性化和培训效果的评估应特别重视。

还有学者对公共就业服务和私营就业服务的效果进行了比较分析，认为公共就业服务和私营就业服务的完美合作是构建公共就业服务体系的必要步骤，是解决社会不公平和社会不满的有效途径。

（二）关于公共就业服务的组织管理问题研究

有学者认为，发达国家就业服务机构主要有四种组织模式：一是劳动部内设部门，二是自治性公益机构，三是集体协议地位和双边管理，四是私营化组织②。

有学者提出，发达国家公共就业服务组织模式各有利弊。虽然在劳动部门内部设立公共就业服务组织模式，能使就业服务政策与政府政策实现有效协调，但这种模式往往缺乏灵活性，而且对就业服务部门在实施专业化管理上有制约因素。近年来的总体趋势是各国都普遍倾向于自治性公益机构模式。这主要是因为这种模式具有工作连续性强、机构稳定、不受政治干预影响等优势，能与雇主组织和工会组织保持密切合作的关系，人员稳定、素质高，服务工作质量和效果能得以保证。

有的学者比较了不同的跨部门合作模式的绩效，指出随着购买者与提供者关系的持续性增长，可能会阻碍就业促进政策与有效合作关系的协同

---

① 贾荣言、刘力军：《借鉴国内外公共就业服务研究，完善河北省公共就业服务体系》，《河北企业》2014 年第 4 期。

② Donk L. van, J. de Koning, 2005, “Mediation Servicesand the Outflow from Short - term Unemployment: Average and Relative Effectiveness of Public Employment Services”, SEOR Working Paper.

发展。还有学者以丹麦为例分析了治理改革的多方面影响，分析了社会与合作者积极参与地方治理网络的合理性。有学者对雇主在公共就业服务中的关键作用予以肯定，指出要采取积极措施进一步发挥雇主的作用。

（三）关于公共就业制度的改革发展研究

有学者根据英国、澳大利亚、荷兰等国的经验，分析总结出可能存在于私人提供的公共就业服务的外包模式中的几种道德风险，提出了用结果激励、信息监督和法规控制等政府管理机制降低、减少道德风险的发生的策略。

有的学者对欧洲公共就业服务政策的主要文献进行了深入研究，认为政府对公共就业服务进行相应的政策设计时，应当遵循一定的原则和方法。

国外有学者认为，公共就业服务是一个复杂的多层次治理体系，分权治理是其显著特征。并对分权治理的原因进行了分析，指出了分权过程中可能不同程度地存在的问题，比如服务碎片化的整合解决问题，地方的合作能力问题，服务的价值标准问题。在此基础上，提出了实现有效分权的几个关键维度，包括灵活的项目设计、以结果为导向的绩效任务、下移的权责统一的责任范围、以保障公平待遇的最低服务标准的制定等。

（四）关于公共就业服务的信息化问题研究

针对就业服务的信息化、技术化问题，有学者认为，公共就业服务部门可以以信息通信技术为基础，在个性化服务活动与管理模式设计上，建立信息收集与导航自动化系统、一体化数据库。

有学者提出，公共就业服务可以建立以超能光波为技术支持的系统，即所谓的超能光波网上就业系统。这种超能光波网上就业服务系统形成的网上就业服务环境以表格形式记录信息，信息存储在人事管理空间上，从而给招工单位和劳动者个人提供方便快捷的服务。

（五）关于公共就业服务的绩效管理研究

国外有学者认为，公共就业服务绩效衡量应用广泛，但是也会存在某些诸如承包商追求短期结果、忽视长期服务质量效益等共性问题。他们提出了设计绩效评估系统应基于可靠的数据、应避免产生负面激励效果、应考虑到不同组织的差异而区别考量等政策建议。有的学者通过丹麦公共就业系统的典型案例探讨了数据驱动的监控与评估的整合问题，提出构建有效的绩效管理模式要把“法律规则、经济激励、数据访问、与公共就业系统利益相关者的对话协调”① 四种政策机制有机结合起来，特别关注数据的共同来源。

（六）关于公共就业服务的市场化运作问题研究

国外学者探索了私有部门参与公共就业服务的程度，分析了私有部门在未来参与度会不断提高的诸多原因。但同时指出，就业服务的私有化从本质上来说，是一种保守性政策，对处理人们获取有偿就业过程中面临的障碍缺乏有效性，往往更加有利于私有部门而不是失业者。有的学者以澳大利亚和荷兰的就业融入计划为研究基础，提出为提高公共就业服务引入市场力量的改革效果，公共就业服务成本的降低不能以服务质量的降低为代价，客户的选择风险也应得到有效控制，公共就业服务的准市场机制还需要重新设计。有的学者还对荷兰外包服务从理论和实证角度进行了研究，他们认为，由于对外包服务获得成功的影响因素缺乏清晰的认识，使得招标程序问题重重、成本昂贵。为了有效发挥外包服务的作用和优势，应明晰服务本身的性质和特点，充分发挥政府和公共机构的核心管理能力，准确把握制度背景和市场特征②。有的学者对培训券应用于德国积极劳动力市场的改革也进行了研究，认为激励、信息和控制机制虽然是有用的工具，但因为信息不对称等问题的存在，培训券制度提供的平等购买力并不能产生平等的效果，克服这一问题的有效途径是用合同外包制度代替培训券制度。

（七）关于政府与其他社会组织团体合作提供公共就业服务问题研究

国外有学者认为，公共就业服务的发展趋势是更加开放和需要合作。公共就业服务机构应与多方合作，探求更具参与性的新形式、新做法，促进劳动力市场政策的业绩和社会凝聚力的提升。在诸多合作方面，公共就业服务机构最应重视的是与私营就业服务机构的合作，在公共就业服务领域引入竞争机制，用竞争性服务提高公共资金与资源的配置效果。当然在多种形式的合作模式中公共就业服务机构应发挥主导作用。

有的学者更具体地把公私合作共同提供公共就业服务的关系类型区分为平等合作、对应互补、公平竞争和规范交易。有的学者认为合作应当因

① Joachim Bol, Lars Heberg, 2013, “Performance Management and Evaluation in the Danish Public Employment Service”, *New Directions for Evaluation*, No. 137, pp. 57 - 67.

② Alex Corra, Mirjam Plantinga, 2009, “Best Practices in Reintegration Services”, SSRN Work PaPer.

地制宜，不同地方自治单位在就业服务方面的合作程度与方式也千差万别。合作效果的评估不仅要看合作的深度与广度，而且要看合作过程中各方的努力付出程度。合作程度的考量要考虑一些关键因素，诸如组织利益（资源依赖与问题解决方面的收益）、社会资本与多方面能力等。有的学者进一步认为，公共就业服务社会市场合作模式理论优势体现在效率提高、成本减少、灵活性增加上，在政治上它适应了从福利优先向工作优先的就业政策领域的转向，使失业者得到优先照顾，追求产出型投入和非产出型投入之间的平衡，它为政策决策者控制就业政策成本提供了一种更好的范式，有利于就业领域去政治化。

有的学者还对各国公共和私营就业机构合作方式进行了比较，认为以下两种合作模式比较适合未来社会的发展。一是外包模式。运作方式是将原来由公共部门提供的服务职能交由私营部门以竞争方式获得承包权，公共就业服务部门对其给予全部或部分公共资金支持，并对其财务状况进行严密监控。这种模式在就业培训服务方面被广泛使用。二是契约式合作模式。这种模式是指公私就业服务机构之间签订详细的合作合同，就业服务机构给客户发放代金券，客户可以在服务提供者之间进行自由选择，以代金券结算。

综上可见，目前国外一些学者认为，公共就业服务提供方式呈多元化发展态势，主要以政府主导，同时发挥市场与私营部门的作用。从发展趋势看，政府和私营机构合作的供给模式是公共就业服务未来发展的方向。

二　国内研究现状

与国外相比，中国公共就业服务属于后发行为，发展不是很成熟，还存在着公共就业服务供给上的结构性和制度性缺陷。随着经济社会的发展，对公共就业服务的要求不断提高。近年来，中国国内学者对公共就业服务问题的关注度日益提高，相关研究成果不断呈现。研究重点主要集中在以下方面。

（一）关于公共就业服务现状及存在问题的研究

温俊萍认为，随着社会主义市场经济体制的不断深化和人力资源市场的不断发展，中国公共就业服务均等化的制度框架已初步构建，覆盖城乡的公共就业服务体系基本形成，公共就业服务惠及的劳动者数量不断增加，针对就业弱势群体的就业援助服务组织和实施顺畅，但仍面临着财政投入不均等、各地就业服务供给不均衡尤其是城乡就业服务水平差距悬殊等诸多困境①。

刘丹华指出，中国公共就业服务手段、功能、效率和队伍素质还难以适应严峻的就业形势的需要。公共就业服务总体投入不足，导致县、乡、村三级公共就业服务的基础建设、覆盖范围、服务内容和服务水平还很落后，城乡差距依然存在；转移就业的农村劳动者和进城务工的农民工享受公共就业服务不充分；公共就业服务机构运行经费紧张，影响了公益性服务的充分开展；服务效率和质量因受服务功能不齐全、手段短缺和激励机制不健全的影响，在满足人民群众的迫切需求上还存在较大差距②。

王小玲和史春生指出，公共就业服务面临着严峻的就业形势，公共就业服务和人员素质还难以适应充分就业的需要；破除体制性障碍、规范人力资源市场还需艰苦努力③。贾小溪和金野指出，公共就业服务面临的主要问题依次是严重缺乏的经费、短缺的专职人员、不足的创新性、不强的人员能力。公共就业服务机构信息发布渠道不畅④。袁国敏在调查分析了辽宁省公共就业服务实践的满意度基础上，认为公共就业服务主要面临的问题有经费严重不足、专职人员短缺、创新意识和创新能力不足⑤。李宏指出，中国公共就业服务存在着公共就业服务机构数量不足、结构单一、劳动力市场信息传递功能不健全、政府对劳动力市场宏观调控力度不够等问题⑥。

葛赞认为，中国目前的公共就业服务难以满足各类劳动者的需求，公共就业服务机构与盈利性服务机构存在不平等竞争，部门间的协调配合影响着公共就业服务的质量，多种因素影响公共部门与私营部门有效合作⑦。晏玉珍认为，公共就业服务存在的问题（以河南为例）有：第一，

① 温俊萍：《政府购买公共就业服务机制研究》，《中国行政管理》2010年第10期。

② 刘丹华：《新形势下公共就业服务发展探究》，《中国劳动保障》2009年第9期。

③ 王小玲、史春生：《我国公共就业服务体系面临的新形势及其完善策略》，《中国商界（下半月）》2009年第11期。

④ 贾小溪、金野：《公共就业服务当前应注意解决什么问题？——对辽宁省公共就业服务体系的调查评析》，《中国就业》2006年第3期。

⑤ 袁国敏：《公共就业服务，我们应该如何做，基于辽宁公共就业服务满意度调查的研究》，《中国劳动》2007年第10期。

⑥ 李宏：《公共就业服务体系建设与发展——问题分析与政策建议》，《北方经贸》2007年第1期。

⑦ 葛赞：《公共就业服务均等化的思考》，《淮海文汇》2013年第2期。

公共就业服务发展不均衡，表现在县市间不均衡、城乡间不均衡和不同的人员类别提供的服务不同等方面。第二，信息化水平不高。第三，服务机构缺乏明确的职能定位。第四，缺乏有效的监督和激励机制。第五，就业服务人员服务质量低下。第六，公共就业服务手段比较落后①。

（二）关于公共就业服务体系现状、问题及对策研究

张冬撰文指出，优化人力资源配置和促进充分、顺利地就业的重要立足点与重要保障是大力加强公共就业服务体系建设。首先，要尽快制定和完善相关的配套政策法规；其次，要建立基于科学管理基础上的公共就业服务机构，将有利于公共就业服务长期、健康发展的各项政策措施落到实处；再次，要统一规划、整体推进公共就业服务的信息化网络建设；最后，要以“以人为本”的服务理念，在公共就业服务功能的人性化、多元化上下功夫②。

马树才和张华新认为，公共就业服务体系效率的进一步提高，首先，要着力解决的是资金短缺和人力不足的问题，这就要求公共就业服务机构的投入要加大；其次，要调整和完善服务内容，也就是公共就业服务体系的职能要明确；再次，要创新公共就业服务的体系范围和手段；最后，要探索搭建多种形式的功能互补的规范的劳动力中介服务体系③。

王钰认为，目前公共就业服务体系存在的主要弊端有：公共就业服务体系中缺乏地区层级划分的信息提供方式；公共就业机构培训缺乏针对性、长远性；缺乏完整的服务流程。为了弥补现有不足，贯彻“以人为本”的理念，要在以下方面进行创新：一是从信息提供的渠道上创新，二是从职业技能培训上创新，三是从服务流程上创新④。杨河清和王飞鹏指出，公共就业服务建设的基础性工作是保障体系的建设。目前，中国在公共就业服务保障体系建设上虽然取得了稳步推进的制度立法、有力保障的资金来源、基本形成的服务网络等成绩，但仍然存在诸如就业服务法律体系尚不完善、资金来源不足、服务效率较低、组织体系和管理机制不健全等问题。今后要在制度立法、管理体制规范、提升就业服务质量、完善

① 晏玉珍：《河南公共就业服务体系存在的问题及优化建议》，《中共郑州市委党校学报》2014 年第 1 期。

② 张冬：《促进我国公共就业服务体系建设》，《人才开发》2010 年第 12 期。

③ 马树才、张华新：《公共就业服务体系效率研究》，《商业经济与管理》2009 年第 4 期。

④ 王钰：《在以人为本理念下构建公共就业服务体系》，《新西部》2010 年第 9 期。

教育培训体系、拓展就业服务新领域等方面努力①。王阳建议建立“一主多元”的公共就业服务体系。一是建立综合性的公共就业服务部门，二是增加特定人群的就业服务机构，三是鼓励各类社会组织、非营利部门、社区等参与服务供给②。李天舒提出，公共就业服务体系的完善，首先，要加强基层的就业服务能力建设；其次，要完善就业培训制度，使之惠及全体劳动者；再次，要增强财政保障能力；最后，要创新公共就业服务的供给方式③。贾荣言和刘力军就公共就业服务体系的完善提出了具体对策：第一，为加大技能和创业培训的支持力度，应以实现财政资金投入机制的长效稳定为目标。第二，加大职业技能鉴定机构的建设，提高职业技能鉴定质量。第三，构建多层次、广覆盖的劳动争议调节机制，尤其应加强基层劳动争议调解单位的建设。第四，发挥工会职业介绍的功能，注重多层次的工会职工服务系统的建设④。

（三）关于公共就业服务体系的绩效评估研究

袁国敏进行了辽宁省公共就业服务满意度调查，在此基础上他认为，公共就业服务机构绩效的提高应将公共就业服务机构建设重点放在街道和社区；应强化公共就业服务中的信息化手段建设；改变就业服务工作方式、推进服务创新；改革就业培训的内容和方式⑤。张华新和刘海莺指出，公共就业服务体系绩效的提高可以从强化信息化手段建设、改进职业介绍服务工作方式、推进服务创新等方面入手⑥。祝海畅选取5个投入指标和5个产出指标对中国公共就业服务进行了区域评价，给出结论和建议：第一，中国公共就业服务效率10年来呈现增长态势，但服务技术发展不同步，技术进步效率呈下降趋势。第二，效率由高到低分布趋势依次是东南沿海地区、中部地区、东北地区和西部地区。第三，对公共就业服

① 杨河清、王飞鹏：《我国公共就业服务平台保障体系成绩与问题》，《中国就业》2010年第7期。

② 王阳：《促进我国公共就业服务形成“一主多元”格局》，《工会信息》2013年第22期。

③ 李天舒：《公共就业服务体系的基本特征和建设思路》，《经济研究导刊》2014年第10期。

④ 贾荣言、刘力军：《河北省公共就业服务体系研究》，《河北企业》2014年第5期。

⑤ 袁国敏：《公共就业服务，我们应该如何做，基于辽宁公共就业服务满意度调查的研究》，《中国劳动》2007年第10期。

⑥ 张华新、刘海莺：《公共就业服务体系满意度的测评及实证》，《统计与决策》2010年第9期。

务机构效率的评价管理必须完善①。

王欣和吴江认为，应重视公共就业服务满意度评价指标体系的构建，通过满意度评价查找问题、改进服务。为此，他们以就业服务内容和条件作为一级指标，构建出满意度评价指标体系，并就提高服务满意度提出，一要完善公共就业服务制度；二要拓宽辖区就业渠道，创新社区就业模式；三要合理安排服务流程；四要树立“以人为本”的理念；五要加强绩效考评等建议②。

王浩林提出，评估体系是均等化的制度保障，是检验均等化实现效果的重要考量指标体系。评估体系的建立要把握的环节有：评估主体选择、评估指标体系构建、评估过程实施和评估结果反馈。而主体选择和指标体系构建是重中之重③。封铁英和仇敏提出，定性和定量的研究方法在效率测度中要综合运用，无论是官方统计数据还是内部业务数据甚至于服务对象调研数据的收集分析都应运用多种方式，注重主客观、宏微观、主客体的结合，变量设计和指标选取要从多视角入手，顾及多层面，这样才能使测度指标实现分类设计，指标权重的确定才能力求科学，才能最终促进立体多面的效率测度体系的构建④。张海枝运用2005—2009年的统计数据，实证研究了公共就业服务效率。由此得出两个结论：第一，从静态角度看，中国公共就业服务综合效率整体水平偏低，说明中国许多地区管理水平和技术方法需要随着服务规模的扩大而提高。第二，从动态角度看，2005—2009年，中国公共就业服务呈下降趋势，说明各个地区应将提高技术效率和技术进步作为提升服务效率的改进方向⑤。

（四）关于公共就业服务均等化的研究

可以说，公共就业服务均等化问题主要是由中国二元就业制度引发的

① 祝海畅：《我国公共就业服务政策绩效研究——基于面板数据的DEA分析》，《经营管理者》2013年第10期。

② 王欣、吴江：《公共就业服务满意度评价及指标体系构建——基于服务型政府导向的研究》，《中国人力资源开发》2013年第7期。

③ 王浩林：《推进公共就业服务体系的建设——以基本公共服务均等化为视角》，《中国管理信息化》2012年第7期。

④ 封铁英、仇敏：《新形势下公共就业服务体系创新：框架、要素与效率》，《人文杂志》2012年第6期。

⑤ 张海枝：《我国区域公共就业服务效率研究——基于DEA和Malmquist指数法的实证分析》，《中南财经政法大学学报》2014年第1期。

具有明显中国特色的现实问题。目前，中国城乡之间、地区之间及不同群体间的公共就业服务的分配不均，阻碍了劳动力的合理、自由、有序流动，制约了就业资源的合理配置，对社会健康稳定发展产生了不利影响。为了解决这一问题，党和国家提出了推动公共服务均等化建设的战略目标，公共就业服务作为解决就业这一民生之本的问题的关键因素，其均等化是公共服务均等化的重要组成部分。近年来，中国国内学者对此展开了一系列研究和探索。笔者将各学者的研究领域和成果概括为以下几个方面。

1. 对公共就业服务均等化内涵问题的研究

陆海深把公共就业服务均等化的内涵定义为“大力推进城乡统筹就业，把公共就业服务延伸到村庄、社区，为农村劳动力转移就业和城市困难群体再就业提供及时、有效的服务”[①]。麻宝斌和董晓倩认为，以政府为主导的供给主体在提供公共就业服务过程中应遵循均等化原则，具体包括公共资源投入均等原则、就业机会平等原则和公民同等受益原则[②]。孙向南提出，公共就业服务应以“公平对待”为遵循原则，平等地统筹调整城镇与乡村、本地与外地劳动者，赋予其平等的就业权利待遇[③]。

温俊萍指出，公共就业服务均等化主要指大致相同质量和数量的就业服务的提供。提供的主体是政府，提供的根据是经济社会发展程度、水平，提供的范围是全体社会成员，提供的目的是平等的就业服务权利的全民均享。具体而言，均等化内涵首先是以制度供给的统一和完善为基础；其次是均等基础上的全体国民享受就业服务的结果大体相等；再次是服务差距得以控制在社会可以承受的范围内；最后是提供给弱势群体就业援助服务有效[④]。

刘军认为，公共就业服务的均等化应该是这样的过程：全体劳动者在权利上、机会上、资源获取上以及需求满足上逐渐趋于均等的过程。刘军具体地从观念和理念、政策和制度设计、能力建设和资源提供以及服务项

① 陆海深：《有待深化的课题：公共就业服务均等化》，《中国劳动》2010 年第 2 期。

② 麻宝斌、董晓倩：《中国公共就业服务均等化问题研究》，《东北师大学报》（哲学社会科学版）2009 年第 6 期。

③ 孙向南：《基本公共就业服务均等化促进充分就业的对策研究——以广东省为例》，《北方经济》2010 年第 6 期。

④ 温俊萍：《公共就业服务均等化及其实现路径探析》，《上海商学院学报》2010 年第 6 期。

目内容四个维度分析了公共就业服务均等化的内涵[①]。孙德超和贺晶晶认为，公共就业服务具有公平性和社会性。其均等化内涵是指全体劳动者不分地区、城乡和族群，在一定的自由选择权的基础上，均应享有机会、结果大体相等的公共就业服务[②]。

王飞鹏认为，公共就业服务的均等化就是由政府向全体劳动者提供的公共就业服务能达到使之获得平等就业机会和享受在就业服务上的平等权利的过程。就业服务的均等化的目标是为了在一定历史时期内更好地解决由于自然条件差异、劳动者自身素质差异和制度体制差异带来的劳动力市场的就业竞争不平等问题，促进公平竞争就业环境的构建，以及公平就业事实的实现[③]。

张在海认为，公共就业服务均等化的内涵可以从三方面理解：一是全体公民享有公共就业服务的机会必须是平等的，二是全体公民享有公共就业服务的结果应该大体相等，三是政府应尊重某些社会成员自由选择公共就业服务的权利[④]。王丽平也认为，公共就业服务均等化内涵有四个方面的含义：一是机会均等，即制度供给的统一性和完整性；二是结果均等，即全体人民享有机会的均等和结果的大体相等；三是供给能力均等，即基本无差异的资源配置、组织机构和制度体系建设，即使有差异，也是在社会可以承受的范围内的；四是普惠基础上的特惠，即在全民共享基础上的对特殊群体的适度倾斜[⑤]。

2. 对公共就业服务均等化的现状及存在问题的研究

周爱军认为，河北省公共就业服务在乡村区域、非公领域、服务水平、基础设施建设等方面还存在以下主要问题：公共就业服务在乡村的可得性差，服务效能低下；非公领域的公共就业服务机构薄弱，服务主体缺位；公共就业服务功能发挥不足，服务手段有待强化；劳动力市场发展不完善，公共就业服务缺少“落脚点”[⑥]。

---

① 刘军：《推动我国公共就业服务均等化的认识和建议》，《中国劳动》2011 年第 9 期。

② 孙德超、贺晶晶：《公共就业服务不均等的现实考察及均等化途径研究》，《河南师范大学学报》（哲学社会科学版）2011 年第 5 期。

③ 王飞鹏：《我国实现公共就业服务均等化面临的问题及对策研究》，《当代经济管理》2012 年第 2 期。

④ 张在海：《我国公共就业服务均等化问题研究》，《辽宁行政学院学报》2012 年第 2 期。

⑤ 王丽平：《我国公共就业服务均等化问题探析》，《新视野》2013 年第 5 期。

⑥ 周爱军：《河北省公共就业服务均等化路径探析》，《河北学刊》2012 年第 2 期。

麻宝斌和董晓倩认为，中国在公共就业服务的提供过程中仍然有有违均等化原则的现象存在。首先，公共就业服务标准不统一、就业信息不通达、公共资源和资金投入不均等；其次，就业歧视现象普遍，表现为性别歧视、疾病歧视、身份歧视等；再次，是失业救助体制不健全，主要表现为覆盖面小、种类少、救助期限模糊等①。

陈诗达和陆海深指出，浙江省在财政的大力支持和保障下，公共就业服务均等化水平不断提高，表现为：就业岗位的不断开发，迅速发展的人力资源市场，卓有成效的就业培训、职业介绍，蓬勃发展的职业指导和技能鉴定工作，显著提高的失业保险的促进就业和再就业的保障功能。当然，浙江省在公共就业服务均等化发展的过程中也存在一些问题：如依然存在的城乡公共就业服务差距、发展不平衡的区域之间的公共就业服务、评估机制欠缺的公共就业服务财政投入以及有待加强的就业服务机构建设等②。

温俊萍认为，自20世纪80年代后期以来，中国公共就业服务均等化取得了显著成效。表现为公共就业服务均等化的制度框架已初步构建，覆盖城乡的就业服务网络体系已基本形成，针对就业弱势群体的就业援助服务不断实施，惠及的劳动者数量不断增加。但应该认识到，解决财政投入不均等、改变各地就业服务供给不均衡状况尤其是缩小城乡就业服务水平差距仍然是推进公共就业服务均等化过程中面临的困境和需要着力解决的问题③。

王阳认为，我国目前的公共就业服务面临的主要障碍有以下方面：一是服务主体单一，服务能力不足；二是体制机制僵化，服务效能偏低；三是政府包揽供给，服务供需错位④。许佳贤、郑逸芳等以福建省为例，认为目前公共就业服务存在的问题有城乡居民的就业机会不均等，城乡就业保障有差距⑤。葛赞认为，公共就业服务人员和经费均不到位、城乡就业

① 麻宝斌、董晓倩：《中国公共就业服务均等化问题研究》，《东北师大学报》（哲学社会科学版）2009年第6期。

② 陈诗达、陆海深：《公共就业服务均等化的财政支持研究——以浙江为例》，《当代社科视野》2009年第2期。

③ 温俊萍：《公共就业服务均等化及其实现路径探析》，《上海商学院学报》2010年第6期。

④ 王阳：《比较视野下改善我国公共就业服务的思考》，《中国经贸导刊》2013年第33期。

⑤ 许佳贤、郑逸芳等：《公共就业服务城乡差距测度及其成因分析——以福建省为例》，《东南学术》2013年第1期。

服务存在较大差别、就业服务机构提供的服务层次偏低以及就业服务手段和内容有待进一步提高是目前我国公共就业服务存在的主要问题①。

张海枝提出，我国公共就业服务均等化的现状是法律制度不断完善、财政投入不断加大、公共就业服务建设在财政的大力支持下取得了不少成绩。但依然存在公共就业服务的财政支出总额不足、人均支出地区差异较大，农村、农民工公共就业服务水平低下，公共就业服务供给主体单一、供给不足，公共就业服务质量不高等问题②。

3. 关于公共就业服务不均等现状成因的研究

孙德超和贺晶晶认为，引发公共就业服务不均等的原因主要有：侧重点不同的城乡产业发展战略、差异明显的城乡公共就业基础设施建设步伐、城乡分割的社会政治经济体制以及政府职能缺位等③。

王飞鹏认为，导致中国公共就业服务不均等现状的原因有：不科学的财政投入制度以及由此引发的财政投入不足；由区域经济发展不平衡引起的财政投入地区的差异；公共就业服务制度不完善、公共就业服务发展不平衡；公共就业服务机制不健全、公共就业服务效率偏低④。

孔微巍、赵璐诗、张晓博等认为，制约公共就业服务均等化的因素有：第一，公共就业服务的财政支持体系弱化。主要因为财政制度安排的欠缺以及对公共就业服务财政投入缺乏效果评估机制。第二，“二元”的就业服务制度安排扩大了城乡差距。第三，缺乏有效的对公共就业服务机构的监管机制。第四，支持公共就业服务的技术手段落后⑤。

黄少坚和谭志雄认为，目前公共就业服务存在不均等现象的原因有以下几方面：一是服务主体存在条块分割，二是基本公共就业服务资源分配不均，三是服务手段参差不齐，四是社会需求反应迟钝⑥。

---

① 葛赞：《公共就业服务均等化的思考》，《淮海文汇》2013 年第 2 期。

② 张海枝：《我国公共就业服务均等化现状研究》，《兰州学刊》2013 年第 6 期。

③ 孙德超、贺晶晶：《公共就业服务不均等的现实考察及均等化途径研究》，《河南师范大学学报》（哲学社会科学版）2011 年第 5 期。

④ 王飞鹏：《我国实现公共就业服务均等化面临的问题及对策研究》，《当代经济管理》2012 年第 2 期。

⑤ 孔微巍、赵璐诗、张晓博：《对东北三省政府创新就业公共服务体系问题的思考》，《商业经济》2013 年第 3 期。

⑥ 黄少坚、谭志雄：《非政府组织参与基本公共就业服务均等化促进就业服务质量的对策研究》，《现代妇女（下旬）》2013 年第 5 期。

许佳贤和郑逸芳等认为，目前中国公共就业服务不均等主要表现在城乡不均等上，原因是城乡产业发展侧重点差异，城乡公共就业基础设施建设差异明显，城乡分割的社会政治经济体制、政府职能的缺位①。

4. 关于公共就业服务均等化的实现路径的研究

孙德超和贺晶晶指出，提升城乡公共就业服务均等化水平的路径选择：一是继续推进小城镇综合改革，消除城乡分割体制；二是继续加大以提升农村劳动力的就业素质、拓展其就业空间的促进农村劳动力转移的培训工作力度；三是逐步推进公共就业服务体系城乡一体化的构建速度；四是加强农民工就业平等意识，切实保障农民工的就业权益；五是注重公共就业服务投入机制的创新，加大基础设施建设力度②。

陈诗达和陆海深主要从财政支持的角度分析探讨了均等化公共就业服务的对策。指出，财政投入的长效机制的建立、财政投入结构的优化、竞争机制的引进、财政转移支付力度的加大、评估和监督机制的建立、财政对就业投入资金的增加是在财政方面实现均等化的对策③。张鸣鸣和夏杰长也着重阐述了公共财政在促进公共就业服务均等化过程中发挥的作用。指出：一是要合理确定公共就业服务均等化的范围和标准；二是要明确划分各级政府的均等化责任；三是要专项转移支付与一般转移支付的有机结合；四是要改变地方政府的激励机制④。

温俊萍认为，公共就业服务均等化要真正实现，首先，要完善公共财政制度，以便为均等化的实现提供充足的资金支持；其次，要促进统筹城乡的公共就业服务体系的构建，为公共就业服务均等化提供物质保障；再次，要推动多元化的供给模式的建立，鼓励社会力量参与公共就业服务⑤。

---

① 许佳贤、郑逸芳等：《公共就业服务城乡差距测度及其成因分析——以福建省为例》，《东南学术》2013 年第 1 期。

② 孙德超、贺晶晶：《公共就业服务不均等的现实考察及均等化途径研究》，《河南师范大学学报》（哲学社会科学版）2011 年第 5 期。

③ 陈诗达、陆海深：《公共就业服务均等化的财政支持研究——以浙江为例》，《当代社科视野》2009 年第 2 期。

④ 张鸣鸣、夏杰长：《中国省际间基本公共服务差距的实证分析与政策建议》，《经济研究参考》2009 年第 38 期。

⑤ 温俊萍：《公共就业服务均等化及其实现路径探析》，《上海商学院学报》2010 年第 6 期。

孙向南指出，为实现公共就业服务均等化，第一，公共就业服务制度和体系要不断完善，为实现高供给效能奠定基础。第二，为增强资金保障，要注重公共财政投入分配方式的创新。第三，以积极就业型的失业保险制度的建立为目标，注重失业保险基金使用模式的创新。第四，以优化人力资源配置和就业结构为宗旨，完善公共就业服务均等化的制度。第五，以确保均等化的健康推进为基点，建立绩效评估和效果反馈机制制度①。

王飞鹏认为，要实现公共就业服务的均等化，第一，要科学把握一些基本原则，即公益性原则、公平与效率并重原则、统筹兼顾重点突破原则、以政府为主导的多方参与原则和尽力而为循序渐进原则。第二，合理选择公共就业服务均等化的政策路径。在整体规划上做到发展与改革有机结合，在具体操作上做到财力与制度良性互动，在具体实施上做到供给与需求均衡发展，在具体运作上做到政府与市场合作共赢。第三，保障机制的健全和完善。包括就业服务制度的统筹城乡化、财政转移支付制度的均等化，服务体制和机制的完备化以及服务供给模式的创新化②。周爱军认为，公共就业服务均等化的实现，应着力推动城乡公共就业服务一体化；逐步壮大服务主体，尤其是要大力发展非公领域的主体；促进服务综合水平的切实提升，不断促进劳动力市场健康快速发展③。

三　研究述评

笔者通过梳理国内外公共就业服务及均等化相关问题的研究成果发现，由于国外发达国家服务型政府建设过程长，实践经验丰富，对在就业服务上坚持公平正义的重要性认识深刻，相关理论研究较充分，实践经验基础上的理论升华和总结更加注重现实性。国内公共就业服务相对起步较晚，发展过程中受体系机制的制约，实践经验不够成熟，相关研究显得单薄。纵观国内外，笔者对现有研究的评价如下。

第一，从笔者能够掌握的外文资料看，国外学者对公共就业服务理性

---

① 孙向南：《基本公共就业服务均等化促进充分就业的对策研究——以广东省为例》，《北方经济》2010 年第 6 期。

② 王飞鹏：《我国实现公共就业服务均等化面临的问题及对策研究》，《当代经济管理》2012 年第 2 期。

③ 周爱军：《河北省公共就业服务均等化路径探析》，《河北学刊》2012 年第 2 期。

的研究较少，应用性研究较多。研究大视角主要集中在运作模式、组织模式、管理模式等方面，比较倾向于自治性公益机构运作模式，强调公私合作创造最优服务效率。

第二，与此同时，国外学者也比较重视制度层面的完善和发展，认识到科学规范的制度体系对公共就业服务均等化的实现的重要保障作用。在制度的改革发展上，有学者强调，实施分权治理以进一步实现公共就业服务均等化。当然在这一过程中，规范性、标准性的任务，权责、服务的设定显得尤为重要。

第三，国外学者的研究视角可以说更多地集中在微观层面，笔者总结表述为“四化”：个性化、信息化、市场化、多元化。这主要显现在具体服务的提供层面上。强调服务对象要个性化、服务内容方式信息化、服务提供主体多元化，而市场化是一切服务措施具体实施的承载体。可以说，国外公共就业服务的理论在政策理念上是直接指向均等化的。对这一点学者是达成广泛共识的，所以学者的研究视角和关注度主要集中在实际运作层面和具体的保障措施上。同时，国外学者对公共就业服务的绩效评估从不同层面展开深入研究，特别注重评估设计的整体性，将多种指标引入评估机制，对数据的来源尤为重视，同时对评估结果的实际约束力进行深度研究。而中国学者在这方面的研究还处于探索阶段，主要以公众满意度为评估指标开展研究，至于对多重评价标准的结合研究以及实际作用的度量还需进一步努力。

第四，与国外研究成果相比，由于受中国二元结构引起的城乡差别以及发展战略引起的区域发展不平衡影响，国内学者在研究公共就业服务均等化问题上，首先把视角集中在阐释公共就业服务均等化的内涵层面上，基本共识是制度因素造成的事实不均等需要首先从制度层面提出解决问题的措施，因而，在宏观层面的政策、制度层面的设计考量上研究的比较多。同时，认识到地区、城乡之间的差异性，进而对原因的分析较多，但具体在解决路径上大而化之的现象较普遍，因此，具有普世意义的理论单薄。

第五，从微观层面研究来讲，国内学者多数仅以一个省或地区为例，内部的差异性研究的较多，既能从宏观层面又能注重各省际，东部、中部、西部三大经济区域之间以及城乡和不同群体之间的差异，把共性与个性相结合，通过个性研究共性的不多，也就是说局部的纵向比较多，而全局的横向比较和研究少。

第六，在实现公共就业服务均等化的路径选择问题上，国内学者比较注重的是政府财政投入。主张通过创新财政投入模式以及通过转移支付制度的完善来推进公共就业服务均等化的实现。笔者认为，公共就业服务均等化的“均等”是过程、机会、结果的均等，是多位一体的复杂工程，包括资金、技术、人员素质、政策引导、文化烘托等多重因素，所以，既要研究政府层面——诸如财政投入、供给模式等，又要兼顾服务体系的自身建设、完善以及社会大环境及公民的认识。

国内外相关研究成果为本书确定选题、明确思路、研究重点聚焦、解决方法的提出提供了重要参考和借鉴。但也存在着研究领域虽宽泛但理论性、学术性不强，涉及公共就业服务的具体问题多，就公共就业服务的整体性研究不多甚至缺乏的问题。本书力求以已有研究成果为参考和借鉴，秉承创新精神，期望以公共就业服务均等化为视角，整体性研究在公共就业服务均等化理论政策领域的共性问题，提出具有现实性、可操作性的推进公共就业服务均等化实现的路径。

第三节　研究方法、研究内容

一　研究方法

本书基于哲学、行政学、政治学、社会学、经济学、管理学等多学科相关的理论知识，以马克思主义方法论为研究基础，采用跨学科交叉的分析模式，综合应用规范与实证、量性与质性相统一的研究方法，以公共就业服务整体化均衡发展为总观视角与思维导向，在客观分析国内外相当数量的文献与数据资料基础上对中国公共就业服务现状进行深入研究与探讨，并将发达国家的共识在公共就业服务领域获取的经验与中国的特殊国情相结合，在吸收借鉴的基础上，提出适合中国特殊社会经济政治基础的公共就业服务均等化实现路径。具体来说主要运用以下方法。

第一，文献研究方法。广泛地检索文献，收集整理国内外涉及公共就业服务及均等化的政策文件、法律法规及学者相关研究成果，通过分析比较、归纳总结，对文献资料进行梳理研究，分析现有成果的集成优势，为深入研究奠定理论基础。

第二，实证研究方法。通过构建公共就业服务区域均等化水平测度指标体系，运用熵值—TOPSIS 模型，对地区间、省际的公共就业服务均等化水平进行了实证测度。另外，构建省级面板数据模型对城乡公共就业服务均等化水平进行实证分析。实证研究方法的使用深化了本书的研究深度。

第三，比较研究方法。有比较才有鉴别，他山之石可以攻玉。发达国家的公共就业服务均等化程度较高，积累了较为丰富的公共就业服务均等化经验。对发达国家公共就业服务经验进行研究总结，目的是由此获得启示和借鉴。本书通过对有代表性的发达国家的公共就业服务的实践经验进行总结，比较分析各国做法的优劣，力求从中得出规律性认识，帮助中国推进公共就业服务均等化的实践稳步发展。同时，通过对发达国家公共就业服务发展过程中的弊端进行分析，目的是引以为戒，在立足中国国情基础上扬长避短、尽力克服体制与技术难题，加快实现公共就业服务均等化的步伐。

二　研究内容

第一章，绪论。在对中国公共就业服务均等化的研究背景、研究意义进行阐释的基础上，分析评述了国内外对公共就业服务及均等化问题的研究现状及成果，提出了本书的研究方法、研究思路和研究内容。

第二章，概念界定与理论基础。本章为实证分析提供了理论分析基础和逻辑思路。首先，对公共就业服务均等化的相关概念进行了剖析，包括就业、公共就业服务、均等化、公共就业服务均等化等，为下文的扩展奠定概念基础。其次，阐释了公共就业服务的纵向维度和横向维度，为公共就业服务政策提供目标基础。再次，围绕公平正义理论、公共产品理论、公共财政理论和福利经济学理论阐释公共就业服务理论作用机理，为实证研究奠定基础。

第三章，中国就业、就业服务政策及实践的历史演进。本章基于就业服务问题产生及政策解决的演进视角，阐释了新中国成立以来的六次就业问题及相应的解决政策，并对其实施效果进行了评述。

第四章，中国公共就业服务均等化的发展现状及问题分析。首先，对中国公共就业服务均等化的发展成效进行了评述。其次，提出了中国公共就业服务均等化过程中面临的问题。再次，对公共就业服务非均等化的原因从宏观、中观和微观三个层面进行了剖析，为下章的实证研究奠定基础。

第五章，公共就业服务区域均等化水平测度。本章对于第四章所提出的公共就业服务区域非均等化问题进行更深层次的探析，首先，针对中国公共就业服务项目的具体内容和相关测度指标的数据特征，建立了科学、全面和具可操作性的公共就业服务区域均等化水平测度指标体系，然后通过构建熵值—TOPSIS模型，对地区间、省际的公共就业服务均等化水平进行了实证测度，并对实证结果进行了详细分析，同时又进一步探究了影响公共就业服务区域均等化水平的因素。本章内容较好地探讨和测度了公共就业服务在区域间非均衡性发展的问题，有助于我们全面了解各省和各地区的公共就业服务均等化水平的推进过程。

第六章，城乡公共就业服务均等化水平测度。本章针对第四章所总结的城乡非均等化问题，构建省级面板数据模型对城乡间公共就业服务的均等化水平进行实证测度，探究城乡公共就业服务非均等化程度及主要影响因素，同时用制度经济学的研究方法进行相应的制度设计，为实现城乡公共就业服务均等化提供有益的政策参考。

第七章，发达国家对公共就业服务及均等化的认识与实践经验。首先，分析了发达国家对公共就业服务的基本认识。其次，列举了典型国家均等化公共就业服务的基本经验。再次，阐述了发达国家公共就业服务均等化实践对中国的启示，为中国公共就业服务均等化路径选择提供外来经验借鉴。

第八章，实现中国公共就业服务均等化的路径选择。本章从公共就业服务均等化实现的宏观导向、促进措施和保障举措三个层面阐释了公共就业服务均等化的路径选择建议。提出公共就业服务均等化的实现是一个长期复杂的过程。国家、政府、社会和个人都要付出努力，而且均等本身就是一个过程的追逐，是一个渐行渐进的过程。

第二章　概念界定与理论基础

鉴于公共就业服务均等化研究的复杂性，相应的理论基础支撑是非常必要的，在此基础上的实证研究和路径选择才是有据可依的。本章将对本书所涉及的相关概念的内涵和外延进行梳理，对研究的理论基础进行阐释。

第一节　相关概念内涵

要研究公共就业服务均等化问题，首先要对公共就业服务均等化及相关概念内涵进行界定和解析。这一阐释从就业之要义开始。

一　就业

就业问题是现代经济社会面临的重大民生社会问题。对其相关内涵，学理界有一个发展认识的过程。

（一）就业的内涵

从经济学的角度看，“就业”（Obtain Employment）一词指社会生产要素进行配置、得到使用，包括物和人两个方面。但在通常意义上，“就业”所指的是人的就业，是指“通过人力资源与物质资料的结合使社会求业人员走上工作岗位的过程与状态”①。就业首先是人类生存的基本手段，但它的内涵又不仅仅局限于此。人们通过就业活动，获取参与社会经济活动的机会，实现人的“社会人”属性，使之从深层次上融入社会，进而追求更高层次的精神满足，即实现自身价值和理想，满足自身全面发展的需要，为获取社会认同开辟路径。道格拉斯·格林沃尔德主编的

① 吴忠民：《社会公正论》，山东人民出版社2004年版，第195页。

《现代经济词典》将就业定义为“处于受雇的状态”[①]。于光远主编的《经济大辞典》将就业界定为达到劳动年龄且具有劳动能力的人“获得职业或参加有报酬或收入的工作”[②]。可见，以上两大权威词典都是从动作过程的角度对就业概念进行界定的。国际劳工组织认为，就业是在一定年龄阶段内的人们“为获得报酬或经营利润而进行的活动”[③]。国际劳工组织又给出了具体的评判标准，指出在规定年龄内，只要满足下列条件之一，就属于就业：一是在相对固定的时间内，正在从事有劳动报酬或有工资收入的职业的人；二是已经从事一定时间某一职业后，但因主观原因，诸如患病、受伤、休假，或因客观原因，比如气候原因、工作条件变化或其他不可抗力等暂时不能正常工作的人；三是雇主或独立经营人员，包括其家庭成员在其工作领域作为助手或协作者辅助其工作，日劳动工作时间达到正规工作时间的1/3，而且这样的状态已持续一段时间。

中国原劳动和社会保障部为了统计劳动就业指标，设定了就业人员与失业人员内涵。就业人员是指“在法定劳动年龄内，从事一定的社会经济活动，并获得合法劳动报酬或经营收入的人员”[④]；失业人员是指“在法定劳动年龄内，有工作能力和就业意愿但未能实现就业的人员，或虽然从事一定的社会劳动，但劳动所得报酬低于当地城市劳动者最低生活保障标准的人员”[⑤]。由此可见，中国对就业概念的界定要满足三个条件：一是达到法定劳动年龄且有能力从事相应劳动的人；二是从事的劳动或职业是以合法性为前提和基础的经济社会活动，是以提供满足某种生产或生活需要为目的的；三是这种社会经济活动是以获得相应的劳动报酬或工资收入为目的的。

劳动力是一种特殊的资源，是生产力中最活跃的要素。从业人员是已开发的人力资源，失业人员或达到就业条件未就业的人员是未开发的人力资源。就业就是人力资源与物质资源相结合，利用人力资源优势，使物质资源获得最优产出，满足人类社会物质文化需求，同时使人力资源获得开发利用，使其价值与商品结合，创造生产价值、获得报酬的过程。

---

① ［美］道格拉斯·格林沃尔德：《现代经济词典》，商务印书馆1981年版，第157页。

② 于光远：《经济大辞典》，上海辞书出版社1992年版，第234页。

③ 张抗私：《就业问题：理论与实际研究》，社会科学文献出版社2007年版，第97页。

④ 国家统计局人口和就业统计司、劳动部综合计划与工作司：《中国劳动统计年鉴1996》，中国统计出版社1996年版。

⑤ 同上。

综上所述，就业是一个内涵复杂、深刻的概念，“得到职业，参加工作”① 只是就业的最直观表现。在现实经济生活高速发展的年代，人们对就业的价值追求不仅仅局限于此，社会的发展进步也要求就业的内涵不断丰富和提升。

就业不仅是个人问题，而且是社会问题，是政府责任。笔者根据已有的就业定义，结合政府、社会推动就业责任，依据个人生存发展需要，将就业的含义界定为：以社会经济发展为背景，以政府政策措施推动为条件，以社会认可的劳动年龄为基础，具有一定劳动能力、就业愿望的劳动者获得一定工作岗位，通过劳动资源的开发、利用，从事合法经济活动，取得相应劳动报酬的过程和状态。其具体内涵包括四个方面：第一，就业主体是符合国家规定的年龄范围、具有从事一定劳动能力且主观上有从事劳动愿望的劳动者；第二，就业是在一定的社会经济背景下和政府相应政策措施的推动下进行的；第三，就业是劳动者利用自身价值的过程，也就是通过各种形式的劳动，以自身劳动资源获取相应报酬的过程；第四，就业是在政策法规约束下进行的合法经济活动，任何违反法律法规、有违社会规范的经济活动，即使满足其他要件，也不属于就业的范畴。

（二）就业的性质

现今，世界范围内在就业问题上取得的广泛共识是就业不仅是重大的经济问题，而且还是重大的社会问题和政治问题。因此，从就业性质的角度讲，就业具有“经济性、社会性、政治性”②。

就业首先具有经济性。就业是一个经济活动。从个人角度来说，实现就业是为了获取在社会上生存发展的基本供给。在社会分工日益精细化、社会生产力日益发展的过程中，人们对就业目的的追求也在不断变化——从最初的基本生存需要到充分物质需要再到个人发展和自我实现需要。其过程是随着经济发展水平的提高而不断发展的就业需求的提高。无论是最原始的就业需求还是自我实现等高层次的就业需求，都是以经济利益的获得为基础和原动力的。所以经济是基础，就业是在经济领域和范畴内所存在的概念体系，故而具有经济性。

就业其次具有社会性。就业影响经济发展速度、质量，同时影响着政

① 中国社会科学院语言研究所词典编辑室：《现代汉语词典》，商务印书馆 1981 年版。

② 闫晓丽：《促进就业的财税政策研究》，《合作经济与科技》2010 年第 14 期。

治策略的实施、运行，这已为人们深刻认识。我们更应深刻地认识到无论是经济问题还是政治问题最终都可能以社会问题的形式突出地表现出来。所以，就业同时是一个深刻的社会问题，而对就业的这一属性人们的重视程度往往还很不够。事实上，在现实社会中，如果人们不能充分就业，失业人数不断增加，失业率不能控制在合理的范围内，就会引发一系列的社会问题。比如，人力资源由于未被充分利用所带来的浪费，越来越严峻的社会不平等倾向，贫富差距的日益加大，经济不稳定因素的加剧，以及失业者由于失业带来的生活困窘和精神痛苦等。所以世界各国，不论其生产力水平达到什么阶段，在设定经济和社会政策时，都将解决就业问题，促进社会成员充分合理就业，使经济发展与就业问题的解决相辅相成作为其首要目标。实践证明，只有采取积极措施，以生产性就业为主要手段，推动社会就业创业工作高速、稳步运行，社会稳定因素才能不断增加，人们的个人成就感才能不断提升，社会才能更加和谐进步。所以，就业是社会性的事业，是“公平的经济和社会发展的主动力”①。

就业最后具有政治性。经济基础决定上层建筑，而上层建筑又反作用于经济基础，制约经济的发展。就业作为个人立足社会之本，是物质生产领域的行为方式，但又带有强烈的政治特征。一个国家，社会的就业状况如何，公民的就业满意度如何，直接影响经济社会的发展和稳定，而经济社会稳定问题是一个国家长治久安的政治问题。而且，就业制度的完善和发展、就业政策的制定实施、就业环境的营造优化，很大程度上首先依靠政治体制的引领和导航。所以就业不仅是个经济问题还是一个政治问题，具有很强的政治性。

二　公共就业服务

公共就业服务早在 19 世纪末就产生了。其发源地是当时的工业化国家如英国。公共就业服务的初衷是有效解决失业问题，改善失业者的生存状况，减轻失业率过高对社会和经济造成的不良影响，进而维护社会稳定。随着工业化国家的经济发展，公民就业的需求不断加大，政府促进就业的政策措施不断出台，就业服务迅速地发展，其就业政策实现者和执行者的角色地位日益明显。概括地说，就业服务是有效调节和改善就业供求

① 国际劳工大会第 82 届会议局长报告：《促进就业》，国际劳工组织 1995 年版。

的最直接手段，具有普遍的干预市场就业活动的能力。就业服务是为就业制度和政策的实施服务的，又是就业制度和政策的重要组成部分。因为服务的实际成效反馈是就业政策和制度不断修改完善的晴雨表。具体来说，就业服务可以分为公共就业服务和私营就业服务，其主要职能在于通过就业市场信息、职业介绍、职业指导和相应的职业培训等手段的运用，帮助用人单位用人和劳动者就业。

中国2000年11月颁布实施的《就业市场管理规定》认为，中国公共就业服务的性质是“各级劳动保障部门提供的公益性就业服务”①，具体服务项目包括“职业介绍、职业指导、就业训练、社区就业岗位开发服务和其他服务内容”②。在此基础上，2007年颁布《就业服务与就业管理规定》，在服务项目上又增加了“创业指导服务、劳务派遣服务及劳动保障事务代理服务”等内容。

据此，笔者认为，公共就业服务就是指政府综合运用各种方法和手段，研究和发布就业市场信息，对有就业需求者提供咨询、帮助，以中介者的身份帮助劳动者与用人单位或雇主建立联系，为劳动者的就业过程提供便利，使就业市场呈现有组织的运行状态，使市场合理有效地配置、使用劳动力资源的一系列服务性工作的总称。根据世界各国关于就业问题的理论以及实践运作的经验，公共就业服务的主要项目和内容包括职业的介绍、就业的咨询、研究和发布就业的信息以及就业的帮助等。

公共就业服务的对象是劳动力供求双方。按照市场经济的要求，凡是有劳动力供给愿望的各种劳动者和有劳动力需求愿望的各种用人单位，都在服务对象的范围之内。就劳动力供给主体来说，既包括城镇劳动者，又包括农村剩余劳动力；既包括失业人员，又包括要求流动的在业人员；既包括劳动年龄内的劳动者，又包括超过劳动年龄后仍有求职愿望的劳动者；既包括本地区、本部门的劳动者，又包括要求在本地区、本部门就业的外地区、外部门的劳动者；既包括境内劳动者，又包括允许在境内就业的境外劳动者。就劳动力需求方来说，应不受用人单位的所有制和所属地区或部门的限制，并且应当既包括境内用人单位还包括对境内劳动力有需

① 《劳动力市场管理规定》，2006年2月，中华人民共和国劳动和社会保障部网站（http：//www. molss. gov. cn/gb/ywzn/htm）。

② 同上。

求的境外雇主。

公共就业服务从本质上来说，是为社会公平就业的实现和人力资源的充分利用服务的。其具有以下特点。

公共就业服务强调公平性。公共就业服务是准公共产品，具有政府主体行为的约束性。“公平、正义、普惠”是提供公共就业服务过程中应遵循的原则。公共就业服务之所以称之为“公共”，是因为效率不是其价值追求，公平才是其优先指标。

公共就业服务强调政府主体性。公共就业服务是民生性公共产品，无论是生产和供给，政府都是其主导和核心。公共就业服务是政府必须履行的责任。在国家行政条例、法律法规的监督和约束下，政府作为职能主体调动社会力量组织实施公共就业服务。

公共就业服务具有一定的垄断性。公共就业服务作为公共产品，不是以物质价值的追求为首要目标的，公益性才是其直接驱动力，外部效应不对等和信息获得不完全是其不同于其他部门的特征。只有主要由国家供给才能克服由市场和私人提供带来的市场失灵和利益为先导致的供给失效，所以政府垄断性是其自身的要求。1919 年成立的国际劳工组织在其通过的《失业公约》（第 2 号）中向各国政府提出设立公共就业服务机构的建议。在该组织 1933 年和 1949 年分别通过的《收费职业介绍所公约》《收费职业介绍所公约（修订）》中，对公共就业服务的垄断地位进行了明确规定①。

公共就业服务具有持续性。公共就业服务的目标指向是促进劳动力市场的规范、透明、公正，这一目标的达成是一个持之以恒的过程，政策的持续性是必需的。另外，公共就业服务虽然是普惠的，但普惠中的“特惠”才是价值表现。这种特惠的目标指向是“就业困难群体和社会弱势群体”，这两类人群对就业援助的需求是持续的、连贯的。这些需求包括公共就业服务中的循序渐进内容，如职业介绍、职业指导、职业训练及失业救助等；同时，随着时代的进步和社会的发展，人们的需求也不断增长，自身的就业目标也不断升级，对公共就业服务的要求也不断提高，公共就业服务必须适时调整服务目标指向，使之提供的服务具有整体性、持续性、连贯性。

① ［英］范随等：《变化中的劳动力市场——公共就业服务》，劳动保障部国际合作司编译，中国劳动社会保障出版社 2003 年版，第 1 页。

三　均等化

均等化既是过程也是状态。国外有学者将其称为“特殊的平均主义”，可见其既包含平均、平等的含义，但又不完全等同于平均、平等。可以说，均等化是个相对的概念，包含“比较”意蕴。其定义可以界定为在资源与要素配置环节，国家、政府或具有特殊供给能力的社会单位的分配模式相对等量或平等。从本质上来说，均等既强调过程也强调结果。从量化角度来说，其强调的是同等性和同质性，更多的是从公平角度来衡量的，而不是以效率为前提和基础的。

不论是何种均等供给，都是以经济社会发展水平为基础来评价其均衡程度的。也就是说，随着经济社会的发展，物质财富的增加，社会供给能力的提高，均等的标准也是不断提高的，这也是物质决定意识原理的现实体现。中国当前的奋斗目标是，到 2050 年全面建成小康社会，愿景是社会和谐、人民生活殷实。这一愿景的实现，均等化社会公共资源与要素是一个基本的保障条件。也就是说，随着全面建成小康社会步伐的加快，均等化的标准和水平也要不断提高。当然这个提高是渐进的。所以，笔者认为，均等化是价值取向。不均等是绝对的，而均等是相对的。均等化是一个无限接近绝对平均的过程，是一个终极目标，而我们关注的是向这个终极目标迈进的过程是否均衡发展。其内涵可以理解为：第一，均等化是一种价值追求。均等化从本源上说，是以公平正义为基础的，公平的分配是首先需要强调的。但要注意，公平的分配不是数量和质量绝对的平均，公平本身包含着对社会弱势人群的倾斜性关注。第二，均等化是一个过程，而且这个过程是长期的。均等化的实现主要是通过公共服务对公共产品的供给来实现的。对于中国来讲，均等化可以说具有特殊意义和突出特点。受城乡二元结构和城乡区域发展水平差异影响，中国地区之间、城乡之间发展极不均衡，群体之间的差异性特征明显。我们对这一问题的认识不断深化，也在积极扭转这一局面。但供给和制度惯性决定着局面的扭转还需付出艰辛努力，要在认识层面、实践层面、制度层面加大转变力度，还要注重制度和实践的创新发展，所以这个过程是长期的。而且，随着人们物质文化生活需要的不断发展，均等化的标准和目标也要不断调整提高。由此可见，均等化是一个长期的动态的递进过程。第三，均等化是一个相对的概念。没有绝对只有相对是均等化的应有之义。均等化是对过程和结果共同考量的价值目标。过程的均等体现在一定阶段社会大多数人对政策实施、策略运行等的大致认同，而结果的均等当然应该有数据支撑，但更多的是人们的认同过程，尤其是社会弱势群体或亟须某项服务供给的人的认同过程，这种心理的认同是社会和谐的基础。当然过程的均等是为最终的结果均等服务的。

四　公共就业服务均等化

现代政府是为广大民众服务的服务型政府，公平和效率是其两大价值选择。公共就业服务是以政府为主导服务大众的行为，理应与其他政府行为一样注重服务的公平和效率。公平与效率之间既对立又统一。一方面，两者是对立冲突的价值选择。效率价值追求的是物质效益，要求政府努力改善服务质量，降低服务成本，优化公共就业服务结构，谋求就业率的最大化；公平价值追求的是社会价值。要求政府努力避免排斥性政策和就业歧视，最大化享受公共就业服务相同质量和数量的人群的范围。另一方面，两者又是统一联系的价值选择。公平是以一定的效率为前提的，试想如果没有一定的效率作保障，公共就业服务始终在低效率区间徘徊，它的广泛性、普及性就不能实现，只有少数人受益何来公平？同时公平性的不断扩展，对效率的进一步提高也有促进作用。公平和效率是在对立统一中相互作用的，实现两者的平衡是公共就业服务的目标追求。无论是在理论层面还是在制度和实践层面，各国都在寻求公平与效率之间的平衡点。但应该认识到，这个平衡点因各国国情不同、发展阶段不同、社会主要矛盾不同具有国别性。当前中国公共就业服务的现实状况，决定了中国政府当前在公共就业服务领域谋求的公平与效率的平衡点是公共就业服务均等化的实现。

均等是定量和定性双重标准，以定性为基础。均等化是过程均等的实现，而这一过程是以平等为遵循原则的。平等原则是道德领域应该如何的原则，只能是社会法则而非自然法则，而作为社会法则的平等之实质是权利的平等，而且是整个过程的权利的平等。为此，笔者认为，公共就业服务均等化的内涵基本理解维度是就业权利和就业公平。更进一步说，均等化是一个渐进的过程化的轨迹。在这一过程轨迹中，权利和平等内化为公共资源享有的平等、就业机会的平等和获取的结果的相对平等。

公共就业服务均等化的实现程度要从供需双方的角度来衡量。供给一方指的是国家和政府，在多元供给模式中还指社会组织、私营机构等，当然他们是受国家和政府委托、授权行使公共就业服务职责的。而需求一方主要指的是劳动者和用人单位。从供给方角度看，公共就业服务均等化就是要通过制度的制定、完善，将公共就业服务的实际运行纳入制度的有效管理中来，"来确保公共就业服务从资源到服务产品到最终利益的公平分配"[①]；从需求方角度看，公共就业服务均等化的意蕴就是劳动者和用人单位均等享有资源、获得均等机会、享受均等收益。从理论上讲，可以从政府提供给不同群体的服务与不同群体成员获得的服务均等程度来衡量一个社会的公共就业服务均等化水平。理想的公式应该是：

$$M = M_1 + M_2 + \cdots + M_n \qquad \text{式 2—1}$$

其中，$M_1 = R_1 \times N_1$，$M_2 = R_2 \times N_2$，…，$M_n = R_n \times N_n$

式 2—1 中，M 代表社会提供的公共就业服务总额，M_1、M_2、…、M_n 分别代表提供给不同群体的公共就业服务额度，R_1、R_2、…、R_n 代表不同群体的受众，N_1、N_2、…、N_n 代表不同群体内的人数。这里有个假设前提，那就是每个群体中的个体获得的公共就业服务量是相同的。由此也可以得出结论，公共就业服务均等化的实现，是以同一层次的社会成员获得均等的服务资源、就业机会和同等收益为最终评价标准的。

据此，笔者将公共就业服务均等化界定为：在一定历史阶段，政府为使劳动者公平就业的权利得到保障，使社会和谐稳定，不断规范调整公共就业服务制度体系，在考虑不同社会群体就业需求的特殊性的前提下，在全社会进行公共就业服务资源的合理配置，以保证需求方平等享受就业资源、公平获得就业收益，实现就业愿景的过程。其实质就是通过政府主导的政策驱动、实际运行，克服单纯劳动力市场难以解决的由城乡差异、群体差异和市场制度差异带来的就业的不平等，消除就业歧视，形成公平、有序、开放的就业环境。

第二节　公共就业服务均等化的纵向维度和横向维度

公共就业服务均等化的纵向维度主要指的是均等应有明确的标准，横向维度主要指的是其内容建构。

---

① 韩庆祥：《如何解决利益公平分配问题》，《深圳特区报》2011 年 5 月 31 日第 2 版。

一 公共就业服务均等化的纵向维度

公共就业服务均等化是一个过程，包括服务投入、服务实施和服务效果等阶段。公共就业服务均等化也是在过程中被考量的，不同阶段有不同的评判标准来考量其程度。

（一）公民均等享受公共就业资源

《中华人民共和国宪法》对公民的基本权利与义务作了明确规定，指出中华人民共和国公民“有劳动的权利和义务。国家通过各种途径为劳动者创造劳动就业条件”[①]。就业权是公民的基本权利之一。公共资源属于国家也即属于全体公民。国家政府的职责是通过对公共资源的收集、分配、利用，在公共就业服务领域为所有劳动者提供就业帮助。在公共就业服务中“被均等投入的公共资源是维护公民就业权的基础性资源，是保障公共就业服务顺利进行的必要条件”[②]。公共资源投入的过程是国家履行公共就业服务均等性原则的过程。平等地对待每个劳动者，平等地关心他们，平等地尊重他们，摒弃地域、年龄、性别等原因导致的不平等，在得与不得、得多得少、得优得劣上一视同仁，这是政府的职责。劳动者所应均等享受的公共资源在公共就业服务领域包括制度、信息、人力和物质资源。制度资源的均等享受是通过政府对制度体系的完善实现的。近年来，以规范政府行为、促进公共就业服务事业发展为目标，中国陆续出台实施了一系列法律法规和制度文件，尤其是《中华人民共和国劳动合同法》《中华人民共和国就业促进法》《就业服务和就业管理规定》出台后，中国公共就业服务的制度保障体系基本构建，为进一步切实推进中国公共就业服务的均等化提供了强有力的保障（如表2—1所示）。当然，这一制度保障体系还有许多需要完善、充实的地方。

信息资源、人力资源和物质资源可以统称为经济资源。制度资源是前提和保障，起导向性作用，经济资源是基础性资源，是投入均等的表征性指标。公民均等地享受公共资源投入标准立足点应是全国的就业制度的统一、就业信息的共享、人力和物质资源的平均分配，正如中国相关法律文件所规定的

---

① 《中华人民共和国宪法第四十二条》，2004年9月，新浪新闻（http://news.xinhuanet.com/ziliao.htm）。

② 麻宝斌、董晓倩：《中国公共就业服务均等化问题研究》，《东北师大学报》（哲学社会科学版）2009年第6期。

那样，“制定服务规范和标准，为劳动者和用人单位提供优质高效的就业服务”[①]“按照劳动保障信息化建设的统一规定、标准和规范，建立完善人力资源市场信息网络和相关设施”[②]。可以说，制度资源均等享有是其他资源投入均等享有的前提和基础。所以，如表2—1所示，笔者列举出近年来中国在公共就业服务领域颁布实施的法律、制度文件，显示出中国为符合均等享有公共资源投入标准在法律制度层面的完善发展步伐。

表2—1　　**2005年以来中国为促进公共就业服务发展相继颁布实施的主要法律、制度文件**

序号	名称	编号
1	《国务院关于进一步加强就业再就业工作的通知》	国发［2005］36号
2	《国务院关于解决农民工问题的若干意见》	国发［2006］5号
3	《关于印发统筹城乡就业试点工作指导意见的通知》	劳社部发［2006］27号
4	《关于完善公共就业服务功能有关工作的通知》	劳社部函［2007］63号
5	《中华人民共和国就业促进法》	中华人民共和国第七十号主席令，2007年8月30日
6	《国务院关于做好促进就业工作的通知》	国发［2008］5号
7	《国务院办公厅关于切实做好当前农民工工作的通知》	国办发［2008］130号
8	《国务院关于做好当前经济形势下就业工作的通知》	国发［2009］4号
9	《国务院办公厅关于加强普通高等学校毕业生就业工作的通知》	国办发［2009］3号
10	《人力资源和社会保障部、中央机构编制委员会关于进一步加强公共就业服务体系建设的指导意见》	人社部发［2009］116号
11	《人力资源和社会保障部关于公布第一批基层社会管理和公共服务岗位目录的通知》	人社部函［2009］135号
12	《国务院关于批转促进就业规划（2011—2015年）的通知》	国发［2012］6号
13	《人力资源和社会保障部、财政部关于进一步完善公共就业服务体系有关问题的通知》	人社部发［2012］103号

① 《中国就业服务与就业管理规定第三十二条》，2007年11月，中国政府网（http://www.gov.cn/gzdt/content_.htm）。

② 同上。

（二）公民平等获取就业机会

就业过程是一个竞争的过程，是劳动者之间对工作岗位的竞争。竞争应是平等公正的，就业竞争亦是如此。公平的就业竞争首先应该保证拥有同样能力的劳动者获得平等的认可，“应当有大致平等的教育和成就前景。那些具有同样能力和志向的人的期望，不应当受到他们社会出身的影响”[①]，即所谓的机会平等。平等获取就业机会的标准要求开放所有可提供的职位和职务，保障每个劳动者的平等就业和自由择业权利，使每个劳动者以自身能力为基础，在统一规则下竞争，以对等的形式获取社会资源或利益。具体来讲，为了实现平等获取就业机会的标准，第一，国家（或政府）层面利用法律和经济手段努力消除不平等的障碍因素，使各类人群竞争起点趋于平等。第二，国家（或政府）提供公正的就业竞争程序，确保以人尽其才作为劳动者岗位竞争过程的标准。第三，人与人之间能力上存在差异的事实应得到尊重，但与工作性质无关的能力素质的差异不应成为就业的障碍，并且这一要素应该得到法律保障。而对于能力差异客观存在、不适合某些工作的劳动者，公共就业服务机构应该通过个性化的服务形式如就业专场招聘会，为其获得就业机会创造条件。

（三）公民获得平等就业收益

利益的分配发生在平等过程的终点阶段。分配结果的公平可以理解为“结果平等”或“结果对等”。公共就业服务作为一种公益性公共产品，每个公民的平等收益是应有之义。这种平等收益专指公共就业服务最终结果的均等享受。每个人都有独特的个体性，而就业领域往往又是人的个体差异性显现的渠道。我们不能因为由主客观条件引起的个体差异而忽视公民享受到均等的包括职业介绍、指导、培训在内的公共就业服务的权利。公民获取平等就业收益的标准要求从社会整体角度来衡量就业领域的结果公平问题。有时需要用“不平等”的事实来实现平等的结果。这种“不平等”的事实，“只要其结果能给每个人，尤其是那些最少受惠的社会成员带来补偿利益，它们就是正义的”[②]。也就是说公共就业服务领域的平等性价值追求，是以社会弱势群体为考量视角的，是一个努力缩小弱势群体和强势群体的差距使这种差

① ［美］约翰·罗尔斯：《正义论》，何怀宏等译，中国社会科学出版社 1988 年版，第 3 页。

② ［美］约翰·罗尔斯：《正义论》，何怀宏等译，中国社会科学出版社 2001 年版，第 627 页。

异趋于“合理”的过程。这种“合理”的内涵，既不能造成社会懒汉群体产生，又不能阻碍社会成员的才能的积极发挥。中国现在推行在县级层面的公共就业服务普及化，“拓宽公益性岗位范围，开发就业岗位，确保城市有就业需求的家庭至少有一人实现就业”①，就是基于满足公民获得平等就业收益的标准的一些政策措施。

二　公共就业服务均等化的横向维度

公共就业服务均等化的横向维度是指其内容体系，即公共就业服务机构提供的具体业务范围。公共就业服务是政府的一项具体工作，各国在长时期的就业服务实践中，都形成了自己的特色。虽然各国公共就业服务的内容都有其特色之处，但服务的主体内容大体都涵盖介绍职业、开展针对求职的培训、管理与发放失业津贴、组织生产自救等。

中国原劳动和社会保障部在《就业市场管理规定》中明确指出，中国的公共就业服务是公益性的，由各级劳动保障部门提供的，包括“职业介绍、职业指导、就业训练、社区就业岗位开发服务和其他服务内容”②。在此基础上，《就业服务与就业管理规定》做了更加明细的规定。指出公共就业服务机构提供给劳动者的基本服务范围包括“政策法规咨询、职业供求信息、市场工资指导价位信息和职业培训信息发布、职业指导和职业介绍、对就业困难人员实施就业援助、办理就业登记、失业登记等事务以及其他公共就业服务”③。此外，公共就业服务机构还应积极拓展服务，这主要是指一些面向用人单位的服务。比如，指导用人单位招聘、人力资源管理、代理招聘和劳动保障事务等。需要注意的是，劳动保障事务代理业务经劳动保障行政部门批准后才能开展。经过改革开放之后30多年的实践发展，依据中国现实国情，结合别国实践经验，2008年颁布实施的《中华人民共和国就业促进法》对中国公共就业服务内容作了法律层面的明确，可以划分为以下六个方面。

---

① 《中华人民共和国就业促进法第五十六条》，2007年8月，中华人民共和国中央政府网（www. gov. cn/flfg/2007 -08/31/content_ 732597. htm）。

② 《劳动力市场管理规定第二十六条》，2006年2月，中华人民共和国中央政府网（http：//www. molss. gov. cn/gb/ywzn/2006 -02/21/content_ 107. htm）。

③ 《就业服务与就业管理规定第二十五条》，2007年11月，中华人民共和国中央政府网（http：//www. gov. cn/gzdt/. htm）。

（一）就业政策咨询

这可以说是公共就业服务机构的首要职能。因为凡是有就业需求并向公共就业服务机构寻求帮助的劳动者或用人单位首先需要了解的就是国家在就业领域的政策法规、制度规章，这样才能有进一步探求解决自身就业问题的基础。无论是优惠政策咨询还是劳动权益保护政策咨询抑或是职业安全及保障咨询，均等化的目标要求必须是公开透明的，也就是在服务的第一个环节的知情权必须均等。这就要求具体的公共就业服务机构要根据自身条件，选择合适的信息公开方式，通过多种平台发布主要业务内容、流程和业务办理程序，并以方便、快捷、适用为原则。

（二）人力资源相关信息提供

公共就业服务均等化内在要求“公共就业服务部门要通过有效途径及时采集职业供求、市场工资、职业培训需求等信息”①，同时尽量做到全面、准确，并随时随地更新。在此基础上，要保证信息发布的覆盖面，保障所有有信息需求的劳动者在有效时间内获得有意义的信息，以保证服务信息的公平享有；并且在广泛收集、整理信息的基础上，进行求职、培训、市场工资等方面的发展性信息预测，提供前瞻性指导服务。

（三）就业登记与失业登记

就业登记和失业登记工作是政府公共就业服务的首要工作。失业登记是针对失业人员开展的一项服务，包括登记失业并出具失业证明，进行再就业咨询，并提供就业援助服务等。就业登记是针对各种类型的就业者的一项服务，包括直接就业者、再就业人员和灵活就业人员在内的人员都可以为其提供就业登记服务。均等化服务追求的及时、方便、快捷的失业和再就业登记服务应为所有有需求劳动者均等地享受。

（四）职业指导和介绍

职业指导是指公共就业服务机构在就业准备、就业选择及就业安置等过程中为求职者提供指导和帮助，帮助求职者进行个人职业生涯规划，并辅助求职者在就业上取得成功，实现其职业生涯规划的服务活动。也是指公共就业服务机构根据劳动力供求双方的需要，依法为劳动者选择职业、用人单位选择劳动者以及培训机构开展职业培训，提供调查、测评、咨

① 王飞鹏：《中国公共就业服务均等化问题研究》，首都经济贸易大学出版社 2013 年版，第 146 页。

询、建议等导向性服务。职业指导面向各类劳动者和用人单位。职业介绍是公共就业服务机构通过一系列沟通联系机制，促进用人单位和求职者相互选择、帮助劳动者实现就业的过程。职业介绍本着人尽其才的原则，宗旨是促进劳动力资源的充分开发和利用。

（五）职业教育与培训

职业教育与培训是指公共就业服务机构、企事业单位开展职业教育与就业培训的活动。为了规范和推动职业教育与培训工作，提高劳动者的职业技能，实现促进就业的目标，《中华人民共和国就业促进法》明确指出，国家鼓励依法开展职业教育和培训，各级政府要统筹协调，鼓励和支持“就业前培训、在职培训、再就业培训和创业培训”[①] 的开展，保障劳动者参加各种形式的培训。公共就业服务机构要根据市场需求和产业发展方向，鼓励、指导企业加强职业教育和培训。

（六）就业援助服务

这是针对就业困难群体开展的一项特殊服务。就业困难群体由于受各种因素的影响，属于就业领域的弱势群体，是应加大服务力度的重点群体。这是公共就业服务均等化的内在要求。从某种程度上说，对这些就业弱势群体的政策、资源倾斜是公共就业服务更加均等的表现，只有这样才能促进其在就业与再就业过程的机会获得上与其他人群相比具有均等性和实际的收获。

第三节　公共就业服务均等化的理论基础

公共就业服务均等化作为一项民生性公共产品的价值追求，其理论思想基础可谓源远流长，选取合适的思想理论进行研究阐释是做好实证研究和对策分析的基础。本书对公共就业服务均等化理论基础的考量是围绕公平正义理论、公共产品理论、公共财政理论以及福利经济学理论进行的。

一　公平正义理论

中国正在进行的中国特色社会主义建设实践，是追求国家富强、人民

① 《中华人民共和国就业促进法第四十六条》，2007 年 8 月，中华人民共和国中央政府网（www. gov. cn/flfg/. htm）。

富裕的寻梦之路，对公平正义的弘扬是最基本的选择。而就业是民生之本，在就业服务上的公平正义是公平正义广泛社会意义的重要表征。

（一）公平正义的基本内涵

公平与正义无论在政治经济领域还是法律领域，都是一个重要的价值取向。从古至今，从国内到国外，诸多哲学家、伦理学家都对公平与正义进行了分析阐释。亚里士多德认为，在各种德性中，“公正是最主要的，它比星辰更加光辉”“公正不是德性的一个部分，而是整个德性”“公正集一切德性之大成”①。柏拉图认为，正义表现的是社会和谐。亚里士多德提出，正义是守法基础上的平等。霍布斯认为，正义就是守约。卢梭认为，正义是一种公意，是主权在民、契约社会的体现。康德认为，正义就是善良的意志。杜威认为，“正义是处理道德情境的工具”②。由此可见，公平与正义是社会关系的一种理想状态，均等化可以说是这一理想状态的价值延伸。尽管发达国家没有专门的理论阐释均等化理念，但在公平与正义的理论阐释的字里行间都渗透着这一理念的精髓。罗尔斯的正义论更是其中的典型代表。

罗尔斯在《正义论》中指出：“正义是社会制度的首要价值，正像真理是思想体系的首要价值一样。”③罗尔斯正义理论的核心要义是平等原则。他认为，所有的社会财富和资源都应平等地分配。维护正义就是要通过调节社会制度的主要方面，解决社会的起点不公问题，尽量排除社会历史、自然等因素对人们生活造成的影响。而为了克服不平等的现实，实现正义，除了遵循平等原则外，还需要实现差别原则。罗尔斯认为，不平等产生的原因有主客观两个方面，一是客观的，即社会的，是指人们出身、所处环境、受教育程度等的差异而产生的不平等；二是主观的，是指人们生而具有的天赋差异带来的境遇的不同。罗尔斯进一步认为，客观差异是可以通过适当的制度消除的，而主观差异却是根本不能解决的。而对于一个正义社会而言，又是必须加以克服的。这就要求制度安排要遵循“差别原则”，用不平等的制度安排保证“最少受惠

① 亚里士多德：《亚里士多德选集（伦理学卷）》，苗力田编译，中国人民大学出版社1996年版，第103—104页。

② 李志强：《杜威道德理论实用特征之论析》，《理论月刊》2012年第4期。

③ ［美］约翰·罗尔斯：《正义论》，何怀宏等译，中国人民大学出版社1993年版，第211页。

者”获得最大利益[①]。用公式表示就是 W = Maxmin [U1，U2，…，Un]。

罗尔斯正义理论的另一个重要内容是“原初状态”假设。“原初状态”的理想假设是人们有合作意愿，遵守契约，每个人所拥有的自由体系权利都是与其他人相容的，而且是最广泛的；最少受惠者的最大利益能够得到保障，社会所有职务和地位在公平的前提下，向全体民众开放。

从罗尔斯的正义论可以看出，其正义原则适用于政治和经济等领域，对公共就业服务均等化来说，一方面，实现对社会民众公共就业服务均等化体现了机会的均等性，满足了民众对就业社会产品或服务的平等分配需求；另一方面，公共就业服务均等化的倡导正契合了正义论中所阐述的保持一种正义性原则，这种正义性原则就是均等化内涵的本质体现。

（二）维护公平正义是政府的责任

公平正义是人类社会发展的价值追求，在现阶段及将来，公平正义也是中国特色社会主义的优越性的价值体现。公共就业服务作为民生之本问题的解决路径之一，其“公共资源投入要均等、就业机会要平等、公民在就业服务上的受益要同等的标准”[②]是公平正义的直接表现。继党的十六届六中全会明确提出建立以公平正义为特征的和谐社会的目标之后，党的十七大进一步赋予其“学有所教，劳有所得，老有所养，病有所医，住有所居”[③]的具体内容，党的“十八大”报告更进一步提出了在就业领域推动公平正义实现的政策措施。提出要实行就业优先战略和更加积极的就业政策，加强职业技能培训，提升劳动者就业创业能力，增加就业的稳定性。党的十八届三中全会提出要建立经济发展和扩大就业的联动机制，构建劳动者终身职业培训体系。可以说，就业服务领域的公平正义问题已引起党和政府的高度重视，党和政府也采取了一系列举措来解决这一问题。这里面包括在党的重大会议决议中将此项内容作为社会民生问题的一个重要方面加以阐释，表明了党和政府要秉承公平正义理念，破解现实困

① 齐延平：《论社会基本制度的正义——对罗尔斯正义理论的讨论》，《北方法学》2007年第4期。

② 麻宝斌、董晓倩：《中国公共就业服务均等化问题研究》，《东北师大学报》（哲学社会科学版）2009年第6期。

③ 胡锦涛：《高举中国特色社会主义伟大旗帜　为夺取全面建设小康社会新胜利而奋斗——在中国共产党第十七次全国代表大会上的报告》，《人民日报》2007年10月25日第1版。

境，解决中国当前所面临的诸多社会问题的决心。

政府是以维护公平正义为存在的必然的。政府不是从来就有的，它是历史发展的产物，它诞生的依据之一就是要维护社会的公平正义。尽管这种维护带有阶级性质，是以国家机器为后盾的，但政府的宗旨从来都是宣称为整个社会的公平正义服务的。政府通过对国家政权的控制，用制度权力管理社会，为民众提供服务。公平正义是管理、服务的道德规制，是政府存在的合理性、合法性标志。这是政府顺应历史的必然选择，也是政府得以存续发展的、民众拥护支持的价值评价尺度。政府只有不断顺应民意，着力矫正社会的各种非公正问题，使民众不断感受政府维护公平正义的决心和效果，才能在历史的发展中保持存续的空间和时间。

政府的职能定位应是以维护公平正义为己任的。政府是行使公权力的代表，是国家机器运行的实际操作者，是上层建筑的重要成分。现代政府是服务型政府，公共权力的行使以“公共性、普遍性、强制性和非营利性”为特征。这一职能定位要求政府超脱于个人与社会之外，着眼于全社会，以行政手段，辅之以必要的强制手段，解决现存社会的不公平、不公正问题。

公平正义的实现程度取决于政府责任的履行情况。现代社会是公民的社会，强调社会多元主体的共同社会责任。公平正义的实现，社会组织、公民个人也需付出努力，但这不能抹杀政府的主体责任。维护公平正义的第一责任人是政府。“如果说市场行为是实现效率的主要手段，那么政府行为则是实现社会公平的主要手段”①。毕竟政府是公共产品的主要提供者，其制度设计、施政纲领是否科学公平直接关系到服务的公众满意度，即公平正义信度。

（三）公平正义是公共就业服务均等化的核心价值追求

均等化不是绝对的平均，而是向弱势群体倾斜，最终实现均衡态势的目标的解决。

第一，公平是公共就业服务均等化的核心理念追求。自文明社会产生以来，公平就是人们孜孜以求的价值。时至今日，公平已成为法治与道德的结合体，是社会的稳定器，也是社会进步发展的考量表。党的十八届四中全会提出了依法治国的全新理念，今后相当长的一段时期内，依法治

① 俞可平：《论维护和实现公平正义》，《北京日报》2007 年 5 月 28 日第 3 版。

国，建设法治社会、法治国家都将是中国社会政治生活的主题，公平将作为社会文明进步程度的重要指标注入社会生产生活的各个方面中。公共就业服务均等化作为处理社会群体就业关系的一种重要手段，理应将公平贯穿始终。政府和社会要以制度性保障给予就业公平以有效支持，正如国家主席习近平在第五届亚太经合组织人力资源部长级会议上指出的那样，我们坚持公平正义的最基本方法，就是着力“促进人人平等获得发展机会，逐步建立以权利公平、机会公平、规则公平、分配公平为主要内容的社会公平保障体系”①。

第二，正义是公共就业服务均等化的本质理念追求。正义与公平是相辅相成的一对概念。两者互为前提和基础，互相包含。所以，社会主义核心价值观当中的“公正”释义就是公平正义。公共就业服务作为公益性服务，彰显的就是正义，将初次分配和再分配过程的税收、上缴利润等手段积累起来的资金投入到就业服务领域，保证社会成员“大致机会均等、权利均等地享有服务资源和服务本身”②，这实质上就是用政府的服务职能以作为的方式履行维护正义之职。公共就业服务均等化这一政策导向“本身就决定了社会生活中利益和负担的恰当分配”③。

所以说，公共就业服务均等化是建立在公平正义的理论基础上的，而公共就业服务均等化的推进过程也是公平正义实现的过程。

二　公共产品理论

公共产品理论是随着人类社会的文明进步历程产生的。

（一）公共产品的基本内涵

公共产品是与私人产品相伴而生的概念。萨缪尔森认为，公共产品是指每个人对它的消费都不会导致其他人对它消费的减少的产品④。该定义的数学表达式为 $X_{n+j} = X^{i}_{n+j}$ ，即第 $n+j$ 种产品的总量等于第 i 个人对第

---

① 习近平：《在亚太经合组织工商领导人峰会上的演讲》，2013 年 10 月，新华网（http：//news. xinhanet. com/world. htm.）。

② 杨慧、朱汉平：《公平正义：公共就业服务均等化的核心价值追求》，《经济研究导刊》2011 年第 33 期。

③ 刘琼莲：《论基本公共服务均等化的理论基础》，《天津行政学院党报》2010 年第 7 期。

④ Smuelson P. A.，1954，“The Pure Theory of Public Expenditures”，*The Review of Ecnomics and Statistics*，Vol. 36，No. 7，pp. 387 – 389.

$n+j$ 种产品的消费；而私人产品消费的表达式为：$X_j = \sum_{i=1}^{n} X_j^i$，表示第 j 种产品的总量等同于所有人对第 j 种产品的消费之和。由此可以得出公共产品的典型特征：第一，效益的不可分割性。效益的不可分割性是指一项产品或服务是向整个社会共同提供的，具有共同受益的特点。即产品的效用为社会所有成员共享，而非由个别人享用，即产品效用不能分割为若干部分。在这一点上，国防产品有着最明显的表现。第二，消费的非竞争性。它指的是某一个人享受产品的同时，并不排斥其他人对该物品的享受，也不会因此而减少其他人享受该产品的数量或质量。即增加一个消费者的边际成本为0。第三，受益的非排他性。它指的是在技术上无法或很难将拒绝为之付款的个人排除在公共产品的受益范围之外。从另一个角度看，任何人也不能采取拒绝付款的方式将其厌恶的产品排除在其享受范围之外。而私人产品在受益上是具有排他性的，只有个人在消费过程中受益，才愿意为之付款。同时满足这三个条件的公共产品是纯粹的公共产品。如果不能同时满足以上三个条件或满足的程度不够，可称为准公共产品。

（二）公共就业服务的公共产品品质

公共就业服务可称为一种准公共产品，其基本满足公共产品的构成要件，所以公共产品理论对公共就业服务产品的投入和产出也是具有重要指导意义的。

其一，公共就业服务作为一种准公共产品，也具备非排他性和非竞争性特征。因此政府的财政支出应该单列出公共就业服务支出项目，提升其作为公共产品的地位，改变目前公共就业服务支出在社会保障项目中列支的状况。

其二，公共产品理论表明，政府是基于国家安全、社会发展和公民利益需求等角度来考虑提供各种公共产品的。公共产品的提供也应考虑其效度，边际效用理论是适用于公共产品的，货币的价格和价值尺度功能同样适用于公共产品。公共就业服务作为准公共产品，效度评价显得更为重要。目前，中国亟须建立、健全供给效率评价和考核指标体系，以促进公共就业服务产品效率的提高。

其三，公共产品虽然具有非排他性，但在受益范围上，还是有区域差异的，这一点在中国公共产品提供上表现得更为突出。公共产品因受益范围的区别，可分为全国性的和区域性的，并且在区域内部也有受益范围的差别。财政体制划分和财政资源的分配的主要理论依据就是公共产品的一定区域差异性。这也是中央政府和地方政府提供不同层次公共服务的主要依据。全国性的公共产品资金由中央政府提供，区域性的公共产品资金和群体性的公共产品资金由地方政府提供，而涉及多个区域或多个群体的公共产品资金需要相关联的地方政府联合提供，中央政府负责统筹协调。这种由受益范围和区域属性决定的公共产品财政供给机制在公共就业服务产品的提供上具有很强的参考价值。

（三）蒂布特模型与公共就业服务的有效供给

公共就业服务作为一种准公共产品，提供主体来自地方政府，带有浓郁的地方公共服务供给色彩。蒂布特模型对公共就业服务的有效供给具有重要的启示作用。

1956 年，蒂布特在《地方支出的纯理论》一文中，提出了有效供给地方公共产品的理想模型。首先，蒂布特阐述了地方公共产品的有效选择机制。提出了地方公共产品供给的竞争性。其次，蒂布特提出了提供最优公共产品供给的条件假设。一是消费者的自由流动权利是现实的；二是消费者的信息获取是充分的、同质的；三是消费者的自由流动是有充分的居住地可供选择的；四是居住地选择不影响就业机会；五是各社区所提供的公共服务不存在外部差异；六是任意区域都有最优规模；七是没有达到最优规模的社区试图用降低平均成本来吸引居民。最后，在此假设基础上，因为消费者的选择偏好是完全自主的，因此，同一社区的消费者，对公共产品完全满意，而社区也达到了最优的公共服务数量，理想化的社区模型由此达到。

蒂布特模型对公共就业服务供给具有指导意义。第一，公共就业服务的供给要尽可能与不同层次的居民需求相适应，注重个性化供给。第二，公共就业服务的供给要适应经济发展水平。公共就业服务应在不同经济发展阶段以不同的供给形式来进行，滞后或超越经济发展阶段的公共就业服务都是不可持续的。第三，应创造条件促进消费者的自由流动。消费者不受限制的自由流动权核心是“用脚投票”，应消除流动限制，使消费者无限制、无成本地在社区间自由转移。第四，应积极推动公共就业服务信息公开。消费者的知情权必须是充分的，才能有利于自由选择权的充分发挥。公共产品理论为公共就业服务供给模式的选择提供了理论依据。

三 公共财政理论

公共财政理论是在市场经济前提下，以“公共产品”提供为基础，通过弥补“市场失灵”，进而实现政府职能的财政理论。公共财政理论是以政府和市场的关系为主线展开和发展的。其基本特征主要表现在四个方面。一是公共性。公共财政以满足社会公共需求为立足点，这是公共财政的本质属性。二是公平性。“一视同仁”地对待所有经济主体和社会成员是公共财政的基本属性。这一属性通过均等提供公共服务来实现。三是非营利性。公共财政与其他市场经济不同，不是以盈利为目的，而是以追求公共利益为己任。四是法治性。公共财政作为政府直接进行的经济活动，必须在法律的约束和规范下进行。

公共性是公共财政的本质特征。这是因为，政府是整个社会的代表，政府的财政收入来自全体社会成员，因而公共财政支出也必须用于全体社会成员，即要求政府必须对所有经济主体和社会成员提供“一视同仁”的服务。在“一视同仁”的政策下，政府及其公共财政在为社会提供服务的过程中，对所有的社会成员应该公平对待。而在“区别对待”的政策下，政府及其公共财政实际上只着眼和偏重于某些经济成分、社会集团和少数社会成员的利益。政府为社会提供服务时的“一视同仁”，是通过公共收入、公共支出和转移支付制度来实现的。

公共就业服务均等化体现了公共财政的“公共性”，深化了公共财政的职能，延伸了公共财政“一视同仁”的特征。也就是说，公共就业服务均等化要通过公共财政筹集收入和进行支出来实现，目的是公平地满足社会就业的需要，并要求公共财政要为不同利益集团、不同经济成分、不同社会阶层提供“一视同仁”的就业服务。公共就业服务均等化的公共性和“一视同仁”，可以促进社会资源达到最佳配置状态，其主要实现手段——转移支付具有较强的收入分配功能，其强调的“不同阶段不同标准”，对宏观经济的稳定和发展大有裨益，也因此进一步深化了财政职能。

四 福利经济学理论

福利经济学是由英国经济学家霍布斯和庇古于 20 世纪 20 年代创立

的，其形成的标志是庇古的《福利经济学》的出版。在1929—1933年世界性的经济危机之后，卡尔多、希克斯、勒纳等补充修改了庇古的福利经济理论，将其建立在帕累托理论基础上，称之为新福利经济学。“二战”以后，阿罗、李特尔等人对福利经济学进行了发展性研究。福利经济学研究的主要问题有：以提高效率为目标的资源配置问题，以实现公平为目标的收入分配策略，以增进社会福利为目标的集体选择问题等。福利经济学的基本理论思想，对公共就业服务均等化的理论研究与实践具有一定的启发意义。

（一）庇古的思想对公共就业服务均等化的理论支撑

庇古认为，福利由效用构成，效用就是满足需要，人性的本质就是追求最大的满足，也就是追求最大的福利。庇古提出了两个命题：国民收入总量越大，社会经济福利就越大①；国民收入分配越是均等化，社会经济福利也就越大②。庇古的命题在西方经济学说史上首次将社会福利问题与国家干预收入分配问题结合起来研究，这项开创性的工作对公共就业服务均等化的研究产生了基础性影响。

首先，国民收入可以通过公共就业服务转化为社会福利，所以公共就业服务总量可以随着国民收入总量的增加而增加，公共就业服务总量越大，社会福利也就越大。一方面，公共就业服务在未达到满足所有人的充分就业需求的情况下，其总量的增加可以达到社会福利增进的目的；另一方面，在公共就业服务投入占国民收入比例不变或者有所提高的前提下，国民收入的增加必然导致公共就业服务总量的增加，进而社会福利总量将得到提高。可见，公共就业服务是国民收入与社会福利的媒介之一。

其次，公共就业服务越是均等化，社会经济福利也就越大。庇古将收入分配与资源配置联系起来，兼顾了效率与公平，认为国民收入分配均等化能够增进社会福利。虽然庇古倡导的国民收入分配均等化的观点不可取，因为这种均等化是对效率原则的绝对忽视，也违背了市场经济原则。但庇古对社会资源的均等配置思想还是具有一定价值的。作为社会资源之一的公共就业服务也必然存在优化配置的问题，而均等化就是公共就业服务较为合理的优化配置选择方式，政府应在充分考虑个体实

① ［英］庇古：《福利经济学》，朱泱等译，商务印书馆2006年版，第98页。

② 同上书，第108页。

际需要的前提下，通过“相对均等”的公共就业服务配置，来提高效率并增进公平。

（二）补偿原则的基本思想对公共就业服务均等化的理论支撑

与旧福利经济学相比，新福利经济学用帕累托最优来解释福利问题，发展了效率标准。但当福利状况改善或恶化在社会群体中同时占据相当比例时，帕累托最优对整个社会福利的增进状况就难以测度了，而且在帕累托最优时的社会分配是否公平不能衡量。对此，新福利经济学提出了补偿原则来弥补其缺陷。

补偿原则的基本思想是，国家的任何政策变动都将导致市场价格变动，会使部分人受益部分人受损。如果一些社会成员状况的改善补偿了其他社会成员状况的恶化，且补偿后还有剩余，就说明社会福利增加了①。补偿原则关注的是“整个社会的福利”或“福利综合指标”，兼顾了效率与公平，为公共就业服务均等化提供了理论基础。

首先，随着经济的发展，公共就业服务支出占财政支出的比例应该不断提高。政府的职能之一是提供公共就业服务。随着经济发展水平的不断提高，政府应该提高公共就业服务在财政支出中的比例。补偿原则的基本思想为这一必然选择提供了理论依据。用于公共就业服务的财政支出比例的提高，会改变原来的利益格局：一部分人的既得利益减少，全体社会成员享受的公共就业服务总量增加。而在公共就业服务供不应求的社会状态下，提高公共就业服务支出比例所增加的社会效用足以补偿一部分人被减少的效用，社会福利最终会得以增进。

其次，补偿原则的基本思想为公共就业服务的合理分配提供了理论依据。因地区经济发展差异引起的公共就业服务差异需要公共财政通过转移支付来均衡，以消除其不利影响。加大转移支付力度使得公共就业服务均等化程度增加，可以更大程度上满足各地居民的就业需要，以提高财政转移支付资金的效率并增进社会福利。但在财政资源有限的状态下，这种转移支付手段会改变固有的利益格局，带来部分社会成员效用的损失，但这种损失与增加的社会福利相比是次要的。并且，政府可以制定和实施相应政策，支持地区经济发展，提高居民收入水平，进一步补偿因公共就业服务均等化带来的损失。因此，未满足的公共就业服务需求得以满足，损失

① 阎坤：《公共服务均等化问题研究》，《经济研究参考》2007 年第 57 期。

的效用得到补偿，整体社会福利得到提高。

（三）社会福利函数理论的基本思想对公共就业服务均等化的理论支撑

伯格森、萨缪尔森、阿罗等人提出了社会福利函数理论。他们认为，基于补偿原则的补偿恰当与否事前无法预知，其结果只能通过受益者的感知确定，而感知的随意性和难以衡量使补偿的效度测定难以达成。而社会福利和影响社会福利的各种因素之间存在着一定的函数关系，其中公平和效率是影响社会福利的两个重要因素。尽管阿罗不可能用定理证明符合相应条件的社会福利函数并不存在，但是社会福利函数理论的基本思想仍然为实施公共就业服务均等化提供了重要理论依据。

首先，社会福利函数理论可以帮助政府掌握各种影响社会福利的因素，并在若干可选政策中选择出一个相对较好的政策来提高整个社会的福利。

其次，社会福利函数理论强调收入分配合理化，而不是收入分配平均化。因为对于偏好选择多样化的个人而言，得到相等的收入并不能保证他们的福利普遍增进。这种思想可以用于公共就业服务均等化，即对于偏好选择多样化的个人而言，不同个人对公共就业服务的需求不同，简单地平均分配公共就业服务并不能保证社会成员的福利普遍增进，因此，公共就业服务均等化应充分考虑个人公共就业服务需求的“相对均等化”，只有这样的公共就业服务分配才是合理的。

（四）阿马蒂亚·森的思想对公共就业服务均等化的理论支撑

诺贝尔奖得主阿马蒂亚·森在以往福利经济学重视均等化的基础上，将经济学和伦理学相结合，设计了新的福利指数[①]。阿马蒂亚·森认为，社会福利提高的内涵不单纯是效用还应该包括个人能力的培养和提高。他对“福利”的理解是：福利并不是由商品本身创造的，而是由商品带来的那些机会和活动创造的。而这些机会和活动产生的基础是个人的能力。

阿马蒂亚·森的观点对推进公共就业服务均等化具有重要影响。首先，他更加强调个人能力的提高，认为这是以往福利经济学所倡导的重视经济增长、效率提高以及收入均等化、合理化的基础。本着这一思想，联

---

① 纪昀：《1998年度诺贝尔经济学奖得主阿马蒂亚·森对福利经济学的贡献》，《世界经济》1999年第3期。

合国创建了人类发展指数。依据阿马蒂亚·森的观点，重视人的生存和发展环境是个人能力提高的前提和基础。而生存和发展环境的改善很大程度上取决于公共服务的供给与分配，而就业服务又是其中的重中之重。因此，政府为社会公众提供基本的、在不同阶段具有不同标准的、最终大致均等的公共就业服务，是社会成员能力提高、社会福利增进的保障。

其次，在把提高社会福利水平看作政府主要职责的基础上，阿马蒂亚·森认为，政府在制定经济政策时不应只看政策的经济激励作用，政府政策应保障居民生存和生活条件，提高居民社会生活能力，这也是实现公共就业服务均等化的动力和内在机理。

（五）帕累托最优理论对公共就业服务均等化的理论支撑

从帕累托最优的效率角度出发，公共就业服务资源配置的必然状态是：所有享受公共就业服务的个人感知的状态与没享受这种公共就业服务时一样好，而且至少一个人的情况比没享受时更好，那么公共就业服务资源配置就是最优的和有效率的分配。只有实现公共就业服务资源的最优配置，才能保障经济健康、快速发展，才能为公共就业服务总量增加、社会福利最大化奠定基础。

从帕累托最优的公平角度分析，公共就业服务具有非排他性和非竞争性，一方面无法排除他人享受同项公共就业服务，“共同消费”特征明显；另一方面公共就业服务对象的增加不会引起服务成本的增加。因此，当实施公共就业服务均等化且公共就业服务达到一定数量后，扩大公共就业服务对象的范围，不会有人受到损失，但一定会有人增加福利，这符合帕累托改进原则。且享受公共就业服务的人越多，公共就业服务均等化的程度越高，整体社会福利越大。

（六）次优理论对公共就业服务均等化的理论支撑

在现实经济中，因为存在市场失灵及许多干扰因素，使帕累托最优状态很难达到。基于这种考虑，李普西和兰卡斯创立了次优理论。次优理论的基本主旨是，在制定公共就业服务均等化的具体实施政策时，可以将干扰因素作为影响因素考虑进去，在此基础上寻找次优的路径，实现一定福利目标引导下的公共就业服务均等化，使社会福利的整体水平得到提高。有了次优理论的支持，公共就业服务均等化思路也变得非常灵活。

次优理论是要求信息充分透明的理想化的理论。而现实经济环境却是错综复杂的，政策制定时很难做到全面考虑所有影响因素，而且即使全面考虑了，也有可能因为成本的制约而难于达到最优解决方案。基于这一考虑，黄有光提出第三优理论：当实现帕累托最优的限制因素较多、需获取的信息量大并必须支付过高的行政费用时，则应采取第三优政策。第三优理论是衡量政策效率的一个低标准尺度，可以理解为，视具体情况采取现实的、最有效率的政策，力求最大限度地改善社会福利。

在现实的经济社会环境中，往往只有第三优理论的条件能够得到满足，因而在第三优理论框架下分析公共就业服务均等化更具现实意义。一方面，因缺乏偏好表达机制，政府无法获知每个公共就业服务对象对公共就业服务质量和内容的偏好，存在信息不对称问题。另一方面，即便是政府可以获知每个服务对象的偏好及需求，这样做的执行成本也会很高。此外，大部分公共就业服务由地方政府提供，这导致信息不对称，执行标准问题变得更为复杂。因此，必须根据具体情况，在不同的经济发展阶段，不同的地区，针对不同群体，推行公共就业服务均等化，并力求强化公共就业服务均等化的程度。

第四节　本章小结

本章是全书的理论基础，为后面相关问题及内容的展开论述提供理论支撑与框架支持。

首先，本章对就业、公共就业服务、均等化及公共就业服务均等化概念进行了内涵和外延的分析界定。指出就业具有经济性、政治性和社会性，就业不仅是个人问题，更是社会问题和政府责任。无论是什么层次、什么类别的就业，政府的鼓励和支持都是重要的，而政府服务就业的载体就是公共就业服务。笔者在给出公共就业服务定义的基础上，指出公共就业服务具有公平性、政府主导性、垄断性和可持续性的特点。而公共就业服务均等化的实质就是通过政府主导的政策驱动、实际运行，克服单纯劳动力市场难以解决的由城乡差异、群体差异和市场制度差异带来的就业的不平等，消除就业歧视，形成公平、有序、开放的就业环境。

其次，本章对公共就业服务均等化的纵向维度和横向维度进行了阐释。笔者认为，公共就业服务均等化的纵向维度包括三个方面：一是公民均等享受公共就业资源，二是公民平等获取就业机会，三是公民获得平等就业收益。根据国家有关文件政策规定，笔者认为，在中国，公共就业服务均等化的横向维度包括就业政策咨询、人力资源相关信息提供、就业与失业登记、职业指导和介绍、职业教育与培训和就业援助服务六个方面。

最后，支撑本书的基础理论有公平正义理论、公共产品理论、公共财政理论和福利经济学相关理论。这些基础理论与思想为公共就业服务均等化问题的解决提供了制度路径依赖。

接下来各章将按照本章构筑的理论基础，对中国公共就业服务均等化问题进行全面阐述。

第三章　中国就业、就业服务政策及实践的历史演进

梳理中国就业及就业服务政策的发展脉络，阐述中国就业及就业服务的实践历程，是分析和甄别公共就业服务均等化现状，解决现存问题，推进公共就业服务均等化发展的前提和基础。

中国是世界上人口和劳动力最多的国家。长期以来，中国就业领域面临着三大压力，即产业结构调整带来的转型就业压力、成长性就业压力以及农村劳动力转移就业压力。可以说，中国的就业问题比任何国家都复杂，就业工作比任何国家都艰巨。从经济学角度来看，就业解决的是劳动力要素与其他生产要素的有机结合问题，为生产力发展提供基本保障；从社会学角度来看，就业解决的是亿万劳动者及其家庭的切身利益问题，给社会和谐发展奠定重要基础。经济和社会是国家长治久安的晴雨表，所以就业也是安国之策。中国共产党十八届三中全会以改革开放 30 多年来就业工作充分发展为基础，提出要进一步完善城乡均等的公共就业创业服务体系，构建劳动者终身职业培训体系，就业工作已成为中国发展的重要战略。

20 世纪 80 年代末期起，随着改革在中国劳动人事和就业制度方面的推进，“传统的‘统包统配’和‘固定工’制度被打破”①，以劳动合同制为中心的新的用工制度开始在中国逐步建立。相应地，公共就业服务体系和管理制度也逐步开始建立并完善。特别是党的十六届六中全会以来，《中华人民共和国就业促进法》《中华人民共和国劳动合同法》等一系列就业法律法规的颁布和实施，为公共就业服务的全面发展奠定了法律基础，也为均等化的进程做好了铺垫。

---

① 张明龙：《中国就业制度的六十年变迁》，《经济理论与经济研究》2009 年第 10 期。

新中国成立至今，根据不同历史时期就业领域的新情况、新问题，中国不断调整就业政策，实现政策由指令到指导再到服务的转变，就业及就业服务实践也在解决问题的过程中不断发展，逐步形成了具有中国特色的公共就业服务体系。

第一节　第一次就业问题及解决对策

一　第一次就业问题

中国第一次就业问题出现在新中国成立初期的经济恢复时期和第一个五年计划时期，也就是1949—1957年。这一时期的突出问题是大量失业人员的出现。据统计，1949年年末，全国城镇失业人数为472.2万人，城镇失业率高达23.6%[①]。造成这次城镇人口大量失业的原因主要有：一是旧中国遗留的失业负担。旧中国没有完整的工业体系，城市工业规模小，对劳动力的需求少；农村经济凋敝，农民流离失所，大量剩余劳动力涌入城市；加之整个社会经济发展迟缓，第三产业的用工量更微乎其微。二是战争引起的动荡性失业。自鸦片战争开始，中国社会处于长期战乱状态，尤其是20世纪初期的军阀割据、军阀混战以及日本的侵略，使得大量官僚资本、外国资本和民族资本逃离大陆，众多企业关闭、破产、歇业，经济发展受到严重制约，不但新增劳动力获得就业岗位的比例严重萎缩，而且大量在业的工人、职员失业。三是新旧政权更替带来的结构性失业。新中国成立后，在废除旧制度建立新制度的过程中，原在旧军队、旧政府中工作的大量人员，需要寻找新的就业岗位，一些旧产业的关停并转使得在职员工需要新的就业出路，加之新的工业体系的建立是循序渐进的，用工量有一个不断增长的过程，这就使得新旧产业对劳动力的衔接暂时不能完全对接上，失业人口数量加大。

二　政策措施

为了有效解决失业问题，维护社会稳定，中央和各级地方人民政府建立了劳动就业委员会，采取了强有力的就业措施。

---

① 国家统计局社会统计司：《中国劳动工资统计资料（1949—1985）》，中国统计出版社1987年版，第109页。

（一）维持现有就业规模的政策措施

主要是指采取行政手段维持就业，防止新的失业状况出现。具体做法是：

第一，“包下来”的政策。主要是针对原国民党政府官办企业职工和在教科文卫行业工作的人员，实行维持“原职原薪”的政策，由人民政府全部接管。既有效地防止了新的失业人员的产生，维护了社会秩序的安定，又有利于生产的恢复和发展。

第二，给出路的政策。主要是针对原国民党军队和政府中没有较大罪行和问题的人员，根据各自的能力，由新政府全部给予安排、分配工作。

第三，适度发展私营经济。政府在优先发展国营企业的同时，对私营企业实行了“‘公私兼顾、劳资两利’的政策，使其在原材料分配、加工订货、产品收购包销、资金贷款等方面，享受与国营企业基本相同的待遇”①，使资本家有利可图，愿意继续经营下去，从而维持现有劳动力的雇佣状况。政府还对私营工商业的雇员进行教育，要求他们配合雇主克服困难，恢复和发展生产，避免企业停工倒闭，造成新的失业现象。

第四，限制企业解雇人员和控制招收农村劳动力并行。政府限制私营企业盲目招收和无理由解雇人员。1954 年，国家进一步作出规定，公私企业不能因为劳动生产率的提高而随便解雇员工，对富余员工，企业要安排其进行学习和培训。为避免新的失业状况的出现，政府对农民流入城市进行了限制，城市企业对农村劳动力的招收工作，由地方劳动部门统一调配或组织。

第五，“公私合营”中的稳定就业政策。1955—1956 年，国家开始对私营企业实行“公私合营”制，使之逐步过渡为国有经济企业。在这一过程中，政府采用了“分口包干、统筹安排”的办法，由国营企业的各主管部门分别管理对口行业的私营企业，对其资本、财产、生产经营、人员等方面进行全面安排和管理。对资方人员，政府按其原有资产每年付给其一定的利息进行赎买，并把他们安置到政府机关或国营企业中就业。对私营企业的工人，采取在原企业留用或统一调剂到其他部门或行业的办法，避免其失业。

① 姚裕群、傅志明：《发展与就业》，中国劳动社会保障出版社 2010 年版，第 335 页。

（二）帮助失业人员的政策措施

中国共产党的政治宗旨之一是保障劳动群众的生活权利、劳动权利，使“人人有工作，人人有饭吃”。因此，国家采取了多种行政措施，加强就业服务，帮助失业人员寻找出路。一是开展失业登记和转业训练。新中国成立后，对失业工人进行普遍登记，由各城市劳动介绍所介绍工作，或者通过对失业人员进行训练，增强他们的就业能力①。二是发放失业救济金。政府发放一定的失业救济金给失业者，帮助其维持基本的生活水平。在一些地区，政府还对生活困难的失业者发放一次性的冬衣和医药费补助。三是以工代赈，实施临时就业工程。政府在1950—1951年，尊重失业人员的自愿选择，安排其参加市政工程建设等劳动，获得一定的收入，实现短期或临时性就业，提高他们的生活水平。四是组织生产自救。政府将失业的手工业者和商贩组织起来，参加合作社或者进行个体生产经营，实现就业。五是动员失业人员返乡或移民垦荒。对于与农村有紧密联系的城镇失业人员，政府提供优厚条件动员他们返乡进行农业生产。与此同时，政府还动员、组织他们到人少地多的未开发地区进行土地开发，使失业者转换就业领域，缓解城市失业压力②。

（三）建立“统一就业”的制度

这一制度包括：

第一，培养干部，统一分配。新中国成立初期，政府在各大城市创办人民革命大学，吸收失业工人、工程技术人员和知识分子，进行短期的政治教育和职业训练，再由政府统一分配、安置到政府行政部门和文教事业单位工作。

第二，统一介绍、安排就业和统一调配劳动力。1952年8月，原政务院批准的《关于处理失业工人办法》是统一就业制度的标志性文件，主旨是“从统一介绍就业开始，逐步达到统一调配劳动力”。要求公私企业必须将包含用人条件和待遇办法的用人需求报当地劳动部门备案审批，而后由专门机关介绍，或者在指定范围内选择，并经调配机关审批后方可雇用。政府明文规定，对复员转业军人、大中专毕业生、技工学校毕业

① 国家劳动总局政策研究室编：《中国劳动立法资料汇编》，中国工人出版社1980年版。

② 姚裕群、傅志明：《发展与就业》，中国劳动社会保障出版社2010年版，第336—337页。

生、城镇中学和高小毕业生，都由国家统一安排就业。

第三，一定的灵活性就业措施。主要是指首先允许部分地区自由招工。新中国成立初期，政府允许一些经济基础较好的地区（如东北、华北地区），对劳动力急需的厂矿企业和经济部门，拥有一定的自行招雇人员的权力。其次是实行“介绍就业和自行就业相结合”[①] 的方针。针对“统一介绍就业”政策在实践中不利于广开门路解决失业问题的缺陷，1953 年 5 月，原中央劳动就业委员会、劳动部和内务部提出“介绍就业和自行就业相结合”的方针，从而打开就业的“两扇门”。政府缩小了统一就业和统一调配的范围，给予企业少量的用人自主权。

三 实施效果

经过几年的大规模就业安置工作，到第一个五年计划之前的 1952 年年末，全国城镇失业人数下降了 100 万人，城镇失业率下降到 13.2%。随着第一个五年计划期间国民经济的顺利推进和政府解决就业问题的多项措施的实施，中国的失业率逐渐下降。到 1957 年年末，全国城镇失业人数中累计就业人数为 273.8 万人，失业人数下降到 200.4 万人，失业率为 5.9%（如表 3—1 所示）。

表 3—1　　1949—1957 年中国失业和就业情况

年份	城镇失业人数（万人）	城镇失业率（%）	当年就业人数（万人）
1949	472.2	23.6	—
1950	437.6	19.7	36.6
1951	400.6	15.6	37.0
1952	372.6	13.2	28.0
1953	332.7	10.8	39.9
1954	320.8	10.5	11.9
1955	315.4	10.1	5.4
1956	212.9	6.6	102.5
1957	200.4	5.9	12.5

资料来源：国家统计局社会统计司编：《中国劳动工资统计资料（1949—1985）》，中国统计出版社 1987 年版，第 109 页。

① 姚裕群、傅志明：《发展与就业》，中国劳动社会保障出版社 2010 年版，第 338 页。

第二节　第二次就业问题及解决对策

一　第二次就业问题

“大跃进”及其后的经济调整时期发生的就业问题，称为第二次就业问题，时间是在1958—1966年。这一时期的就业问题主要表现为由于政策原因造成的城镇劳动力的剧烈波动，前期显性失业被“消灭”与后期一定的待业人员的出现。

“大跃进”是带有明显政治特征的经济运动。国家实行“以钢为纲”的方针，全国各地大炼钢铁、大搞各项建设项目，城镇吸收了大量劳动力。1958年，把上年存留的200万失业人员全部吸收后，还存在劳动力不足问题。政府不但动员城镇家庭妇女走出家门就业，还从农村大量吸收劳动力进城就业[①]。仅1958年一年，全国重工业的就业人数就增加了5000万，净增加的职工人数达到2000多万，在其他工业部门净增的数量达到1500万[②]。中国的“大跃进”是一场急于向共产主义过渡的冒进型经济建设运动。从就业角度看，不仅劳动力需求信号是过度的（存在相当大幅度的虚假需求成分），而且当时实际吸收的劳动力数量也大于现实的劳动力需求信号。这种工业劳动者数量短时间过量增长的现象，不仅造成技术水平的大大降低，而且导致农村青壮年劳动力严重缺乏，粮食生产受到严重影响，进而成为其后经济困难的主要原因，这也是之后不得不采取补救措施的原因。

二　政策措施

这一阶段的就业政策分为两项比较极端的政策。

（一）“大跃进”时期的大量动员劳动力就业政策

1958年开展的“大跃进”运动，出现了劳动力供给不足的假象，城镇新成长的劳动力远远不能满足需要。在这种情况下，政府不但动员各行各业的职工、学校师生员工参加“大炼钢铁”运动，还动员家庭妇女等

① 马洪：《现代中国经济词典》，中国社会科学出版社1982年版，第515页。

② 国家统计局社会统计司编：《中国劳动工资统计资料（1949—1985）》，中国统计出版社1987年版，第9、16页。

非主要劳动力甚至家庭雇用的保姆到以工厂为中心的城市工作、就业。同时，政府将企业的招工审批权下放到地方，放松了对新增职工的计划控制，各部门、各地区不但招收了大量的城市人口就业，而且招收了大量农民进城就业。

（二）控制城市就业的政策

“大跃进”期间的大量招工，严重超过了国民经济的承受能力，国家经济发展受到严重阻碍，不得不在“大跃进”后的调整时期实施控制城市就业的政策。

控制城市就业的政策主要包括：一是加强中央的劳动力计划控制。陆续收回“大跃进”时期下放的招工权限。二是精简过剩职工。1961 年，政府采取精简职工的政策，动员一部分职工退休或回乡、下乡，从而减少城镇过剩的就业劳动力。到 1963 年 6 月，共精简职工 1940 万人，减少城镇人口 2600 万人。三是组织部分城市青年有计划上山下乡。1962 年，国家在继续贯彻执行调整方针和精简职工政策的同时，提出了上山下乡政策。从 1962 年到“文化大革命”之前，全国城镇共有 129 万青年上山下乡，其中插队的为 87.06 万人，到国营农场就业的为 42.22 万人①。

三　实施效果

“大跃进”的急躁冒进带来的不良后果，通过三年调整时期的政策进行了一定的纠正。国家严格控制城镇就业，把 2000 多万城镇过剩的在职劳动力精简回了农村，大大减少了城镇的就业压力，也为恢复农村生产提供了必要的劳动力支持。尽管如此，由于城镇劳动力需求的急剧下降，使得部分城镇新成长劳动力不能获得就业岗位，在国家统一计划安置的体制下，成为“待分配”人员，即待业人员。需要指出的是，从 1958 年到 1966 年甚至到 1977 年，中国由于消灭了公开失业并一直采取政府“包就业”的政策，因而这一时期没有关于失业的统计数字。

---

① 顾洪章、胡梦洲：《中国知识青年上山下乡始末》，中国检察出版社 1997 年版，第 34—36、78—79 页。

第三节　第三次就业问题及解决对策

一　第三次就业问题

第三次就业问题发生在“文化大革命”时期（1966—1976 年）。这一时期就业的基本问题突出表现在国家对劳动力实行严格控制，城镇毕业学生政策性的大规模“上山下乡”，而后又集中返城造成就业安置的困境。

1966—1976 年的“文化大革命”是一场大规模的政治运动。这期间，国民经济受到严重冲击，在政策上又片面强调发展重工业（尤其是三线地区的战备工业），忽视轻工业和第三产业，集体企业升格，限制和取消了个体经济，劳动管理体制僵化，导致劳动需求减少和就业岗位严重不足。同时，20 世纪 50 年代末出生的劳动力供给增长速度较快，20 世纪 60 年代末，积压多年的“老三届”毕业生因为没有就业出路而不能毕业离校，这实际上是严重的变相失业问题，这也迫使政府不得不调整就业政策。

二　政策措施

（一）制止已“上山下乡”青年返城的政策

“文化大革命”开始之初，“大跃进”后调整时期的“上山下乡”工作一度停顿，许多已“上山下乡”的青年返回城镇，上访请愿，要求把户口迁回城镇。1967 年 2 月，中共中央、国务院发出《关于处理下乡上山知识青年外出串联、请愿、上访的通知》，要求串联、请愿、上访的上山下乡青年、支边青年返回本地，搞好生产；同时要求各级党委负责逐步解决上山下乡青年安置中出现的问题。

（二）继续推出大规模“上山下乡”政策

“文化大革命”对国民经济造成严重冲击，城市劳动力需求持续下降，中学毕业生的就业出路问题成为重要症结。为此，国家重拾“上山下乡”政策，向农村转移城镇的就业压力。一是“老三届”毕业生大规模上山下乡。由于大学停止招生、城市各企事业单位停止招工，“老三届”即应该在 1966—1968 年毕业的初中、高中生积存数量达 1100 万人，其中城镇户口人数400万人①。为解决这部分人的去向问题，国家实行了大规模上山下乡政策。号召“面向农村、面向边疆、面向工矿、面向基层”②，并以“面向农村、插队落户”为主。二是上山下乡区别政策。“文化大革命”前的上山下乡基本实行自愿原则，“文化大革命”开始到1973年前的上山下乡，带有一定的强迫命令的性质，一度成为城镇中学毕业生的唯一出路。1973年起，国家的上山下乡政策有了一定的灵活性规定。比如独生子女、病残者可以不上山下乡，矿山井下等行业职工子女可以按政策顶替父母工作，各省、市、自治区可以给一部分毕业生分配城市工作等。三是对上山下乡青年的招工政策。在1971年召开的全国计划会议上确定，计划招收固定工的对象包括经劳动锻炼两年以上的上山下乡知识青年。

（三）扩大固定工制度的政策

1971年，国家发布通知，规定长年性生产、工作岗位，应当使用固定工，不得再招用临时工。凡是企事业单位生产、工作确实需要，本人条件适合的，可以由临时工改为固定工。这一规定使国营企业形成了单一的固定工用工形式，临时工、合同工大量转正成固定工。

（四）强化劳动力计划控制的政策

“文化大革命”中，一方面，国营企事业单位继续实行严格的劳动力计划控制，另一方面，许多集体所有制“与全民所有制同样归口管理、按计划招收劳动力”③，杜绝了个体经济。由此，“计划分配”基本成为城镇就业的唯一方式。

三　实施效果

1967—1976年十年间，共有1403万人上山下乡，其中插队人数为1211万人。1969年是上山下乡规模最大的年份，插队人数达到267.38万人。20世纪70年代初，企业开始恢复招工，高中开始招生，一部分城镇毕业生升学在城市就业，上山下乡的规模开始缩小。1974年以后，上山下乡规模又出现了一定扩大的趋势。

---

① 顾洪章、胡梦洲：《中国知识青年上山下乡始末》，中国检察出版社1997年版，第96页。

② 姚裕群、傅志明：《发展与就业》，中国劳动社会保障出版社2010年版，第342页。

③ 同上书，第342—343页。

大规模的上山下乡政策，把城市就业的压力转移到了农村。由于多方面原因，形成了农民、知识青年与家长、城镇对口单位、政府“四不满意”的局面①。20 世纪 70 年代初期，中国的城市经济发展需要劳动力的补给，但由于当时继续坚持上山下乡政策，不得不招收城镇家庭妇女就业和 1000 多万农村青年进城就业。由于城镇就业人数的过量增加出现了劳动力指标、工资总额、商品粮供应超过国家计划的“三突破”问题，造成国家在财政和粮食供应上的巨大压力，不得不把上千万已经进城就业的农村青年清退回农村，导致了资金和人员的大浪费。

第四节　第四次就业问题及解决对策

一　第四次就业问题

1977—1987 年，中国出现第四次就业问题。这一时期是后“文化大革命”的经济体制改革前期。这一时期的基本就业问题是大规模上山下乡青年返城形成待业即公开失业。扣除招生和征兵的人数，1977—1978 年从农村调离的人数达到 665.49 万人，由于城市不能迅速提供足够的就业岗位，出现了严重的待业问题，实际就是在计划经济和“统包统配”就业体制下的失业。1979 年，中国城镇待业人数达到 567.6 万人，城镇待业率达到 5.4%，是 1958 年消灭公开失业后的最高失业率。为了解决这一就业突出问题，国家政府采取了一系列政策措施。

二　政策措施

（一）调整和结束上山下乡的政策措施

1978 年召开的全国知识青年上山下乡工作会议确定了“调整政策，逐步缩小上山下乡的范围”的原则。主要内容有：一是改变安置形式。主要是不再搞分散插队，而主要到集体所有制的农、工、林、牧、副、渔场队和到企事业机关单位办的生产基地。1979 年，国家进一步作出规定，对知青场队减免税收、利润，并拨款、调拨物资扶持其生产；二是重新安置在农村插队的知青。对上山下乡较早的老知青，优先安置，限期解决其

① 顾洪章、胡梦洲：《中国知识青年上山下乡始末》，中国检察出版社 1997 年版，第 145—146 页。

返城问题；三是提出解决知青问题的基本思路。邓小平指出，“第一步应做到城市青年不下乡，然后再解决从农村吸收人的问题。要开辟新的经济领域，做到容纳更多的劳动力”①。

（二）多方面解决城镇待业问题的政策

1980年召开的全国劳动工作会议下发的《进一步做好城镇劳动就业工作》文件，要求各级党委和政府解放思想，从实际出发，结合经济发展规划制订就业计划，把解决当前就业问题同加速现代化建设结合起来。具体政策有：一是搞活劳动体制，拓宽就业途径。在控制大中城市人口的前提下，一定范围内城镇劳动力的流动被逐步允许，公开招工、择优录用的办法被逐步推行，促进企业和劳动者“双向选择”。允许合作经营、个体经营和服务业经营。国家逐步举办社会保险和社会救济事业。二是提出“三结合”的就业方针。这一方针是指在国家统筹规划下，“实行劳动部门介绍就业、自愿组织起来就业和自谋职业相结合”②。这一方针在实质上体现了“以生产资料公有制为主体，多种经济成分并存”的经济政策，是中国劳动工作和就业政策的突破。三是广开门路、搞活经济。1981年10月颁布的《关于广开门路、搞活经济，解决城镇就业问题的若干规定》指出扩大劳动力需求必须在发展经济和各项建设事业的基础上进行，必须调整产业结构及所有制结构，这样才能有计划有步骤地解决城镇劳动力的失业问题。为此，必须积极采取有力措施，广开门路、搞活经济，促进集体经济和个体经济发展，政府提倡和指导失业者到集体经济单位就业或从事个体经营，自谋职业；同时建立、健全劳动服务公司等机构，大力加强技术培训工作，严格控制农村劳动力流入城镇，以避免增加城镇就业压力。可以看出，政府正在着手改变就业模式，尝试通过改变劳动力市场实现就业。

（三）开展各项就业服务

在政策导向前提下，开展各项实际的就业服务，改变过去单纯的以政策指令性体现的就业服务模式。第一，建立就业组织。从20世纪70年代末开始，中国组建了大批名为“劳动服务公司”的待业青年就业服务和

① 顾洪章、胡梦洲：《中国知识青年上山下乡始末》，中国检察出版社1997年版，第154页。

② 姚裕群、傅志明：《发展与就业》，中国劳动社会保障出版社2010年版，第345页。

管理机构。此外，一些劳动部门的技工交流机构也从事就业服务和管理。上述就业组织在一定意义上具有劳动力市场的功能。在此基础上，20世纪80年代中期开始建立的职业介绍机构，成为就业服务工作的中心。第二，组织生产自救。国家兴办的劳动服务公司包含的大量劳动就业服务企业，是具有生产经营自救特点的集体所有制经济组织，国家和社会给予扶助支持，比如减免税收。1981年，中共中央、国务院下发的42号文件指出，厂矿企业和机关团体为安置富余职工和待业青年就业，可以举办劳动服务公司，这实际上实行了利用社会力量分担就业的政策。第三，发展就业训练。就业训练是对需要就业的人进行的职业岗位技能方面的培训。国家实行"先培训后就业"的政策，就业服务机构在各地设立就业训练中心，根据社会需求开展短期劳动技能培训，帮助待业青年、普通中学毕业生及企业富余人员获得就业技能，促进社会就业问题的解决。第四，保障失业者生活。1986年，中国开始实行劳动合同制，实行待业保险制度，这是适应市场用人体制的"社会安全网"，为待业人员解决经济来源，为其生活提供保障。

（四）深化劳动制度改革的政策

深化劳动制度改革的政策主要包括：一是加强职工调配和劳动力流动。"文化大革命"结束后，国家加强了对夫妻两地分居职工、上下班路远职工的工作调配，加强了对重点建设项目的技术工人的抽调和对经济调整中"关停并转"企业的数百万富余职工的调剂安置。二是推行劳动合同制。在城市经济体制改革，尤其是企业改革开始启动的情况下，国家开始了对劳动制度的改革。1986年，《实行劳动合同制的四项暂行规定》要求劳动合同制必须普遍在城镇新就业人员中实行①。合同中要言明劳资双方的责任、义务和权利；国家改革国营企业招工制度，面向社会，公开招收，全面考核，择优录用并张榜公布。不再允许企业进行内部招工，"子女顶替"的退休办法被取缔，并规定了可以享受待业保险的人员范围。三是实行优化组合制度。在新职工实行劳动合同制以后，1987年开始，在具有固定工身份的老职工中进行"优化劳动组合"的改革，这是解决原有的"铁饭碗"固定工制度用人机制僵化、盘活就业存量的过渡性措

① 郑杭生：《从传统向现代快速转型过程中的中国社会》，中国人民大学出版社1996年版，第231页。

施。除此之外，一些地区和企业还进行了劳动、人事、工资、保险制度的综合配套改革。

三　实施效果

经过数年的努力，到 20 世纪 80 年代中期基本上解决了这次待业问题，失业率下降到 2% 左右的水平，并一直维持到 20 世纪 80 年代末。(如表 3—2 所示)。这一时期，中国的劳动力市场也得到了恢复和发展。

表 3—2　　**中国 1978—1987 年失业与就业情况**

年份	城镇失业人数（万人）	城镇失业青年（万人）	城镇登记失业率（%）	当年就业人数（万人）
1978	530.0	249.1	5.3	544.4
1979	567.6	258.2	5.4	902.6
1980	541.5	382.5	4.9	900.0
1981	439.5	343.0	3.8	820.0
1982	379.4	293.8	3.2	665.0
1983	271.4	222.0	2.3	628.3
1984	235.7	195.9	1.9	721.5
1985	238.5	196.9	1.8	813.6
1986	264.4	209.3	2.0	793.1
1987	276.6	235.1	2.0	799.1

资料来源：《中国劳动统计年鉴（1997)》，中国统计出版社 1997 年版，第 8 页。

第五节　第五次就业问题及解决对策

一　第五次就业问题

第五次就业问题发生的时间是在治理整顿和深化改革两个时期，即 1988—2002 年。主要问题是随着市场经济体制改革的不断深入，严重的劳动力过剩问题被逐步暴露出来，下岗失业人员不断增加，国家面临大规模下岗的城镇企业职工和大规模进城务工的农村剩余劳动力就业的双重压力。

1988 年，在中国国民经济过热后的治理整顿中，国家严格控制城市就业，尤其是全民所有制单位的劳动力指标，自然减员不补，相当数量的项目停滞。虽然控制住了过热的局面，但也付出了经济陷入不景气、企业陷入三角债的代价，出现了数百万的停工待业人员（相当于企业内部失业人员）。

20 世纪 90 年代前期，中国确立市场经济道路以后，国家通过深化国有企业改革，逐步把企业推向市场，出现了国有企业节约劳动力，排除富余人员的要求，但由于社会保障的缺位，富余人员难以转岗、转型，形成事实上的下岗问题。1995 年年末，全国下岗职工数量为 818 万人，1997 年增加到 1152 万人。生活困难、就业困难的下岗职工成为企业改革的难点和重大的社会不稳定因素。同时，1989 年以后，大批农村富余劳动力无序流入城市寻找工作，给城市交通运输、治安、就业等带来很大压力。

二　政策措施

这一时期的就业服务政策措施趋于系统化。主要体现在以下六个方面。

（一）提出中国特色劳动就业服务体系的建设和发展任务

在就业服务实践基础上，中国特色劳动就业服务体系的建设和发展任务被提出，依托的是就业服务领域的[①]法律规章制度的建立、健全，机构建设的加强和各种服务手段的运用与完善，以求为社会求职者的就业提供全方位、各环节的服务。20 世纪 90 年代开始，公立职业介绍机构进行正规化建设，获得较大发展。由于 20 世纪 90 年代中期开始，下岗职工问题突出，就业服务除面向社会失业人员外，还着重关注企业下岗职工，担负起促进再就业的重任。随着大学生就业难问题的出现，又提出了对毕业后半年没有工作的大学生提供就业服务的政策。

（二）调整结构、发展教育培训的政策

根据中国的人口国情和经济结构特点，发展劳动密集型产业、中小型企业、非公有制企业和第三产业，增加就业容量；调整已经饱和甚至过剩的一些产业部门，把社区服务业作为就业的主要方向，把发展社区就业作为主要的就业政策选择。

为提高求职者的就业能力，实行就业前培训政策，支持发展职业技术

① 李辰：《就业、改革、出路》，中国社会科学出版社 1991 年版，第 111 页。

教育和就业培训服务，并对下岗职工免费培训。1994 年，中国开始推行职业资格证书制度。1997 年以后，劳动预备制在全国城镇普遍推行，规定凡普通初、高中毕业生，均应参加 1—3 年的就业技能教育。

（三）大力促进劳动就业服务企业发展

劳动就业服务企业是具有就业安置效益（社会效益）和经济效益的“双效益”组织，国家努力保护就业服务企业的合法权益，大力扶植和促进其发展。1990 年颁布的《劳动就业服务企业管理规定》，把劳动就业服务企业定义为“承担安置城镇待业人员任务、由国家和社会扶持、进行生产经营自救的集体所有制经济组织”①。国家对劳动就业服务企业实行减免税收的优惠政策，给予开办条件、物资供应、资金方面的支持，保障其合法权益，禁止任何机关和单位非法改变其集体所有制性质，干预企业自主权，平衡财产和摊派人力、物力、财力。20 世纪 90 年代中期以来，劳动就业服务企业在全国率先实行股份合作制的产权制度。

（四）引导农村富余劳动力就业的政策

为解决农村富余劳动力的就业出路，国家采取了一系列措施。一是实施在农村就地转移的政策。包括深化农村生产的政策、大力发展农副业和养殖业的政策、大力发展乡镇企业的政策。二是大力发展小城镇的政策。国家鼓励农民进入小城镇投资、务工，参与小城镇的经济发展。三是适度吸收农民进入大城市的政策。1994 年开始，国家实行《农村劳动力跨地区劳动有序化——“城市协调就业计划”第一期工程》，即“有序化工程”，在全国范围内建立起农村劳动力跨地区流动就业的“证卡”制度，强化输出和输入地区间的协调。

（五）下岗职工基本生活保障和再就业推动政策

随着企业转换经营机制的进程，国有企业劳动制度改革逐步深化。20 世纪 80 年代末，国家推行对固定工的优化劳动组合；20 世纪 90 年代前期，开展“打破三碗”的活动；原劳动部 1993 年 11 月提出了“再就业工程”试点，与解决民工潮的“有序化工程”并称为就业工作的两个工程。1998 年 5 月召开“国有企业下岗职工基本生活保障和再就业工作会议”后进一步下发通知，明确要求：存在下岗职工的国有企业，全部要

① 劳动部劳动管理与就业司：《走向社会主义市场经济的劳动就业》，中国劳动出版社 1993 年版，第 357 页。

建立再就业服务中心，担负起对下岗职工的身份认定、培训、分流和管理工作；进一步规范企业安排职工下岗的程序；用基本生活保障制度、企业缴纳各项社会保险费制度保障下岗职工下岗期间的基本生活水准；再就业经费由财政、社会（主要为失业保险基金的结余）、企业三方负担，即实行“三三制”；提高失业保险金的缴费比例，由职工工资总额的1%提高到3%。由此，中国的再就业工程走上了顺利发展的道路，为解决下岗职工的再就业问题发挥了作用。在此基础上逐步实现再就业服务中心的市场化转轨。

（六）推行市场就业服务政策

依据党的十四大的决策部署，1993年开始培育市场就业环境体系，提出新型劳动关系要依法确定和调整，推动积极的劳动力市场政策的实行。1994年8月制定的《促进劳动力市场发展、完善就业服务体系建设的实施计划》，进一步明确市场在就业服务中的地位和作用，提出要在政府指导下充分发挥市场在人力资源配置上的作用，满足劳动力就业需求，扩大城乡就业，促进就业发展。通过一系列努力，基本缓解了下岗职工、农村富余劳动力转移等因素带来的就业压力。2002年，城镇登记失业率控制在3.6%①。

三 实施效果

经过一系列的政策措施的推行和实施，下岗职工的生活困难问题得到基本解决，再就业工作取得阶段性成果。一些经济发达地区如上海、北京，在再就业政策推行一段时间后，停止了下岗职工进入再就业服务中心的过渡政策，开始实行对富余人员辞退、直接进入劳动力市场就业的政策，基本完成了就业服务政策向市场体系的转换。20世纪90年代后期，鼓励创业也开始成为中国的就业政策内容。这一时期，农村富余劳动力得到了有效安置，在乡镇企业的人数达到上亿人，实现了就地转移。同时，转移到大城市的农村富余劳动力也得到了一定程度的安置。

随着中国国民经济的高速增长、经济结构调整与国有企业转型的进展，随着中国再就业工作力度的加大，随着“由下岗到失业”的转轨和市场就业体制的塑造，中国的下岗职工数量开始有一定的减少，登记失业

① 2002年6月，中华网新闻（http：//news. china. com/zh_ cn/domestic/. html）。

率从 1998 年到 2012 年分别为 2.0%、2.6%、2.5%、2.3%、2.3%、2.6%、2.8%、2.9%、3.0%、3.1%、3.1%、3.1%、3.1%、3.3%、3.6%[①]。

第六节 第六次就业问题及解决对策

一 第六次就业问题

2003 年以来，中国进入了市场就业体制已经全面建立、经济走向全面与世界接轨和大学毕业生等知识型人力资源供给迅速增长的时期。中国人力资源总量一直供大于求。2007 年，中国城乡的就业人数达到 7.67 亿，比 2001 年的 7.3 亿增加了 3700 万人，比 1991 年增加了 1.8 亿人，平均每年增加 1200 万人，2009 年年末的城镇登记失业率为 4.3%。与此同时，新成长劳动力在持续增加。一是高校毕业生数量不断增长，2013 年达到 699 万人；二是外出就业的农民工数量持续攀升，再加上金融危机以来，2000 万以上的农民工被辞退返乡间接构成的巨大供给，导致就业压力不断增加。为解决就业难题，国家大力实施了一系列公共就业服务政策措施。

二 政策措施

（一）提出了“社会就业更加充分”的就业目标

在“以人为本”的基本理念指导下，党和国家越来越关注作为“民生之本”的就业问题。党的十七大提出了全面建设小康社会的奋斗目标，改善民生是社会建设领域的重要方面，而就业又可称之为重中之重。十七大报告明确提出了实现“社会就业更加充分，是全面建设小康社会的奋斗目标之一”[②]，并提出扩大就业的发展战略，倡导创业带动就业是就业再就业工作进一步做好的方向性引领。

（二）推进公共就业服务的依法实施

2002 年，一系列促进就业再就业的政策在《关于进一步做好下岗失

---

① 《中国劳动统计年鉴（1988—2002）》，中国统计出版社 2003 年版。

② 胡锦涛：《高举中国特色社会主义伟大旗帜 为夺取全面建设小康社会新胜利而奋斗——在中国共产党第十七次全国代表大会上的报告》，《人民日报》2007 年 10 月 25 日第 1 版。

业人员再就业工作的通知》中被推出，中国积极的公共就业服务政策框架得以确立。2008 年 1 月 1 日起实施的《中华人民共和国就业促进法》以及此前颁布实施的《劳动合同法》《残疾人就业条例》《就业服务与管理规定》，从国家经济社会发展的高度指出了就业服务的突出地位，并对就业服务的政府法定责任进行了强化，将就业服务政策的关键性内容置于法定框架内，从法律约束和制度保障层面，为中国就业问题的更好解决提供了坚实支撑，使就业工作与中国特色社会主义现代化建设同步推进，不断向均等化方向迈进。

（三）促进大学生就业及积极应对金融危机的政策

大学毕业生数量的持续增加导致大学生就业问题已经成为中国当前的头号就业问题和最大的经济社会问题之一。为此，2009 年，国务院召开常务会议，专门研究大学生就业问题，提出鼓励和引导毕业生到城乡基层就业，到中小企业和非公有制企业就业，鼓励和支持自主创业等促进大学毕业生就业工作的七项措施。

为应对金融危机对中国就业的严重冲击，国家制定了一系列稳定和扩大就业的政策。包括投资拉动就业、帮扶企业稳定就业、重点人群扶持就业、特别职业培训计划推动就业、以公共就业服务改善就业环境等。

三　实施效果

2003 年以来，中国进入了市场就业体制已经全面建立、经济走向完全与世界接轨和大学毕业生等知识型人力资源供给迅速增长的时期。就业政策也进入了一个全新的时期。在以人为本的理念引领下，以服务为宗旨的就业政策不断完善和发展，并在实际中依法实施，将就业工作与中国特色社会主义现代化建设同步推进，不断向均等化方向迈进。相关内容将在第四章中详尽阐述。

第七节　本章小结

长期以来，中国就业领域面临三大压力——产业结构调整带来的转型就业压力、成长性就业压力和农村劳动力转移就业压力，就业问题比任何国家都复杂，就业任务比任何国家都艰巨。新中国成立至今，中国共面临六次就业问题，根据不同时期出现的不同问题，中国不断调整就业政策，完善公共就业服务，逐步形成具有中国特色的公共就业服务体系。

尤其是20世纪80年代末期起，随着改革在中国劳动人事和就业制度方面的推进，“传统的‘统包统配’和‘固定工’制度被打破”，以劳动合同制为中心的新的用工制度开始在中国逐步建立。相应地，公共就业服务体系和管理制度也逐步开始建立和完善。特别是党的十六届六中全会以来，《中华人民共和国就业促进法》《中华人民共和国劳动合同法》等一系列就业法律法规的颁布实施，为公共就业服务的全面发展奠定了法律基础，也为均等化的进程进行了铺垫。

第一次就业政策是针对新中国成立之初的就业问题实施的，主要阶段为1949—1957年。主要是因人施策，维持社会安定。第一，对现有在职人员，通过“维持”“原职原薪”、给出路、适度发展私营经济、限制企业解雇人员、在经济改造中维持就业、控制招收农村劳动力等措施保证其就业状态的稳定。第二，对于已经失业的人员，国家通过失业登记，发放失业救济金，以工代赈，临时就业，组织生产自救，开展转业训练等措施，帮助他们寻找出路，重新就业。第三，建立“统一”就业制度。在统一安置特定人员的同时保持一定的就业灵活性。这些政策措施的实施对解决当时的就业问题起到了积极的作用，有效缓解了当时的就业压力。

第二次就业政策实施时间为1958—1966年，带有明显的政治性，表现为两种极端的政策。第一，“大跃进”时期动员大量劳动力就业。从就业角度看，不仅劳动力需求信号是过度的（存在相当大幅度的虚假需求成分），而且当时实际吸收的就业数量也大于现实的劳动力需求信号。第二，控制城市就业政策。“大跃进”时期，工业劳动者数量短时间过量增长的现象，不仅造成技术水平的大大降低，而且造成农村青壮年劳动力严重缺乏，粮食生产严重受到影响，进而成为其后经济困难的主要原因，这也是不得不采取补救措施的原因。一是加强中央的劳动力计划控制。陆续收回“大跃进”时期下放的招工权限。二是精简过剩职工。1961年，政府采取精简职工的政策，动员一部分职工退休或回乡、下乡，从而减少城镇过剩的劳动力。到1963年6月，共精简职工1940万人，减少城镇人口2600万人。三是组织部分城市青年有计划上山下乡。

第三次就业政策主要是为了解决由“上山下乡”政策带来的就业问题。时间是1966—1976年，即“文化大革命”时期。一方面，针对“上山下乡”青年的返城请愿提出制止性政策；另一方面，将因为“文化大革命”停止的“上山下乡”政策重新推行，并进行了相应的调整。大规模的上山下乡政策，把城市就业的压力转移到了农村。由于多方面原因，形成农民、知识青年与家长、城镇对口单位、政府“四不满意”的局面。

第四次就业政策是针对“文化大革命”遗留的“上山下乡”问题和后“文化大革命”的经济体制改革而进行的，时间跨度是 1977—1987 年。针对“上山下乡”问题的基本政策思路是首先确保城市青年不再下乡，然后才是从农村逐步吸纳城镇青年回城。为此采取的举措有：一是搞活劳动体制，拓宽就业途径。二是在国家统筹下，实行劳动部门、自发组织和自谋职业相结合，实行多渠道就业，这实际上是国家就业政策的一个重要突破。三是广开门路、搞活经济。用经济发展活力促进就业问题的解决。这一时期，开始改变过去以单纯政策指令性体现的单纯就业模式，也可以说是真正意义上的就业服务的开创期。职业介绍、就业训练、失业保障等就业服务内容开始实行。

第五次就业政策实施主要是为了解决经济体制改革引起的劳动力过剩和农村剩余劳动力的转移问题。主要指治理整顿和深化改革两个时期，时间可以界定为 1988—2002 年。这一时期的就业政策开始系统化、体系化，而且就业服务的理念和内涵日益丰富。一是提出了中国特色劳动服务体系的建设和发展任务；二是开始注重调整结构，合理配置劳动力资源；三是注重发展教育培训，提高就业能力；四是大力促进劳动就业服务企业的发展；五是实施下岗职工生活保障和再就业推动政策；六是开始注重市场的作用，推行市场就业服务政策。

2003 年以来，中国进入了市场就业体制已经全面建立、经济走向完全与世界接轨和大学毕业生等知识型人力资源供给迅速增长的时期，就业政策进入了一个全新的时期。在以人为本的理念引领下，以服务为宗旨的就业政策不断完善和发展，并在实际中依法实施，将就业工作与中国特色社会主义现代化建设同步推进，不断向均等化方向迈进。

第四章　中国公共就业服务均等化的发展现状及问题分析

第一节　公共就业服务均等化的发展成效

进入21世纪以来，中国加快了公共就业服务体系和制度不断完善并逐渐走向成熟的步伐。随着2002年9月全国再就业工作会议的召开，以及《关于进一步做好下岗失业人员再就业工作的通知》的下发，一套完整的促进就业的政策措施得以呈现，而积极的就业政策真正的制度基础的奠定完成于随后相继出台的配套措施和实施办法。

如前章所述，虽然在新中国成立后的相当时期内，中国的就业政策是以阶段性问题的解决为目标的，可持续性表现得不够，但公共就业服务还是在现实中获得了长足发展，尤其是改革开放之后，在正确理念的引领下，公共就业服务及其相关制度体系不断发展和完善。

一　制度保障：不断完善的公共就业服务法律制度

公共就业服务是积极就业政策的重要组成部分，是社会保障在就业服务领域的体现。它的主要服务对象是全体劳动者，尤其是下岗失业人员等就业弱势群体，它的服务层次是多方面的。

在公共就业服务诸多制度安排中，公共就业服务投入的制度安排占据非常重要的地位。虽然公共就业服务的投入体系是中央和地方双重的，但是是以地方为主的，所以地区经济条件、经济发展水平的差异以及由此引发的各地就业需求人员数量差异，导致公共就业服务投入的地区整体性差异和个体性差异，公共就业服务财政投入在地区和城乡间的差异表现得尤为明显。

21世纪初，对市场起基础性作用的就业机制逐步建立。随着国有企业下岗职工的再就业问题的基本解决，统筹城乡的公共就业服务制度的建立迫在眉睫。为此，中国加大了公共就业服务的财政投入，并注意地区、城乡间的均衡性，逐步改变公共就业服务因差异性投入导致的不均等现状。

首先，利用财政转移支付制度缩小公共就业服务地区间差距。中国借鉴发达国家的经验，财政转移支付制度在 1994 年开始出现，随后不断完善和发展。这是极具均等化意义的制度设计。国家通过资金的地区间的转移和调配，对经济欠发达地区给予倾斜性财政扶持，缩小因经济发展水平差异造成的公共就业服务质量差距。在这一制度辐射下，针对下岗职工的基本生活保障制度设计并开始运行实施，目的也是为进一步缩小公共就业服务的个体性差异，改变和减缓公共就业服务不均等的现状和程度。

其次，用公共就业服务制度的不断改革创新推动城乡及群体之间享受公共就业服务的日趋均等化。2005 年，《关于进一步加强就业再就业工作的通知》中明确提出：要从政策措施上完善对农村劳动力合法权益的保障，取消针对农民转移就业的限制性规定，保障其进城务工和跨地区就业的权利，并对有转移就业需求的农村劳动力提供促进其尽快就业的帮助，如政策信息咨询和职业介绍，而且服务应该是免费的。这就从政策和制度上保障了农村劳动力的自由流动，促进了农民就业环境的改善。

2006 年，《关于解决农民工问题的若干意见》进一步指出，公共就业服务网络的覆盖范围要向县乡级扩展，服务对象重点指向转移就业的农民。开放城市的公共职业介绍机构，为转移就业的农民工提供免费的就业政策咨询、信息、指导和介绍职业。

2008 年，《中华人民共和国就业促进法》将促进公平就业上升到法律的高度，赋予均等化以法律制度保障。尤其是针对农民工的公共就业服务问题，更是明确将其纳入服务系统。《中华人民共和国就业促进法》以法律的形式规范了各级、各层次公共就业服务主体的权利和义务，对就业服务涉及的内容体系做出了明确界定。明确了各级政府的公共就业服务职能，明确了服务经费财政支出责任。

为进一步保障劳动者的就业权利，2008 年 1 月起，国家又实施了《劳动合同法》。要求用人单位必须与劳动者签订劳动合同。劳动合同中应涵盖“劳动报酬和劳动条件、试用期的长短、怎样解除劳动合同、失业裁减人员、单位侵害劳动者劳动报酬权益”① 等内容，以尽量避免或减少争议的发生，保障劳动者的就业权利。

在此之后的 2009 年、2010 年和 2012 年，国家有关部门又相继出台了《关于进一步加强公共就业服务体系建设的指导意见》《关于进一步整合资源加强基层劳动就业和社会保障公共服务平台和网络建设的指导意见》和《关于进一步完善公共就业服务体系有关问题的通知》，从制度层面，进一步夯实了中国公共就业服务体系和网络平台建设的基础，引领了公共就业服务的发展方向，推动了公共就业服务体系和平台的建设，从法律制度上保障了公共就业服务均等化内涵的实现。

最后，随着经济社会的发展，人们对公共就业服务的需求亦越来越高，公共就业服务法律制度体系的不断完善、发展是顺势而为的举措。服务范围的不断扩大、服务内容的不断深化、服务水平的不断提高、服务机制的不断健全，尤其是面向农民工等弱势群体的免费服务的深度发展，都表明中国公共就业服务均等化的法律制度框架已基本成型。

二　经费保障：不断提高的公共就业服务财政投入

公共就业服务作为最基本的公共服务项目，保障其稳步发展并使人民满意的首要措施是要确保政府的财政制度性安排落实和实施，投入的资金要真正用于公共就业服务的均等化发展。正如上文所述，中国政府顺应时代，以人为本，在公共就业服务领域用体系化的法律法规、政策方针为均等化服务理念的贯彻落实提供保障。尤其是在服务建设投入领域，明确规定公共就业服务资金实行中央和地方两级财政负担，并且要专款专用，这为公共就业服务的资金来源提供了法律制度保障。国家统计局发布的有关统计资料是把就业支出与社会保障支出合并统计的，所以本书以中央和地方财政在社会保障和就业上的支出作为基础说明数据。从 2008—2013 年的统计数据可以明显看到，投入的逐年上升态势是社会保障和就业投入领域的显著特征，如表 4—1 所示。

① 《中华人民共和国劳动合同法》，2007 年 9 月，中华人民共和国中央政府网（http：//www. molss. gov. cn/gb/zt/. htm）。

表 4—1　　2008—2013 年中国社会保障和就业财政支出情况　　单位：亿元

年份	国家财政支出总额	中央财政支出	地方财政支出
2008	6804.29	344.28	6460.01
2009	7606.68	454.37	7152.31
2010	9130.62	450.30	8680.32
2011	11109.40	502.48	10606.92
2012	12585.52	585.67	11999.85
2013	14490.54	640.82	13849.72

资料来源：历年《中国统计年鉴》。

从表 4—1 可以看出，2008—2013 年，中国在社会保障和就业方面的财政支出不断增多。国家财政支出总额从 2008 年的 6804.29 亿元，增长到 2013 年的 14490.54 亿元，增加了 7686.25 亿元，增幅达到 112.96%。其中，中央财政支出从 2008 年的 344.28 亿元增长到 2013 年的 640.82 亿元，增长了 296.54 亿元，增幅达到 86.13%；地方财政支出从 2008 年的 6460.01 亿元增长到 2013 年的 13849.72 亿元，增加了 7389.71 亿元，增幅达到 114.39%。由表 4—1 数据可见，中央在社会保障和就业上的财政支出在 2010 年有小幅回落，从 2009 年的 454.37 亿元回落到 450.30 亿元。这主要是受金融危机影响的财政支出的小幅调整，不影响整个增长态势。从中央和地方财政支出占总的财政支出的比例来看，2013 年，中央财政的社会保障和就业支出是 640.82 亿元，占总的财政支出 14490.54 亿元的 4.42%，地方财政支出是 13849.72 亿元，占总财政支出的 95.58%。可见，地方财政是公共就业服务的主要资金来源，在 2008 年投入基数为 6000 多亿元的基础上，短短五年时间就增加到 1 万多亿元，投入增长速度还是非常快的。

三　组织保障：不断健全的公共就业服务体系

公共就业服务体系是均等化公共就业服务的物质基础和技术平台。改革开放以来，作为社会保障体系重要组成部分的公共就业服务体系受到党和政府的高度关注，党和政府不断采取一系列政策措施加快公共就业服务体系的建设步伐。公共就业服务体系在 20 世纪 80 年代初粗具规模。在党的十六大政策指导下，公共就业服务的主要工作载体是各级公共就业服务机构，新时期积极就业政策的实施必须依靠各级公共就业服务机构，其在促进就业方面的作用的充分发挥与否是就业服务能否取得实质性成效的关键。在深刻认知的基础上，各级公共就业服务机构以行动推动公共就业服务体系的建设。

党的十七大以后，为应对金融危机和地震灾害的冲击影响，国家充分发挥广覆盖的公共就业服务优势，一系列专项服务活动在全国范围内开展，以缓解就业压力，促进就业需求，实现就业。国家在对高校毕业生、农民工和城市就业弱势群体推出重点专项就业促进措施的同时，加大公共就业服务体系建设。2009 年 6 月 3 日的国务院常务会议，研究、部署了进一步促进就业的措施，确定了中央财政设立专项资金支持公共就业服务信息网络建设。要求各级政府把公共就业服务体系建设纳入常规化工作当中，建立乡镇、村和街道、社区公共就业服务平台，充分发挥市场机制的作用，推动城乡统筹，实施有效就业援助。在各级政府的积极努力下，在社会各方的共同协作下，中国成功应对了金融危机的挑战，就业工作实现软着陆，社会平稳有序发展。如表 4—2 所示，2010 年，实现城市新增就业人员 5771 万人，超过规划目标（4500 万人）1271 万人，城镇登记失业率为 4.1%，低于规划（5%）0.9 个百分点。

表 4—2　　**“十一五”时期就业工作进展情况**

指标/项目	2005 年	“十一五”规划目标	2010 年实现情况
五年城镇新增就业（万人）	4200	4500	5771
城镇登记失业率（%）	4.2	5	4.1
五年转移农业劳动力（万人）	4000	4500	4500
全国城乡就业人员（亿人）	7.46	—	7.61
第一产业、第二产业、第三产业从业人员比重	44.8∶23.8∶31.4	—	36.7∶28.7∶34.6
全国农民工总量（亿人）	—	—	2.42
专业技术人才总量（万人）	4196	—	4686①

注：①为 2008 年年末数据。

资料来源：中华人民共和国人力资源和社会保障部官网，http：//wza.mohrss.gov.cn/mohrss/yixuan/yixuan_ head/index.html。

2010 年以来，中国公共就业服务体系建设步入快车道。建设工程不断增加。在全国范围内，以162个县为代表，进行资源整合、服务条件设施的改善，促进基层服务能力的提升。截至2012年年末，98%的街道，96%的乡镇，95%的社区建立了公共就业服务机构，“构建起覆盖中央、省、市、区县、街道（乡镇）、社区（行政村）五级管理、六级服务的公共就业服务网络”①，专、兼职的工作人员达几十万人。

近四年来，尤其是经过《就业促进规划（2011—2015）》、人力资源和社会保障部、财政部《关于进一步完善公共就业服务体系有关问题的通知》等政策指导下的各级政府的努力，中国公共就业服务制度设计不断成熟、运行机制不断健全、措施方法不断优化、广度和深度不断加强、能力水平不断提高，公共就业服务体系城乡一体化步伐不断加快，为公共就业服务均等化提供了有力保障。

第二节 实现公共就业服务均等化面临的问题

改革开放以来，虽然中国公共就业服务快速发展、成效显著，不均等的差距不断缩小，公共就业服务能力和服务水平显著提升，公共就业服务发展不断协调。但也应看到，中国公共就业服务还存在诸多问题，不均等的现象依然比较突出。

一 公共就业服务财政投入的非均等化

公共就业服务投入主要是指各级政府在公共就业服务建设及服务过程中投入的人力、物力和财力。由于人力和物力通常涵盖在公共就业服务机构评价指标体系中，而且，人力和物力投入的力度最终也是依赖财政投入完成的，因此本书仅就财政投入加以阐释，也可以称之为从泛化角度探讨公共就业服务投入问题。本书选取2009—2014年财政在公共就业服务方面的支出数据来分析财政投入的不充分和地区间的差异状况。

（一）公共就业服务财政投入总量的不充分

公共就业服务作为一种保障性公共服务项目，政府充足的资金支持是做好服务的前提和基础。但一直以来，制度因素的影响、历史条件的羁绊

① 《中国基本形成覆盖城乡的公共就业服务体系》，2012年11月，新华网（http://news.xinhuanet. com/. htm）。

以及现实经济条件的制约，导致在公共就业服务领域的投入占财政总支出的比例还是比较低的。在中国统计数据中，是将就业投入与社会保障投入合并统计的，故本书以“社会保障和就业”投入作为说明的基础。从表4—3可以看出，2009—2014年，社会保障和就业财政投入的平均值仅为财政总支出的10.19%，投入最多的年份也仅为财政支出的10.49%。

表4—3　2009—2014年中国财政总支出与社会保障和就业支出情况

年份	国家财政支出总额（亿元）	社会保障和就业支出（亿元）	社会保障和就业支出占总财政支出的比重（%）
2009	76299.93	7606.68	9.97
2010	89874.16	9130.62	10.16
2011	109247.79	11109.40	10.17
2012	125952.97	12585.52	9.99
2013	140212.10	14490.54	10.33
2014	151661.54	15913.40	10.49

这一数值远“低于发达国家30%—50%的比例，有资料显示即使是一些中等收入国家比例也在20%以上”①。发达国家公共就业服务投入可以分为美国和欧洲两种模式。欧洲模式尤以北欧高福利国家为代表，社会保障支出占到财政预算支出的60%以上。② 而从社会保障支出占GDP的比重角度看，2011年，中国社会保障支出仅占GDP总量的2.4%，而美国社会保障支出占GDP的比重在16.8%左右，瑞典和芬兰甚至分别达到35%和38%。③ 而且，发达国家在财政预算中列有劳动力市场和就业服务的专项支出，而中国这两项仅从社会保障和就业项目中列支。总体来看，中国社会保障和就业财政支出水平还不高，远远低于世界发达国家水平。

（二）公共就业服务财政投入的地区分布不均

根据国家统计局网站提供的数据，2013年，中国社会保障和就业财政投入情况如表4—4所示。

① 《社保基数“提档”最挂心的收益》，2015年1月，环球网（http：//huanqiu.com/hot/.html）。

② 余丰慧：《养老金的账户缺口谁造成的》，2013年11月，人民网。

③ 余丰慧：《延迟退休补养老缺口弊大于利》，《国际金融报》2012年9月27日第4版。

表 4—4　　2013 年中国各省份社会保障与就业财政支出情况

地区		人口总数（万人）	财政收入（亿元）	财政投入（亿元）	社会保障与就业支出总额（亿元）
东部地区	北京	2115	3661.11	4173.66	469.13
	天津	1472	2079.07	2549.21	229.28
	河北	7333	2295.62	4409.58	528.62
	辽宁	4390	3343.81	5197.42	824.03
	上海	2415	4109.51	4528.61	468.01
	江苏	7920	5860.69	7798.47	631.15
	浙江	5498	3796.92	4730.47	397.06
	福建	3774	2119.45	3068.80	240.66
	山东	9733	4559.95	6888.80	681.98
	广东	10644	7081.47	8111.00	747.97
	海南	895	481.01	1011.17	115.88
	平均值	5108.09	3580.78	4769.74	484.89
中部地区	山西	3630	1701.62	3030.13	419.02
	吉林	2751	1156.96	2744.81	360.19
	黑龙江	3835	1277.40	3369.18	542.33
	安徽	6030	2075.08	4349.69	533.64
	江西	4522	1621.24	3470.30	378.84
	河南	9413	2415.45	5582.31	731.41
	湖北	5799	2191.22	4371.65	605.70
	湖南	6691	2030.88	4690.89	625.94
	平均值	5333.88	1808.73	3951.12	524.63
西部地区	重庆	2970	1693.24	3062.28	431.89
	四川	8107	2784.10	6220.91	833.51
	贵州	3502	1206.41	3082.66	264.52
	云南	4687	1611.30	4096.51	505.45
	西藏	312	95.02	1014.31	72.94
	陕西	3764	1748.33	3665.07	497.75
	甘肃	2582	607.27	2309.62	346.77
	青海	578	223.86	1228.05	162.01
	宁夏	654	308.34	922.48	102.77
	新疆	2264	1128.49	3067.12	263.17
	广西	4719	1317.60	3208.67	348.12
	内蒙古	2498	1720.98	3686.52	491.01
	平均值	3053.08	1203.75	2963.68	359.99

注：因为没有单独的就业服务支出统计数据，故以社会保障与就业支出一项统计数据作为说明基础。

资料来源：国家统计局网站地区年度统计数据。

首先，从表4—4可以看出，中国东部、中部及西部地区在社会保障和就业财政总投入上存在地区差异。在东部、中部、西部这三大地区之间，东部地区和中部地区社会保障和就业投入均值相差不大，西部地区与中东部地区还有相当差距。其中最大值中部地区8省的平均值524.63亿元是西部地区12省市平均值359.99亿元的1.46倍。如表4—5所示。

表4—5　**2013年东部地区、中部地区、西部地区社会保障和就业财政投入平均值的差异情况**

单位：亿元

指标	社会保障和就业财政投入平均值
最大值	524.63
中间值	484.89
最小值	359.99
平均值	456.50
极值率	1.46

同时，如表4—6所示，社会保障与就业投入在东部、中部、西部这三大地区内部不同省市之间也存在较大差异。

表4—6　**2013年东部地区、中部地区、西部地区三大地区内部省市之间社会保障和就业投入差异情况**

单位：亿元

指标	东部地区	中部地区	西部地区
最大值	824.03	731.41	833.51
最小值	115.88	360.19	72.94
极值率	7.11	2.03	11.43
平均值	484.89	524.63	359.99

东部地区2013年社会保障和就业投入最高的省份是辽宁省，为824.03亿元，投入最低的是海南省，为115.88亿元，两省相差708.15亿元，极值率为7.11。辽宁省2013年年底总人口为4390万人，海南省为895万人，极值率为4.91，所以辽宁省的人均投入亦高于海南省。中部地区2013年投入最高的省份为河南省，为731.41亿元，投入最低的是吉林省，为360.19亿元，两者相差371.22亿元，极值率为2.03。河南省2013年年底的总人口为9413万人，吉林省2013年年底的总人口为2751

万人，人均投入 1309.31 元，而河南省人均投入为 776.95 元。可见，虽然河南省投入总量多，但因为人口数量大，在人均投入上并不占优势。西部地区 2013 年投入最高的省份为四川省，为 833.51 亿元，最低的为西藏自治区，为 72.94 亿元。四川省 2013 年年底的人口数为 8107 万人，人均投入为 1028.14 元，而西藏自治区人口数 2013 年年底为 312 万人，人均投入为 2337.82 元，所以人均远远高于四川省。从以上分析可见，东部地区公共就业服务投入总量多的省份人均投入量也多，而中西部地区总量和人均是不完全匹配的。如西藏自治区，虽然总量严重小于其他省份，但因为人口少，所以在人均投入上是远远高于区域内其他省份的。但由于受地理条件、经济发展、历史投入等因素的影响，西藏自治区在全国范围内公共就业服务的水平还是相对较低的。

二　公共就业服务地区发展的非均等化

从国家统计局公布的数据显示，近几年来，全国各省份社会保障和就业投入均呈明显上升趋势。国家统计局网站年度统计数据显示，北京市从 2007 年的 179.28 亿元增加到 2013 年的 469.13 亿元，辽宁省从 2007 年的 402.98 亿元增加到 2013 年的 824.03 亿元，西藏自治区从 2007 年的 17.30 亿元增加到 2013 年的 72.94 亿元。虽然发达地区公共就业服务目前投入总量并不一定比其他地区高，而且中部地区、西部地区公共就业服务增速很快，但由于历史积淀、经济发展水平等因素制约，地区间公共就业服务均等化水平差距依然存在。

（一）不同地区公共就业服务体系层次具有差异性

从全国范围来看，由于受经济发展、政策导向、地理位置、资源环境等因素影响，公共就业服务体系在不同地区、不同省份发展水平有很大差异。按三大地区划分，东部地区如浙江、江苏、上海等省市，较好地贯彻执行了国家推进就业服务体系建设、促进就业的法律法规和政策措施，并因地制宜地采取了一系列地方性政策措施，促进就业服务机构的功能和效率不断提高。致力于为不同群体的就业需求服务，已经建立了多元主体共同参与的多层次、全方位的公共就业服务体系，市、区县、乡镇、社区（村）四级就业服务网络比较成熟。专项活动面向不同层次、不同群体，因人制宜、因材施教，定期与不定期相结合，因势利导。比如，大力开展以创业促就业工程。以创业公共服务平台为依托，各类专项服务的目标指向都是创业促进就业的发展。这一平台是开放式的，面向全社会有志劳动者。

然而，在中西部地区，尤其是西部一些欠发达地区，相对滞后和不规范的公共就业服务体系的状况依然存在。西部地区资源环境特殊，生产生活环境较东部地区差，城市和农村困难群体人数在人口中的比重较大，再就业及转移就业压力大，而又因为经济发展缺乏灵活性、就业机构不健全等问题的存在，导致就业服务管理格局僵化，就业服务的软硬件设施不健全和不充足，服务手段简单，满足就业群体的需求程度较低，与经济发达的东南沿海地区存在层次上的差距，服务指向有的还局限于就业培训和职业介绍，而对以创业促进就业的理解认知还不深刻，也没有有的放矢地采取相应措施去推动，与市场化和公共就业服务发展目标之间的差距较大。①

（二）职业介绍机构和人员配备存在地区差距

根据《中国劳动统计年鉴（2014）》提供的数据可以看出，2013 年，中国各地区职业介绍机构建设及人员配备存在明显的地区差异（如表 4—7 所示）。其中东部地区由于经济发展的先行优势，职业介绍机构建设数量和质量区域优势明显，而中、西部地区尤其是西部地区在职业介绍机构建设上较落后。

表 4—7　2013 年中国各地区民办职业介绍机构建设及人员配备情况

地区		人口总数（万人）	职业介绍机构		职业介绍机构教职工人数	
			总数（所）	人均（所/万人）	总人数（人）	机构人均人数（人/所）
全国		136072	19008	0.14	297630	15.66
东部地区	北京	2115	403	0.19	6190	15.36
	天津	1472	338	0.23	4628	13.69
	河北	7333	865	0.18	11417	13.20
	辽宁	4390	859	0.20	8542	8.94
	上海	2415	423	0.18	41103	97.17
	江苏	7939	1263	0.16	19546	15.48
	浙江	5498	802	0.15	7383	9.21
	福建	3774	336	0.09	4362	12.98
	山东	9733	1389	0.14	16085	11.58
	广东	10644	1280	0.12	15447	12.07
	海南	895	156	0.17	798	5.12
	平均值	5109.82	737.64	0.16	12318.27	19.53

① 陈诗达、陆海深：《公共就业服务均等化的财政支持研究》，《当代社科视野》2009 年第 2 期。

续表

地区		人口总数（万人）	职业介绍机构		职业介绍机构教职工人数	
			总数（所）	人均（所/万人）	总人数（人）	机构人均人数（人/所）
全国		136072	19008	0.14	297630	15.66
中部地区	山西	3630	375	0.10	5637	15.03
	吉林	2751	685	0.25	4893	7.14
	黑龙江	3835	672	0.18	5999	8.93
	安徽	6030	945	0.16	11975	12.67
	江西	4522	313	0.07	8744	27.94
	河南	9413	995	0.11	12792	12.86
	湖北	5799	577	0.10	7792	13.50
	湖南	6691	744	0.11	8542	11.48
	平均值	5083.88	663.25	0.14	8296.75	13.69
西部地区	重庆	2970	650	0.22	9379	14.43
	四川	8107	1404	0.17	18807	13.40
	贵州	3502	181	0.05	3571	19.73
	云南	4687	764	0.16	22825	29.88
	西藏	312	68	0.22	821	12.07
	陕西	3764	602	0.16	12355	20.52
	甘肃	2582	495	0.19	3625	7.32
	青海	578	124	0.21	1607	12.96
	宁夏	654	181	0.28	5031	27.80
	新疆	2264	409	0.18	5478	13.39
	广西	4719	421	0.09	9036	21.46
	内蒙古	2498	289	0.12	3238	11.20
	平均值	3053.08	465.67	0.17	7981.08	17.01

资料来源：《中国劳动统计年鉴（2014）》整理计算。

从表4—7可以更直观地看到，按东部、中部、西部三大地区划分，职业介绍机构均值最大的地区是东部地区，为737.64所，最小均值是西部地区，为465.67所，前者是后者的1.58倍。从每万人所拥有的职业介绍机构均值来看，中部地区略低于东部地区和西部地区，总差距不大，说明近年来国家政策引导职业介绍机构均衡布局效果明显。

从统计数据可见，同一区域内的不同省份之间，由于资源环境、经济发展等因素制约，职业介绍机构的数量和分布也存在明显差异。从表4—8可见，就2013年职业介绍机构数量来看，最多的是四川省，为1404所，是最少数量西藏自治区（68所）的20.65倍。而东部地区的11个省市之间，2013年职业介绍机构数量最大的山东省（1389所）是数量最少的海南省（156所）的8.90倍；比较中部地区的8个省份，职业介绍结构总数最多的河南省（995所）是数量最少的江西省（313所）的3.18倍。

表4—8　　2013年三大地区及其内部职业介绍机构差异情况

指标	三大地区	地区内部比较		
		东部地区	中部地区	西部地区
最大值（所）	1404（四川）	1389（山东）	995（河南）	1404（四川）
最小值（所）	68（西藏）	156（海南）	313（江西）	68（西藏）
极值率（倍）	20.65	8.90	3.18	20.65

与职业介绍机构相对应的职业介绍机构人员配备情况也存在明显的地区差异和省际差异。如表4—9所示，2013年，职业介绍机构工作人员配备总数最多的是上海市，有41103人，最少的是海南省，只有798人从事职业介绍工作。从三大地区职业介绍机构工作人员配备平均值来看，如表4—7所示，最大值东部地区的12318.27人是西部地区7981.08人的1.54倍。从每万人拥有的职业介绍机构数量来看，最大值是宁夏回族自治区的0.28所，最小值是贵州省的0.05所，前者是后者的5.6倍。东部地区内，每万人拥有的职业介绍机构数量最大的是天津市的0.23所，而福建省这一数据仅为0.09所；中部地区的最大值为吉林省的0.25所，而江西省仅为0.07所；西部地区最大值为宁夏回族自治区的0.28所，而贵州省仅为0.05所。从表4—7、表4—9我们还可以看到，职业机构工作人员总数和每一个职业介绍机构配备的工作人员数量上也存在区域及省际差异。如上海市每个职业介绍机构工作人员均值达到了97.17人，而浙江省仅有9.21人，海南省仅有5.21人，差距是很明显的。可见，无论是职业介绍机构配备的工作人员还是每万人拥有的职业介绍机构数量，不同地区以及同一地区不同省际之间均有明显差异。

表 4—9　　2013 年各地区职业介绍机构人均拥有量及人员配备情况

指标	人均拥有职业介绍机构数量（所/万人）				职业介绍机构工作人员配备情况（人）			
	总比	东部地区	中部地区	西部地区	总比	东部地区	中部地区	西部地区
最大值	0.28	0.23	0.25	0.28	41103	41103	12792	22825
最小值	0.05	0.09	0.07	0.05	798	798	4893	821
极值率（倍）	5.6	2.56	3.57	5.6	51.51	51.51	2.61	27.80

（三）就业训练中心建设存在地区差异

如表 4—10 所示，就业训练中心建设存在明显的地区差异。从 2013 年就业训练中心的统计数据来看，就业训练中心拥有最多的省份是河北省（289 个），而云南省只有 3 个，前者是后者的 96.33 倍，而上海市和西藏自治区没有相关统计数据。从 2013 年三大地区就业训练中心的平均值来看，最大值中部地区的 132.5 个是最小值西部地区的 68.33 个的 1.94 倍。由此可见，就业训练中心的地区分布存在明显差异。东部地区由于经济发展快，本地劳动力层次高，本地人口就业需求解决得好，就业训练中心建设虽已成熟，但数量少。而中部地区发展快，劳动力就业需求多、层次复杂，所以相较于东部地区和西部地区来说，绝对值比较高。而西部地区由于人口少，虽然就业训练中心绝对数量不大，但人均占有量比较高。但是由于经济发展缓慢，地理环境、资源限制等因素，地区内部分布不均，比如云南省 4687 万人只有 3 个就业训练中心，西藏自治区目前还没有统计数据，相较于上海市的零数据，意义是完全不同的。

就业训练中心建设不只是在三大地区之间存在差异，即使在同一地区内的不同省份之间也存在差异。如表 4—11 所示，2013 年，每万人拥有的就业训练中心数量最多的是内蒙古自治区的 0.078 个，是拥有数量最少的云南省（0.0006 个）的 130 倍。东部地区的 11 个省市中，每万人拥有就业训练中心数量最多的是辽宁省的 0.041 个，最少的是北京市的 0.008 个，辽宁是北京的 5.1 倍。中部地区最大值湖南省的 0.042 个是最小值河南省和山西省 0.017 个的 2.5 倍。如表 4—12 所示，东部地区就业训练中心最大值河北省的 289 个是最小值海南省的 12 个的 24.1 倍。中部地区湖南省的 281 个是山西省的 61 个的 4.6 倍，西部地区内蒙古自治区的 195 个是云南省的 3 个的 65 倍。

表 4—10　　2013 年中国各地区职业训练中心建设及人员配备情况

地区		人口总数（万人）	职业训练中心		训练中心人员配备	
			总数（个）	均值（个/万人）	教职工总人数（人）	均值（人/个）
全国		136072	3001	0.022	46087	15.36
东部地区	北京	2115	16	0.008	434	27.13
	天津	1472	19	0.013	378	19.89
	河北	7333	289	0.039	5992	20.73
	辽宁	4390	179	0.041	1953	10.91
	上海	2415	—	—	—	—
	江苏	7939	106	0.013	2369	22.35
	浙江	5498	50	0.009	356	7.12
	福建	3774	77	0.020	526	6.83
	山东	9733	238	0.024	5069	21.30
	广东	10644	135	0.013	2540	18.81
	海南	895	12	0.013	344	28.67
	平均值	5109.82	101.9	0.018	1814.64	18.1
中部地区	山西	3630	61	0.017	1357	22.25
	吉林	2751	64	0.023	804	12.56
	黑龙江	3835	85	0.022	1254	14.75
	安徽	6030	117	0.019	1523	13.02
	江西	4522	175	0.039	2929	16.74
	河南	9413	160	0.017	2142	13.39
	湖北	5799	117	0.020	1667	14.25
	湖南	6691	281	0.042	4611	16.41
	平均值	5083.88	132.5	0.022	2035.88	15.42
西部地区	重庆	2970	39	0.013	177	4.54
	四川	8107	139	0.017	1569	11.29
	贵州	3502	46	0.013	338	7.35
	云南	4687	3	0.0006	9	3
	西藏	312	—	—	—	—
	陕西	3764	132	0.035	2678	20.29
	甘肃	2582	78	0.030	1341	17.19
	青海	578	27	0.047	373	13.81
	宁夏	654	22	0.034	145	6.59
	新疆	2264	80	0.035	1122	14.03
	广西	4719	59	0.013	1002	16.98
	内蒙古	2498	195	0.078	1085	5.56
	平均值	3053.08	68.33	0.026	819.92	10.05

资料来源：《中国劳动统计年鉴（2014）年》计算整理。

表 4—11　2013 年各地区就业训练中心人均拥有量及人员配备情况

指标	人均拥有数量（个/万人）				工作人员配备情况（人）			
	总比	东部地区	中部地区	西部地区	总比	东部地区	中部地区	西部地区
最大值	0.078	0.041	0.042	0.078	5992（河北）	5992	4611	2678
最小值	0.0006	0.008	0.017	0.0006	9（云南）	344	804	9
极值率（倍）	130	5.1	2.5	130	665.8	17.4	5.7	297.6

表 4—12　2013 年三大地区及其内部就业训练中心差异情况　单位：个

指标	三大地区	地区内部比较		
		东部地区	中部地区	西部地区
最大值	289（河北）	289（河北）	281（湖南）	195（内蒙古）
最小值	3（云南）	12（海南）	61（山西）	3（云南）
极值率（倍）	96.3	24.1	4.6	65

与此相应的就业训练中心的人员配备也存在地区、省际差异。如表 4—11 所示，从全国来看，就业训练中心配备人员最多的省份是河北省，人数达到 5992 人，最少的是云南省，人数只有 9 人，两者的极值率为 665.8。从三大地区内部看，东部地区人数配备最多的是河北省的 5992 人，最少的是海南省的 344 人，两者的极值率是 17.4。中部地区人员最多的省份是湖南省，人数达到 4611 人，人员最少的是吉林省，为 804 人，两者的极值率为 5.7。西部地区人员配备最多的是陕西省的 2678 人，最少的是云南省的 9 人，极值率为 297.6。

三　公共就业服务受益群体间的非均等化

公共就业服务是面向全体公民的公益性服务，其性质要求所有有就业需求的公民都能公平地享受到这一服务内涵。但现实是，由于主客观多种因素，不同群体在享受公共就业服务时有不平等现象存在。

（一）身份差异带来的享受公共就业服务不均等

改革开放以来，大量城乡剩余劳动力不断涌入城市，形成中国特色的

“农民工群体”。他们在经济发展、城市建设上做出了突出贡献。但由于城乡二元结构、社会接纳认可程度等种种限制，广大的农民工群体（主要代表农村有就业需求的群体）难以享受到与城市居民均等的公共就业服务。这主要表现在以下两个方面。

一是城乡居民的公共就业服务资源不均等。长期以来，由于城乡二元结构的存在，国家在公共物品的供给上实行的是倾向于城市的城乡不均衡的供给制度。城市公共品供给的数量和质量都远远高于农村。比如，职业介绍和技能培训机构主要集中在城镇，较为完善的就业服务网络也基本建立在城镇。而农村地区的公共就业服务机构尚未广泛遍布，已设立的一些服务机构面临着经费缺乏，工作场所不固定，工作设施、设备简陋短缺等制约因素，为农村劳动力提供就业服务的效度不高，对农村劳动力的合理流动和配置的促进作用不明显。

二是农民工在城市中不能与城市居民享受同等的公共就业服务。随着劳动生产率的不断提高，农村富余劳动力大量出现，再加上工业化、城市化的发展要求，改革开放后，大量农村剩余劳动力不断涌入城市，形成特殊的既做着工人的工作却又承载着农民身份的农民工群体。据统计数据显示，中国现有农民工人数为2.69亿人,① 而城镇人口的最新数据是7.31亿人。② 这一庞大的群体因为身份的特殊性，在公共就业服务上没有享受到城市居民的服务待遇和水平。尽管国家也在不断出台一系列政策促进农民工就业、保障其权利、改善其就业环境，但在实际操作层面上，许多地区对农民工的公共就业服务仍然区别于对城市原住人口的公共就业服务，造成事实上的就业机会、就业过程、就业结果等的不平等。

（二）性别差异带来的公共就业服务不均等

近年来，劳动力供给数量激增，伴随着全球金融危机和经济增速下滑，中国就业市场供需矛盾尖锐，市场提供充分就业岗位的能力下降，就业市场呈需方格局。用人单位在选择新员工问题上运用各种显性的和隐性的方式对求职者进行有利于其利益最大化的甄选。其中一个方面就是性别甄选，主要表现在对女性求职者的苛刻要求。而因为用人单位的显性或隐

---

① 《中国农民工总量近2.69亿人》，2014年5月，新华网（http：//news. xinhuanet. com/fortune/. htm）。

② 《三个1亿人：以人为核心的城镇化》，2014年3月，中华人民共和国中央政府网（http：//www. gov. cn/zhengce/content. htm）。

性或排斥，导致公共就业服务部门在进行职业培训、技能训练等公共服务项目时对女性进行差别性的对待。而且，当女性群体受到歧视时，公共就业服务机构的帮扶功能没有充分发挥，与用人单位之间的协商、和解、劝说没有实施或者实施得不到位。女性本身由于身体条件、社会传统思想等制约，在就业领域处于弱势地位，公共就业服务机构在政策、措施等方面应该有意识地向女性倾斜，但现实往往是对女性求职者的关注还不如男性。由表4—13可见，从作为公共就业服务重要内容的就业培训看，对女性就业群体的培训比例除了辽宁、浙江、安徽、福建、湖南、重庆等省市略高于男性外，其他省市普遍低于男性，其中贵州省仅占培训总人数的22.2%。

表4—13　　2013年中国就业训练中心培训人员情况

地区	就业训练人数（人）	就业训练女性人数（人）	所占比率（%）
北京	55704	25325	45.5
天津	126638	57412	45.3
河北	281683	125576	44.6
山西	254025	106121	41.8
内蒙古	159491	74929	46.9
辽宁	121974	6463	52.9
吉林	130483	47201	36.2
黑龙江	154232	71130	46.1
上海	—	—	—
江苏	814289	375076	46.1
浙江	169261	85804	50.7
安徽	261320	135046	51.7
福建	148932	78990	53.0
江西	440406	187842	42.7
山东	522170	253143	48.5
河南	375069	181194	48.3
湖北	462022	223758	48.4
湖南	422495	222620	52.7

续表

地区	就业训练人数（人）	就业训练女性人数（人）	所占比率（%）
广东	499548	233223	46.7
广西	48454	21545	44.5
海南	21543	9878	45.9
重庆	46144	23524	50.9
四川	212308	105290	49.6
贵州	54881	12195	22.2
云南	228	99	43.4
陕西	237947	100410	42.2
甘肃	173038	83186	48.1
青海	28005	8701	31.1
宁夏	23309	9317	40.0
新疆	204623	72768	35.6

（三）身体条件带来的公共就业服务不均等

据中国残联 2013 年统计数据显示，目前中国各类残疾人总数达到 8500 万人，其中 1500 万以上的残疾人生活在国家级贫困线以下，占贫困人口总数的 12% 以上。[①] 许多残疾人因为身体条件的限制，面临着难以与社会其他身体条件正常群体享有平等就业权利的困境。在公共就业服务领域，对残疾人应该给予比正常人更多的关注，而且必须对其采取一些特殊的帮扶政策。现实的情况是缺乏对残疾人公共就业服务的整体设计。尽管各省市都制定了促进残疾人就业服务的“规划”，但对残疾人的各项就业服务措施仍然存在零散化、缺乏体系性、长效性的问题。专门针对残疾人的公共就业服务机构偏少，相应的工作人员配备不足，对残疾人的就业训练、职业介绍等具体服务没有因人制宜，一些重度残疾人以及偏远地区特别是农村地区的残疾人获得均等的公共就业服务的难度更大。有数据显示，农村残疾人口数量达到 6225 万人，占到残疾人总数的 75.04%，残疾等级为一级、二级的重度残疾人有 2457 万人，占残疾人总数的 29.62%。

① 《2013 年中国残疾人事业发展统计公报》，2014 年 3 月，中国政府网（http://www.gov.cn/xinwen/.htm）。

从表4—14可见，中国残疾人的地区分布还是相对均衡的。残疾人就业服务是全国各省市的重要任务。目前，针对残疾人就业服务的长效机制不健全，跟踪服务不到位，残疾人的公共就业服务远没有达到预期效果。

表4—14　**中国残疾人地区分布状况**

省（市）	残疾人数量（万人）	占人口比例（%）	省（市）	残疾人数量（万人）	占人口比例（%）
北京	99.9	6.49	湖北	379.4	6.64
天津	57.0	5.47	湖南	408.0	6.44
河北	495.9	7.23	广东	539.9	5.86
山西	202.9	6.04	广西	337.5	7.23
内蒙古	152.5	6.39	海南	49.4	5.95
辽宁	224.2	5.31	重庆	169.4	6.05
吉林	190.9	7.03	四川	622.3	7.57
黑龙江	218.9	5.72	贵州	239.2	6.40
上海	94.2	5.29	云南	288.3	6.46
江苏	479.3	6.40	西藏	19.4	7.00
浙江	311.8	6.36	陕西	249.0	6.69
安徽	358.6	5.85	甘肃	187.1	7.20
福建	221.1	6.25	青海	30.0	5.54
江西	276.1	6.39	宁夏	40.8	6.83
山东	569.5	6.15	新疆	106.9	5.31
河南	676.3	7.20			

资料来源：《第二次全国残疾人抽样调查主要数据公报》。

有资料显示，中国残疾人总数量以每年30万人的速度增长，15岁及以上残疾人就业比例仅为30%左右，而非残疾人的就业比例为72.67%。2013年城镇残疾人登记失业率为10.8%，比2012年上升1.6个百分点，[①]是全国城镇登记失业率4.1%的2.6倍。2013年，在劳动年龄段的城镇残疾人就业比例是37.3%，接受过职业技能训练的比例仅为4.4%。[②]所以说，对残疾人的公共就业服务任重而道远。

① 中国残疾人联合会：《2013年城镇残疾人登记失业率升至10.8%》，2014年7月，光明网（http：//health. gmw. cn/. htm）。

② 《第二次全国残疾人抽样调查数据分析报告》，华夏出版社2008年版，第150页。

第三节 公共就业服务非均等化的原因分析

从公共就业服务在中国的发展历程可以看出，均等化是一个无限接近的目标追求。公共就业服务的现实状况表现出许多非均等化的特征，这既是现实也是原因所在。本书从宏观、中观、微观三大层面分析公共就业服务非均等化的原因。

公共就业服务非均等化是多种因素作用的结果，这些因素不是单一静态的结构，是多元的、变化的、复杂的，立体的、动态的。宏观层面因素一般是指宪法、法律、政策、规划等体制性因素，中观层面因素一般是指相关法律和法规、规则、规章、条例等机制安排，微观层面因素一般是指各种具体制度安排、对策和做法等。

一 宏观层面因素

导致中国目前公共就业服务存在非均等化现象的原因有很多，从宏观层面来讲有以下三个主要原因。

（一）中国的基本国情

中国人口多、底子薄、发展很不平衡的历史条件和社会状况，决定了从20世纪50年代中期生产资料私有制的社会主义改造基本完成后的至少上百年的时间里，都处于社会主义初级阶段。尽管经过改革开放30多年的艰苦奋斗，中国经济社会发生了巨大变化，但中国仍然处于并将长期处于社会主义初级阶段的基本国情没有变，人民日益增长的物质文化需要同落后的社会生产力之间的这一主要矛盾没有变。中国的经济总量巨大，是世界第二大经济体，但因为人口数量巨大，人均国内生产总值却排在世界第90位左右。根据联合国标准，还有1.28亿人生活在贫困线以下。这一基本国情反映在公共就业服务领域，就使得公共就业服务从开始之初，就缺乏均等化的设计，只能从无到有、从有到优渐进化地发展。

再加上随着改革开放的深化，新的就业问题不断出现，新的就业大军不断产生，就业服务政策过多地关注化解矛盾、解决问题，对问题背后的深层次原因分析、解决得不到位，导致虽然公共就业服务均等化目标已经被政府纳入国家战略范畴，并将其视为实现社会公正、缓解社会矛盾的重要途径，但对均等化的内涵、标准并未从国家大政方针方面做出明确界定。

（二）改革开放后的发展战略因素

中国在历史沿革中，以省为基本单位，在全国范围内，将省、自治区、直辖市划分为东部地区、中部地区和西部地区三个部分即三大地区。如表4—15所示。改革开放初期，邓小平提出“允许和鼓励一部分地区，一部分人先富起来，先富的带动后富的，逐步实现共同富裕”[①]。以对外开放为起点，政策开始向东部地区倾斜，实施了所谓的东部优先发展战略，重点扶持东部沿海地区发展外向型经济。5个经济特区先后成立，14个沿海港口城市先后开放。国家对东部沿海地区实行一系列政策性倾斜，改革开放前平均主义、大锅饭的地区发展态势被打破。在政策引导下，东部沿海地区形成人力、物力、财力的集聚效应，经济飞速发展，财富不断增长，成为面向世界、先行发展的成功典范，经济增长率始终保持在全国领先水平。以1979—1991年的数据比较，“东部沿海与内地国民生产总值的绝对差距扩大了10倍以上，人均国民生产总值的绝对差距扩大了4.4倍”[②]。

表4—15　**中国三大地区划分**

东部地区	中部地区	西部地区
北京	山西	内蒙古
天津	吉林	广西
河北	黑龙江	重庆
辽宁	安徽	四川
上海	江西	贵州
江苏	河南	云南
浙江	湖北	西藏
福建	湖南	陕西
山东		甘肃
广东		青海
海南		宁夏
		新疆

① 《邓小平文选》第3卷，人民出版社1993年版，第155页。

② 郑安文：《科学发展关系下实现中国区域经济协调发展的必然选择》，《商场现代化》2006年第2期。

此后的1995年，在城镇居民收入排行榜中，前五位都是东部省市，排名最高的是全国平均水平的1.74倍，第五名也是全国平均水平的1.12倍。而排行榜中的后五位，有四个位于西部地区，一个位于中部地区，排名最低的仅为全国平均水平的0.67倍，排名最高的也仅相当于全国平均水平的0.77倍；从农民家庭人均收入排行来看，前五位的省份都处于东部地区，排名最高的是全国平均水平的2.59倍，第五位是全国平均水平的1.56倍，而排在后五位的省份全部处在西部地区，排名最后一位仅是全国平均水平的0.55倍。分析表明，1985—1995年10年间，三大地区之间的差距对省际居民收入总体差距的影响从27.4%上升为46.6%。[①] 由以上数据可见，改革开放初期，优先发展东部地区的政策，经过10多年的实践发展，到20世纪90年代初，地区非均衡发展态势已非常明显，由此引发的居民收入差距、地区间利益矛盾和冲突日益显现。这种局面对全国经济社会的协调发展是不利的，必须加以扭转。事实上，国家早在1986—1990年的"七五"计划中，就有了调整经济地区发展非均衡态势的设计，提出了要正确处理好东部地区、中部地区、西部地区三大地区的关系，在加快东部地区发展的同时，"把能源、原材料建设的重点放到中部地区，并积极做好进一步开发西部地区的准备"[②] 的设想。

东部地区、中部地区和西部地区各自发挥优势，相互支持和促进发展的思想，是共同富裕思想的阶段性表现特征，也是区域协调发展战略的初步显现。到1999年，国情社情已具备启动加快中西部发展工程的条件。在1999年11月召开的中央经济工作会议上，明确了西部大开发发展战略，并决定开始着手实施。2000年10月，党的十五届五中全会通过的决议，明确把"实施西部大开发、促进地区协调发展作为一项战略任务"[③]，2002年，党的十六大报告更明确提出了东北老工业基地振兴战略，"支持以资源开采为主的城市和地区发展接续产业"[④]。此后，2004年，中央又提出了"中部崛起"的中部地区发展战略，至此，中国区域协调发展战

① 肖春梅：《中国区域经济发展战略的演变》，《学习与实践》2010年第7期。

② 冷志明、张铁生：《建国六十年区域经济发展的回顾与展望》，《经济纵横》2009年第3期。

③ 《学习党的十五届五中全会精神问答——怎样在西部大开发中促进东部和中西部地区协调发展？》，《内蒙古宣传》2000年第12期。

④ 姜四清、王姣娥、金凤君：《全面推进东北地区等老工业基地振兴的战略思路研究》，《经济地理》2010年第4期。

略构想最终形成（如表 4—16 所示）。

表 4—16　**中国“四大板块”区域格局**

板块	包含省（市、区）	发展战略	战略实施时间
东部	北京市、天津市、河北省、山东省、江苏省、上海市、浙江省、福建省、广东省、海南省	优先发展	1978 年
中部	山西省、河南省、安徽省、江西省、湖北省、湖南省	中部崛起	2004 年
西部	内蒙古自治区、重庆市、四川省、贵州省、云南省、西藏自治区、广西壮族自治区、陕西省、甘肃省、青海省、宁夏回族自治区、新疆维吾尔自治区	西部大开发	2000 年
东北	辽宁省、吉林省、黑龙江省	东北老工业基地振兴	2002 年

时至今日，中国正在致力于区域协调发展之路，但东部优先发展战略的优势依然存在。从表 4—16 可见，东部优先发展战略比其他地区大发展战略的提出早了 20 多年，所以，这种发展战略带来的效应依然影响深远。

（三）制度体制层面制约因素

公共就业服务均等化发展阻碍除了国情、国策等的原因外，在制度层面也是有制约因素的。

第一，就业服务制度发展视角狭小。新中国成立以后的很长一段时间内，国家实行城乡二元结构，城乡差异明显，在就业制度层面也是如此。农民被禁锢在农村，以集体土地所有制为依托，从事生产劳动，获得基本生活保障，城镇居民依托户籍所在地，享受计划体制在就业安置领域的“统包统配”。就业是制度政策层面的强制性约束，没有现代意义上的就业服务。1978 年，党的十一届三中全会后，现代意义的公共就业服务开始兴起和发展。起初是以劳动服务公司的形式存在的，主要目的还是解决历史遗留的就业问题，职能和任务更多体现的是传统意义上的，兼具就业安置和帮扶就业双重职能。随着劳动服务公司职能的不断发展和完善，其逐渐具有了现代就业服务机构的雏形。随着改革开放的不断深入，计划向市场的成功转型，市场在资源配置中的作用不断发挥，劳动力作为一种特殊的生产力要素资源，亦要求实行市场配置。在这样的背景下，作为劳动力自由合理流动的媒介——公共就业服务产生和发展起来了。1989 年的全国就业工作会议提出要转变就业机制，形成有计划的市场就业的雏形，要求劳动就业服务要全面开展，“为用人单位和求职者双方提供信息咨询、职业介绍和就业指导等就业服务”[①]，这实际上是就业服务制度的真正开始。尽管公共就业服务制度建设取得了一定的成效，但这种制度的发展和完善总是以具体问题的解决为目标的，在制度设计和组织形式方面缺乏全局性和系统性。可以说，形成了公共就业服务均等供给的制度壁垒。

第二，就业服务法律体系的发展滞后制约均等化发展。法律体系健全是做好就业服务的前提，为劳动者就业权利的维护和公共就业服务的均等化发展提供重要保障。在发达的市场经济国家，均等化理念植根于公共就业服务当中，有的甚至将其上升到《宪法》这一国家大法的层面。例如《加拿大宪法》就将这一思想纳入其中，要求联邦政府在公共就业服务项目提供上，不论居民身处城市或是乡村，甚至于国外，对本国所有居民都应该是均等的。完备的法律亦是美国就业服务的后盾，其拥有程度非常高的维护均等化的就业服务的法律制度。[②]

中国的就业服务法律体系较之于发达市场经济国家，立法层次还偏低，还很不完善。除了《中华人民共和国就业促进法》外，其他的都是部门法或政策法规，法律约束力和强制力不足，对就业服务的法律保障性不强。而就业服务的完备制度立法是公共就业服务体系统一、高效、有序、全方位的保障，是均等化公共就业服务的根基，所以中国公共就业服务的司法保障还有许多工作要做。

二　中观层面因素

从全局角度看，目前中国正由生存型社会向发展型社会转变；但从局部角度看，区域发展程度还很不统一，尤其是东部地区、中部地区和西部地区改革开放后的历史起点不同，公共就业服务的自供给能力差别很大。这是由各地的经济发展水平差异导致的财政收支能力差异引起的。加之各区域经济发展的不平衡及区域自然条件和资源禀赋的差异，使得公共就业服务存在不均等现状。

① 《劳动和社会保障大事记》，中国劳动网（http：//www. labournet. com. cn/other/ld_ history_ dashi/default. asp？ dyear = 1989）。

② 朱长合：《美国就业服务体系及其借鉴意义——访留美学者宋照礼》，《中国培训》2000年第11期。

（一）缺陷性的财政分配制度

公共就业服务作为一种基本的公共产品，均等的投入是政府的责任。但由于历史背景、制度制约和现实经济社会条件的影响，政府在公共就业服务领域的财政投入不但总量不足，而且在城乡、区域间还不均衡。根据国家统计局和财政部国库司发布的有关数据显示，2009 年至 2014 年，国家的社会保障和就业支出占总财政支出的比重均值为 10.19%，相对于发达国家的社会保障和就业支出占 30%—50% 的比例是非常低的，如表 4—17、表 4—18 所示。

公共就业服务投入的不足，“使得欠发达地区、城镇基层和农村地区的公益性岗位开发财政资金支持不够，分流导向作用难以发挥”[①]；同样由于资金的限制，一些农民工输入地政府存在地方保护主义倾向，免费培训只提供给本地求职者，将外来务工人员排斥在外，造成事实上的狭隘属地原则在就业服务领域的体现；再加上高校培养的大学毕业生与社会需求的人才存在一定的质量脱节现象，使得部分大学生群体下移就业寻求岗位，许多适合农民工、下岗工人的低技能岗位被高校毕业生争抢，使得农民工、下岗工人的就业机会受到进一步冲击。

表 4—17　　2009—2014 年全国社会保障和就业支出占总财政支出的比重

年份	国家财政支出总额（亿元）	社会保障和就业支出（亿元）	社会保障和就业支出占总财政支出的比重（%）
2009	76299.93	7606.68	9.97
2010	89874.16	9130.62	10.16
2011	109247.79	11109.40	10.17
2012	125952.97	12585.52	9.99
2013	140212.10	14490.54	10.33
2014	151661.54	15913.40	10.49
社会保障和就业支出占总财政支出的比重的平均值			10.19

资料来源：财政部网站：/www. mof. gov. cn/zhengwuxinxi/caizhengshuju/，《中国统计年鉴（2014）》。

① 陈力、吴江：《推进公共就业服务均等化》，《中国人事报》2009 年 3 月 18 日第 3 版。

表 4—18　　　2014 年国家财政主要支出项目及占总支出的比重

项目	国家财政支出（亿元）	各项支出占总财政支出的比重（%）
总支出	151661.54	100
教育支出	22905.79	15.10
科学技术	5253.86	3.46
医疗卫生	10086.18	6.65
社会保障和就业	15913.40	10.49
国防支出	8289.51	5.47
农林水事务	14001.67	9.23
城乡社区事务	12883.52	8.1
环境保护	3752.24	2.47
交通运输	10370.99	6.84

资料来源：国家财政部国库司，http：//gks. mof. gov. cn/zhengfuxinxi/tongjishuju/201401/t20140123_ 1038541. html。

（二）区域内的地区经济发展不平衡

同一区域内的同一省、自治区、直辖市内的县区经济发展实际上也是不平衡的。这种不平衡直接引起各县区市财政能力的不同。而财政能力的差异又导致了各县区市在公共就业服务支出上的差异。以广东省为例，进入 21 世纪以来，广东省的经济十几年呈现持续快速发展态势，GDP 年均增速达 10% 以上，显著提高的经济发展水平在省内各县区市广泛体现。但是，由于地理位置、生态环境和资源拥有质量等的不同，省内各县区市发展的不均衡现象仍然突出。广东省按经济发展水平可以划分为四个区域，分别是珠三角、粤东、粤西和粤北。以广东省 2012 年经济发展状况为例，如表 4—19 所示。

从表 4—19 可以看出，2012 年，珠三角 GDP 达到 47779.56 亿元，占全省总量的 79.1%。而粤东、粤西和粤北 GDP 分别为 4138.87 亿元、4683.43 亿元和 3821.81 亿元；珠三角人均 GDP 达 84355 元，粤东、粤西和粤北地区人均 GDP 分别为 24315 元、30271 元和 23467 元，四大区域人均 GDP 最高与最低之比是 3.59∶1。长期以来，粤东、粤西、粤北在经济社会发展上与珠三角存在较大的落差，区域发展很不均衡。虽然近年来，这种差距呈现不断缩小的态势，但广东省各县区市发展的差异系数仍是一个高位数字。如表4—20所示。

表4—19　　2012年广东省区域社会经济状况

区域	GDP（亿元）	比重（%）	人均GDP（元）	农村居民人均纯收入（元）	城镇化率（%）	GDP结构
全省	60424.67	—	54095	10543	67.4	5.0:48.5:46.5
珠三角	47779.56	79.1	84355	14892	83.8	2.1:46.2:51.7
粤东	4138.87	6.8	24315	8544	59.1	8.9:54.9:36.2
粤西	4683.43	7.8	30271	9480	39.7	19.3:41.0:39.7
粤北	3821.81	6.3	23467	8632	45.3	16.7:41.5:41.8

资料来源：广东统计信息网，http：//www.gdstats.gov.cn/tjzl/tjfx/201311/t20131115_129896.html。

表4—20　　广东省2007—2012年人均GDP差异系数

年份	按21个市计算	按四大区域计算
2007	0.7207	0.5852
2008	0.6866	0.5600
2009	0.6645	0.5400
2010	0.6333	0.5135
2011	0.6297	0.5106
2012	0.6359	0.5096

注：差异系数按人口加权计算。

资料来源：广东区域经济发展情况分析，http：//www.gdstats.gov.cn/tjzl/tjfx/201311/t20131115_129896.html。

广东省2012年人均GDP差异系数按21个市和四大区域计算分别达到0.6359和0.5096，较2007年的0.7207和0.5852均有所下降。从2007年到2012年，整体发展态势是在缩小差距的，但差异系数仍在0.5以上。可见，省内各县区市之间的差距还是很大的。

下面我们再以江苏省为例，说明此问题。如表4—21所示。

表 4—21　2012—2013 年江苏省各市人均 GDP 比较　单位：万人，亿元，元

城市		排名	2012 年常住人口	2013 年地区生产总值	2012 年人均 GDP	2013 年人均 GDP
全省			7919.98	59161.75	68256	74699
苏南	无锡	1	646.55	8070.18	117054	124819
	苏州	2	1054.91	13015.70	113864	123382
	南京	3	816.10	8011.78	88244	98172
	常州	4	468.68	4360.93	84703	93047
	镇江	5	315.48	2927.09	83378	92782
苏中	扬州	6	446.72	3252.01	65661	72798
	南通	7	829.73	5038.89	62471	69051
	泰州	8	462.98	3006.91	58354	64947
苏北	徐州	9	856.41	4335.82	46900	51796
	盐城	10	721.63	3475.50	43235	48162
	淮安	11	480.30	2155.86	39994	44886
	连云港	12	440.69	1785.42	36384	40514
	宿迁	13	479.80	1706.28	31722	35562

资料来源：http：//tieba. baidu. com/p/2835890631。

江苏省可以划分为苏南、苏中和苏北三个区域。2013 年，苏南五市的地区生产总值为 36385.68 亿元，相当于全省的 61.5%；而苏北五市的地区生产总值为 13458.88 亿元，仅相当于全省的 22.7%。从人均 GDP 的角度看，2012 年全省的平均值为 68256 元，而苏南五市中人均 GDP 最低的镇江是 83378 元，高于均值 15122 元，13 个城市中最高的无锡市是 117054 元，高于排名最后的宿迁市 85332 元，前者是后者的 3.7 倍。2013 年，人均 GDP 排名依然如此，苏南地区五市名列前五名，而苏北五市在排行榜的后五名，差距是从 124819 元到 35562 元。同时，应该看到，即使是在经济发达的苏南地区，城市之间的经济发展也是不平衡的。2013 年，无锡市的人均 GDP 是 124819 元，而同处一个地区的镇江是 92782 元，两者也相差 32037 元。这种区域性的发展不平衡，使得落后地区的经济发展空间狭小，公共就业服务投入受到制约，影响公共就业服务均等化进程。

（三）自然条件差异

下面以地处东部地区的浙江、山东与地处西部高原的贵州、甘肃为例，比较自然条件对公共就业服务均等化推进的影响。贵州省的地质地貌多为山地和丘陵，占总土地面积的92.5%，境内层峦叠嶂、山高谷深，交通不便，素有“八山一水一分田”之说。而且耕地不肥沃，并且分散不集中；甘肃省的地质地貌多为山地、戈壁和沙漠，占总面积的85%，土地贫瘠、水源稀少。而浙江省山地、丘陵只占总面积的6.4%，山东省山地和丘陵占总面积的28.7%，55%以上为平原。单从地质地貌角度看，东部两省就比西部两省有着明显的优势，东部两省经济发展的基础环境远远好于西部两省。虽然经济发展水平的决定因素很多，但自然条件尤其是地理位置、地质地貌对其影响是不容忽视的。如表4—22所示，2014年，贵州省的人均GDP为26371.18元，浙江省是72900.33元，山东省是60707.52元。贵州省分别相当于浙江、山东的36.17%和43.44%。而公共就业服务目前主要还是依靠地方财政供给，所以当地的经济发展水平和经济能力直接影响公共就业服务均等化的实现。

表4—22　**2014年中国各省人均GDP**　单位：亿元，万人，元

排名	省（市、区）	GDP	常住人口	人均GDP
1	天津	15722.47	1517	103641.86
2	北京	21330.83	2152	99120.96
3	上海	23560.94	2426	97118.47
4	江苏	65088.32	7960	81769.25
5	内蒙古	17769. 51	2505	70936.17
6	浙江	40153.50	5508	72900.33
7	辽宁	28626.58	4391	65193.76
8	广东	67792.24	10724	63215.44
9	福建	24055.76	3806	63204.83
10	山东	59426.59	9789	60707.52
11	吉林	13803.81	2752	50159.19
12	重庆	14265.40	2991	47694.42
13	湖北	27367.04	5816	47054.75
14	陕西	17689.94	3775	46860.77

续表

排名	省（市、区）	GDP	常住人口	人均 GDP
15	河北	29421.15	7384	39844.46
16	宁夏	2752.10	662	41572.51
17	黑龙江	15039.38	3833	39236.58
18	新疆	9264.10	2298	40313.75
19	山西	12759.44	3648	34976.54
20	湖南	27048.46	6737	40149.12
21	青海	2301.12	583	39470.33
22	海南	3500.72	903	38767.66
23	河南	34939.38	9436	37027.74
24	四川	28536.66	8140	35057.32
25	江西	15708.59	4542	34585.18
26	安徽	20848.75	6083	34273.80
27	广西	15672.97	4754	32967.96
28	西藏	920.83	318	29897.08
29	云南	12814.59	4714	27184.11
30	甘肃	6835.27	2591	26380.82
31	贵州	9251.01	3508	26371.18
	全国	634043.4	136782	46354.30

资料来源：http：//data. stats. gov. cn/easyquery. htm？ cn = E0103。

同省内部的比较我们依然以江苏省为例。从表 4—21 中的数据可以看出，江苏省的苏南和苏北经济发展存在较大差异。原因固然是多方面的，但自然条件的差异是一个比较重要的原因。苏北地区，土地由于历史上的过度开垦，日渐贫瘠，而且地处淮河下游，水道系统因黄河沿线的水土流失受到很大破坏，是洪涝灾害多发地区。另外，苏北地区也是水资源比较缺乏的地区，其主体黄淮平原与苏南地区太湖平原的富庶美丽相去甚远。这种自然条件差异是南北经济上差异的必然因素。

苏南、苏北地区自然条件的差异又引起一系列的后续反应。苏南地区由于地理位置优越，受工业文明的影响早于苏北地区，生产力当中的技术、生产方式因素优于苏北地区。生产力当中起决定作用的是人，在思想观念上苏南人远远先进于苏北人，强烈的竞争意识、开放意识和创新意识使苏南人善于抓住区域机遇加快发展。这也是苏南经济发展速度远远高于苏北的一个原因。

独特的地理位置和改革开放政策也使苏南地区受益匪浅。苏南多数地区位于长三角地带，上有长江下有黄海，交通便利，具有发展外向型经济的交通优势。而且拥有上海、杭州和南京三大经济发达城市地缘辐射优势，工业集群化发展基础雄厚，产、供、销链条完整。但苏北地区，历史发展积重难返，基础设施落后陈旧，交通技术更新换代迟缓，虽然区位优势也不差，但却没能转化为经济优势。加之与苏北接壤的是安徽北部和山东南部，这两个区域在其各自省份也属于欠发达地区，对苏北地区不能给予增长及辐射，经济发展缺乏带动促进机制，所以发展速度远远低于苏南地区。

因此，无论从省际比较，还是从省内区域间的比较，自然条件差异带来的经济发展速度差异都是存在的。公共就业服务作为公共财政支持的事业，在量入为出的公共财政供给体制下，经济发展程度直接决定着财政的收支能力，也就决定着公共就业服务的支出能力，而经济发展水平的参差不齐也就使得公共就业服务的供给不均等，这种正相关性是毋庸置疑的。

三　微观层面因素

公共就业服务非均等化微观层面因素主要是指各种具体公共就业服务的制度安排、对策和做法等。

（一）公共就业服务管理体制不统一

公共就业服务均等化要求建立统一规范的公共就业服务管理体制，而现实的情况是这种管理体制还远远没有建立起来，具体表现在以下几个方面。

第一，就业服务管理不适应劳动力市场发展要求。改革开放后，为适应劳动力市场发展要求，国家对原有的建立在计划经济基础上的就业管理体系进行了改革，取消了限制性政策和收费，城市公共就业服务也开始向农民工免费开放。但就业服务与劳动力市场发育不同步，对农民工大规模流动的就业形势缺乏积极的应对策略。受传统体制以及属地思想的影响，国有企业下岗和失业人员约定俗成地成为在劳动力市场上管理与服务的主要对象。面对流动性强规模大的农民工就业大军，缺乏应对制度设计、信息统计手段，对农民工的结构、数量把握不准确，难于有的放矢地在劳动合同签订上给予农民工有效帮助，而对农民工的工资、社会保障需求因为把握不准确更是缺乏认可性服务。可以说，市场经济要求下的劳动力市场制度还没有完全建立起来。就业服务部门的人员编制和经费依然以城市居民为依据来设立，而且服务管理部门的人员、经费严重不足。随着经济结构的调整，面对城市群体的就业服务不断出现新情况，不断有新问题要解决，不断有新难题要破解，人员和经费在服务不断变化发展的城市就业群体上都捉襟见肘，更没有能力将不确定因素更多的农民工完全纳入服务管理体系，所以打破旧的就业服务管理体系，建立新的就业管理体系是亟须的。

第二，管理体制城乡分割和区域分治。由于长期受城乡二元劳动就业制度的影响，政府的公共就业服务长时间以城镇劳动者为主，存在管理体制城乡之间不统一现象。[①] 在城镇，管理体制也有不统一现象存在，如对干部和工人的管理分属不同的部门。改革开放后，农村剩余劳动力向城镇转移，大量流动就业人口出现，对传统的以固定就业为特征的城市就业管理制度形成巨大冲击，也对以“地区分割为特征的经济和社会管理体制（包括财政、教育、就业、保障等各方面的制度）”[②] 形成冲击。中国主要以省、自治区、直辖市一级政府为单位，统领各自所辖范围内的社会事务，再加上公共服务事务由地方财政负责支出，社会服务业绩考核也以居民户籍归属为考核范围划定标准，所以，政府的公共就业服务指向也是当地的居民，就业状况和失业率的统计都是以有本地户口的当地居民为参照物的，基本把农民工划为“外来人口”行列。在这种制度环境下，农民工在就业地基本享受不到就业相关服务，而因为背井离乡，户籍地的服务优势也鞭长莫及，往往被边缘化、被忽视。再加上农民工群体本身的文化素质制约，维权意识不强，漠视农民工就业权益的决策和行为时有发生。一些地方政府为了追求经济发展速度，纵容个别招商引资进来的企业在就业市场上对以农民工为代表的弱势群体在劳动待遇、条件等方面降低标

① 杨河清、王飞鹏：《中国公共就业服务平台保障体系成绩与问题》，《中国就业》2010 年第 7 期。

② 劳动和社会保障部课题组：《农民工流动就业与劳动力市场建设》，《工人日报》2006 年 2 月 21 日第 2 版。

准，公共就业服务管理体系带有浓郁的地方色彩，因地不同、因人不同现象比较普遍。

第三，政府对就业服务机构缺乏统一管理。在中国，统一的、完全意义上的公共就业服务网站还没有建立。各级地方政府管理着地方性公共就业服务网站，以行政区划为界限，就业信息被人为分割，公民从就业服务网站上获得的就业信息大多是本地区的，对有外出求职意愿的本地居民无法得到获取外地信息的帮助，对有进入本地就业的外地人员也没有信息帮助，这就是所谓的“信息孤岛”。如经济发达的东部地区，其就业服务网站信息量很大，本地的劳动者在就业信息获得上具有绝对优势，而对想进入东部地区就业的外地劳动者却有失公允，在就业的准备阶段就体现出不公平。公共就业服务信息网络区域分设，地区间信息不通达，无法实现信息共建共享。这在很大程度上对劳动力资源的合理流动形成阻碍，也是对部分劳动者的平等就业权的侵害。

在中国，由劳动保障部门负责管理就业服务机构，这是由《中华人民共和国就业促进法》明确规定的，但这一规定或者说是目标还没有完全实现。目前还存在着就业服务机构由各级政府的人事部门和劳动保障部门分头管理、多头负责的现象。这使得“整个就业服务系统、特别是公益性服务系统，缺乏统一的规划和相互合作的制度机制”①，政出多门、服务对象交叉、服务职责不清的现象时有发生。而不同服务机构的各自为政又导致信息分散、信息不畅、各级服务机构合作缺乏等弊端，这使得资源浪费、效率低下。

第四，公共就业服务在标准上缺乏统一性。在中国，公共就业服务规划这一基础性工作开展得不到位。目前还没有全国统一的公共就业服务规划性文件，至于公共就业服务标准，只在地方性的规划类文件中有所表述，但表述得也不是很具体，而且标准也不尽相同。在实际工作中，服务名称不统一、服务流程不规范等现象比比皆是。公共就业服务机构按经验办事的多，按规范办事的少，对服务质量更加没有明确的评定标准。这种现象严重影响公共就业服务的满意度和社会认可度，也严重影响公共就业服务的均衡发展，更是有违均等化理念的。

① 王乐芝、钟华：《中外就业服务体系比较研究》，《吉林广播电视大学学报》2008 年第 2 期。

（二）供给机制不健全

公共就业服务供给是实际运作层面的问题，是显现公共就业服务成效的重要途径和渠道。供给主体、模式、手段和方法等直接影响公共就业服务目标的达成。

第一，公共就业服务的管理运行机制不科学。长期以来，服务与管理集于一身是中国公共就业服务机构的特征。公共就业服务机构具有公共就业服务产品的生产者和提供者与领导者和监督者的双重身份，[①] 既是裁判员又是运动员。这样虽然有助于政府公权力的发挥，并借此强化就业服务职能，在公共就业服务中充分调动资源，如在应对20世纪90年代大量下岗失业职工的再就业安置问题上，发挥了优势作用，但这种服务与管理并行的运行机制，“也容易出现因政府行政过度干预导致就业服务行政色彩过浓、服务手段缺乏灵活性和创新性的问题”[②]，而且，也会给机构设置和人员编制带来因人设岗、重复设岗等问题。尽管国家在2008年成立了人力资源和社会保障部，旨在改变运行机制的不合理因素，但由于传统管理机制运行模式的惯性，公共就业服务运行机制改革仍有很长的路要走。

第二，公共就业服务培训机制不协调。经过20多年的发展，中国初步形成了公共就业服务职业培训体系。但职业培训资源多数集中在城市，职业培训体系在农村基础薄弱。在县、乡层面上，技工学校的数量很少，而技工往往是最受企业欢迎的，所以县、乡层面有此培训需求的劳动者不能得到培训服务。而且县、乡其他类型的培训机构大多设备比较简陋，更缺乏实训设备，难以完成较高质量的就业培训，对有意愿外出寻求比较好的就业机会的劳动者难以提供有效帮助。更值得注意的是，具有比较完备条件的城市培训机构，在培训项目和方式的设计上，主要依据的是本地居民的需求及特点，对外来务工人员尤其是农民工群体，无论是培训课程的设计，还是培训过程的实施，都没有考虑其知识结构特点，人文化、个性化不突出。对农民工来说，即使被纳入培训范畴内，但因为没有贴近其实际、贴近其生活、贴近其需要，也不能获得预期的效果。公共就业服务培训机制还是需要协调发展的。

---

① 李公达：《论中国公共就业服务体系建设》，《劳动保障世界》2008年第10期。

② 李文琦：《论中国城乡一体化进程中的公共就业服务体系建设》，《云南行政学院学报》2012年第6期。

第三，公共就业服务失业保障机制不规范。失业问题是在经济转轨、社会转型过程中长期存在的一个问题，也是在公共就业服务领域需要正确对待的一个保障性就业服务问题。“对失业者予以救助，是维持失业者继续参与就业竞争的一种举措，是从消极的意义上来维护劳动者就业权益，解决就业问题。”[①] 中国的失业救助机制开始于1986年国企改革的大范围实施后。经过20多年的发展，尽管由“失业保险制度、国有企业下岗职工基本生活保障制度、城镇居民最低生活保障制度、公益性岗位安置和一次性经济补偿”组成的失业救助体系已初步形成，但保障不到位的问题依然存在。主要表现在以下几方面。

失业救助依然没有达到全覆盖。这主要是因为就业人口数量巨大，虽然4%左右的失业率在正常范围内，但具体到人数上却是非常大的一个数据。由于中国在失业救助上的投入还是有限的，很多事实失业人口不能被纳入失业救助保障体系中，所以，争取全覆盖仍需要很长时日。

失业救助种类还不是很丰富。失业是经济社会必然的现象。失业从种类上来说，可以划分为摩擦型失业、结构型失业和需求不足型失业。对不同种类的失业者，应该采取不同种类的救助机制。但在中国这种因类施救的机制还没有完全建立起来，救助种类没有达到实现个性化服务需要的数量。

在失业救助期限上界定模糊。失业救助的最终目的是帮助失业者重新就业，而不是为救助而救助，也不是将救助当成一种养老机制，所以，对救助者应有严格的管理机制，尤其是在救助时间上应有明确的阶段性划分。在救助过程中，应对失业者进行必要的培训，帮助其获得工作。对一定时间内仍找不到工作的救助者，应制订深度救助计划，包括提供就业援助项目。这样才能保证救助机制有效运行，避免因获得失业救助而拒绝工作或人为骗取失业救助现象的发生，才能保证有限的公共资源发挥最大的功效，用到最有需要的失业者身上。而在中国，确实存在因领取失业救助而不愿再就业的现象，以及骗取失业救助的现象，这与救助机制制度缺陷有很大关系，尤其与救助期限上的模糊不清有很大关系。

---

① 麻宝斌、董晓倩：《中国公共就业服务均等化问题研究》，《东北师大学报》（哲学社会科学版）2009年第6期。

（三）就业诉求表达机制不顺畅

公共就业服务均等化的实现，政府的主导作用是前提和基础。政府在主导过程中，要关注服务主体也就是公民的利益诉求，这是公民对就业服务的意愿的表达。政府只有依据公民的反馈，不断调整和完善公共就业服务，才能达成公共就业服务的高效和高度认同。这个诉求表达、接受、调整的过程要通过顺畅的利益表达机制完成。而顺畅的利益表达机制应是自上而下、自下而上或从中间向上下都是通达的。但在中国，中央政府在公共就业服务领域的主导作用一直是不争的事实。政府依据调研获得公共就业服务诉求，对公共就业服务供给现状做出判断，并以此进行相应的政策调整，再自上而下通过行政手段和财政支持手段，要求地方政府执行。这种“自上而下”的供给路径虽然有利于目标统一、行政一致、效率提高，但对需求多样性和层次性缺乏考虑，尤其是对各地区之间经济发展差异带来的需求结构性差异没有辨识，导致了行政意味浓、政策性强而人性化不足。同时，从中央到地方的五级行政层级，也使这种自上而下的供给路径有时会出现栓塞、会被曲解，“上有政策，下有对策”有时是有意所为，有时也确实是信息不对称和不通达的无奈之举。这就造成这种供给机制的初衷和立意很好，但有时却不能达成所愿，甚至偏离主体的利益需求。这也说明需求表达机制是不顺畅的。党的十八届三中全会开始探索中央、省、县区三级管理模式，期望能对供给效力的提高提供帮助。

这种需求表达的不顺畅性在弱势群体尤其是农村居民（农民工）身上表现得尤为突出。顺畅的需求表达应是以明确知道自己需要什么为前提，并明确将这种需要传达给有能力提供这种需要的主体的过程。而现实的情况往往是由于农村居民本身表达能力的缺失以及代表其权益的组织的责任缺失，更重要的是接受需求表达的服务主体的缺位，使得农村居民的需求表达不清晰并受到阻滞，在很大程度上阻碍了需求表达机制的有效运转。随着经济社会的发展，农村居民中形成独具中国特色的农民工群体，他们的需求表达不顺畅问题表现尤为突出。农民工具有农民和工人双重身份特质，职业和身份相分离，即所谓“亦工亦农、亦城亦乡”①，流动性是其最大特点。而其就业需求主要在城市中，回乡也只是探亲走访。所以

① 《转户进城“新市民”群体调查》，2014 年 12 月，半月谈网（http：//www. banyuetan. org/chcontent/. html）。

对其就业诉求，农村就业服务有时爱莫能助，城市就业服务又受传统体制影响将其边缘化，再加上现有法律体系对其身份、地位的界定还不明确，甚至有歧视性条款有待清除，使得农民工群体身份尴尬。一些地方政府对农民工的公共就业服务严重缺乏，而农村公共就业服务体系有效运转欠缺，导致农民工需求表达机制不畅，显得无门、无路和无力。

第四节　本章小结

进入 21 世纪以来，中国加快了公共就业服务体系和制度不断完善并渐趋走向成熟的步伐。随着 2002 年 9 月全国再就业工作会议的召开，以及《关于进一步做好下岗失业人员再就业工作的通知》的下发，一套完整的促进就业的政策措施得以呈现，而积极的就业政策真正制度基础的奠定完成于随后相继出台的配套措施和实施办法。

如前章所述，虽然国家在新中国成立后的相当时期内，就业政策是以阶段性问题的解决为目标的，可持续性表现得不够，但公共就业服务还是在现实中获得了长足发展。尤其是改革开放之后，在正确理念的引领下，公共就业服务及其相关制度体系不断发展、完善。制度上的成效体现在公共就业服务法律制度的不断完善，经费上的成效体现在公共就业服务财政投入不断增加，组织上的成效体现在公共就业服务体系的不断完善。

但也应该看到，公共就业服务中依然有诸多问题存在，不均等的问题表现还是比较明显的。公共就业服务财政投入总量的不充分、地区分布的不均匀；不同地区的公共就业服务体系层次、职业介绍机构和人员配备、就业训练中心建设存在差异；由身份差异、性别差异、身体条件差异引起的公共就业服务受益群体间的差异也同样存在。

公共就业服务的现实状况表现出许多非均等化的特征，这一原因可以从宏观、中观、微观三个层面来阐释。从宏观层面考虑，一是中国的现实国情制约，二是新中国成立后尤其是改革开放后的发展战略制约，三是制度发展的视角、体系的制约。从中观层面考虑，缺陷性的财政分配制度，区域内地区经济发展的不平衡，省际、地区间的自然条件差异是主要的制约因素。从微观层面考虑，公共就业服务管理体制的不统一、供给机制的不健全、就业诉求表达机制的不顺畅是主要制约因素。

通过本章的分析可见，中国在公共就业服务领域确实有不均等的问题存在。那么，到底均等化的水平如何呢？本章的理论分析为第五章、第六章的实证分析奠定了基础，同时也为公共就业服务均等化路径选择方案提供了事实依据，承上启下的意义明显。

第五章　公共就业服务区域均等化水平测度

本章将就当前公共就业服务区域均等化水平进行分析，运用实证研究的方法，对地区间、省际的公共就业服务均等化程度进行测度，并就影响公共就业服务均等化水平的因素利用回归的方法进行关联性分解。该章是上一章内容的进一步延伸，有助于从更深层面来透视中国公共就业服务均等化水平在地区间和省际的差异状况，并找出影响均等化水平的现实性因素，有利于各级政府“对症下药”，改善公共就业服务的非均等化状况。本章的内容具体安排如下：一是建立公共就业服务区域均等化测度指标体系；二是均等化测度的实证模型选择；三是省际公共就业服务均等化水平测度；四是地区间公共就业服务均等化水平测度；五是影响区域均等化水平的因素分析；六是小结及政策启示。

第一节　指标体系构建

一　测度指标说明

公共就业服务的区域均等化是综合系统的均等化，不仅要包括公共就业服务投入的均等化和产出的均等化，也要包括居民受益的均等化。因而，测度公共就业服务区域均等化水平的指标应该包括“公共就业服务投入指标”“公共就业服务产出指标”和“公共就业服务居民受益指标”。从“投入—产出—收益”三个维度构建的测度指标体系，符合国家政府要求，能够极大程度地反映当前中国公共就业服务的供给状况，并推进中国公共就业服务均等化的发展。下面将对各项指标进行具体阐述。

（一）公共就业服务投入指标

公共就业服务投入指标反映了各地区、各省（直辖市、自治区）等各级政府对公共就业服务的财政供给状况，以及支持公共就业服务机构提供就业服务所必备的物质基础设施和人力资源情况。具体而言，公共就业服务的投入综合度量了各区域间在公共就业服务方面的财政投入、基础设施建设和人力资源保障水平。

公共就业服务投入的二级指标主要包括“财政投入状况”和“人力资源保障水平”。需要说明的是，公共就业服务的基础设施建设应该是反映公共就业服务供给水平的重要指标。由于全国各省（直辖市、自治区）在技工类学校、就业服务机构的基地设施投资状况的数据无法取得或其不具有连续性，故本书剔除公共就业服务的基础设施建设指标。

在公共就业服务投入的二级指标下，可以选择人均公共就业服务财政支出、生均培训财政补贴、培训机构受财政补助收入占比、就业培训专职教师占比、就业培训机构培训人次师生比等三级指标来度量。

在此对每个三级指标进行简要说明。人均公共就业服务财政支出，是指各省或地区政府对公共就业服务的公共财政投入状况，这个平均数指标可以从绝对额上反映政府公共财政对当地公共就业服务的建设力度；生均培训财政补贴，主要是考察接受就业培训人员获得各级政府财政补贴资金的额度，因为根据中华人民共和国人力资源和社会保障部的规定，各级财政的就业资金应有效保障职业培训机构的培训经费，对相关弱势或困难人员的培训经费应进行必要的补贴，该指标数值如越高，说明该地区政府对就业培训的财政支持力度越大，公共就业服务的财政投入水平越高；培训机构受财政补助收入占比，是指各地区培训机构的总收入中受到政府财政补助的收入占比，该指标反映了政府对公共就业服务的投入力度，该指标比值越高，说明该地区政府对地区就业培训的扶持力度越大；就业培训专职教师占比，指各地区就业培训中专职教职工占总教师的比重，中华人民共和国人力资源和社会保障部最新颁布的法规中提出，要重点优化就业服务的队伍结构且提升就业服务人员的素质，因而该指标反映了一个地区公共就业服务人力资源的发展水平；就业培训机构培训人次师生比，反映了每万培训人次（或受指导人数）可以获得的师资数量，该指标比值越高，反映该地区公共就业服务的人力资源保障水平越高。

（二）公共就业服务产出指标

公共就业服务产出指标是相对公共就业服务投入指标而言的，主要反映了各地区、各省（直辖市、自治区）在供给或建设公共就业服务后的产出情况。具体而言，公共就业服务的产出综合度量了区域间公共就业服务的供给水平。产出指标可以从公共就业服务的可普及性和公共就业服务机构的拥有量等方面来考量。

公共就业服务的产出指标可以用“职业介绍机构密度”和“职业培训机构密度”两个二级指标来度量。① 中国的职业介绍服务机构主要由劳动部门管理，包括职业介绍服务中心和职业介绍所，服务内容为：面向所有社会成员的就业与再就业介绍服务。职业培训机构密度又可分为就业训练中心密度、社会办职业培训机构密度、技工学校密度和工会办职业培训机构密度四类。

“职业介绍机构密度”这个二级指标可以用每万人拥有的职业介绍机构数来度量；“职业培训机构密度”这个二级指标可以用每万人拥有的就业培训中心数、每万人拥有的社会力量办职业培训机构数、每万人拥有的技工学校数、每万人拥有的工会办职业培训机构数等三级指标来度量。这些三级指标更具体地度量了一个地区政府致力于公共就业服务能力建设的效果，这些职业介绍机构和职业培训机构在贴近和助力于该地区民众实现就业和更好就业方面发挥了很重要的作用，能够很好地反映当地的公共就业服务均等化水平。

（三）公共就业服务居民受益指标

公共就业服务居民受益指标，反映了各地区、各省（直辖市、自治区）等各级政府在提供公共就业服务后的服务受益覆盖率、就业培训效率、就业介绍结果、居民就业状况和居民收入情况等效果。公共就业服务居民受益指标是从国民受惠的角度来衡量公共就业服务的供给效果，反映了公共就业服务在地区间和省际的惠及程度、取得的民生效应和社会效应。公共就业服务就是政府为了让当地居民实现就业而应履行的基本责任。如果民众对这些公共就业服务的感知度低或享受服务的水平低，即体现了该地区公共就业服务的发展水平低。

对于公共就业服务居民受益指标，本书设置“居民福利水平”“就业介绍服务状况”“职业技能培训状况”等二级指标来度量。这些公共就业服务居民受益二级指标综合体现了当地居民享受公共就业服务的效果，以及政府提供以上这些公共就业服务政策以后的效果。

---

① 卢洪友：《中国基本公共服务均等化进程报告》，人民出版社 2012 年版，第 125 页。

“居民福利水平”可以用“当地社会平均工资”和“当地失业保险覆盖率”来度量;“就业介绍服务状况”可以用“就业介绍成功率”和“就业介绍服务覆盖率”来度量;“职业技能培训状况”可以用“职业培训结业率”和“职业技能鉴定通过率”来度量。

二　测度指标体系构建

公共就业服务区域均等化水平测度的重点在于，在尽可能获得全面、权威的数据基础上，通过全方位的指标体系内容来评价或度量各省、各地区间政府致力于公共就业服务水平建设的差异程度。指标体系的选择遵循代表性、合理性、可比性、可测度性、数据可获得性和可操作性等原则。

根据上述对各测度指标的选取和详细说明，本章根据“投入—产出—收益”3个维度框架选择了“公共就业服务投入指标”“公共就业服务产出指标”和“公共就业服务居民受益指标”3个一级指标。这3个一级指标向下筛选获得7个二级指标和16个三级指标。通过3个层次、16个最终可测度的具体单项指标，本章可以将公共就业服务区域均等化水平测度指标体系构建如表5—1所示。

表5—1　**公共就业服务区域均等化水平测度指标体系**

一级指标	二级指标	三级指标
公共就业服务投入指标（a）	财政投入状况（a1）	人均公共就业服务财政支出（a11）____元
		生均培训财政补贴（a12）____元
		培训机构受财政补助收入占比（a13）____%
	人力资源保障水平（a2）	就业培训专职教师占比（a21）____%
		就业培训机构培训人次师生比（a22）____%
公共就业服务产出指标（b）	职业介绍机构密度（b1）	每万人拥有职业介绍机构数（b11）____个
	职业培训机构密度（b2）	每万人拥有就业培训中心数（b21）____个
		每万人拥有社会力量办职业培训机构数（b22）____个
		每万人拥有技工学校数（b23）____所
		每万人拥有工会办职业培训机构数（b24）____个

续表

一级指标	二级指标	三级指标
公共就业服务居民受益指标（c）	居民福利水平（c1）	当地社会平均工资（c11）____元
		当地失业保险覆盖率（c12）____%
	就业介绍服务状况（c2）	就业介绍成功率（c21）____%
		就业介绍服务覆盖率（c22）____%
	职业技能培训状况（c3）	职业培训结业率（c31）____%
		职业技能鉴定通过率（c32）____%

第二节　实证测度模型选择

测度公共就业服务在区域层面的均等化差异，实质上就是研究经济社会现象在空间领域内的差异性问题。在经济管理研究领域，有许多的测度均等化或空间差异性问题的方法，常用的有标准差、洛伦兹曲线、基尼系数、变异系数、泰尔指数、阿特金森指数、熵值法，等等。对于公共就业服务这个研究方向来说，有部分学者运用以上研究方法对区域间、省际或中国的公共就业服务均等化问题进行了测度，[①] 但是从诸位学者的指标体系、研究数据和研究结论来看，相关测度方法与测度结果有待进一步考察。

公共就业服务在不同省份或不同地区间的差异问题是一个涉及省域、省情、社情、执政者执政思路等多方面因素的复杂问题。就中国现状而言，有关公共就业服务方面的数据获取难度较大，数据真实性所受的主观影响也较大。因而，本书为了更客观、科学地测度公共就业服务在区域间的均等化问题，将采用熵值法对其进行评价。原因在于，本书所构建的公共就业服务均等化指标体系涉及多个层次的众多指标，不同指标对于公共就业服务均等化的影响大小各不同，需要根据数据特征进行相应的赋权。

① 李文琦：《论中国城乡一体化进程中的公共就业服务体系建设》，《云南行政学院学报》2012 年第 6 期。许佳贤：《公共就业服务城乡差距测度及其成因分析——以福建省为例》，《东南学术》2013 年第 1 期。豆建民、刘欣：《中国区域基本公共服务水平的收敛性及其影响因素分析》，《财经研究》2011 年第 10 期。王飞鹏：《中国公共就业服务均等化问题的实证分析——基于 2003—2008 年全国统计数据面板》，《西北人口》2011 年第 5 期。吕炜、王伟同：《中国基本公共服务均等化研究——基于公共需求与政府能力视角》，《财政研究》2008 年第 5 期。

另外，根据本章的研究思路，进行不同省份或不同地区的公共就业服务均等化水平测度也意味着要进行差异化对比。综合这些因素，熵值法更适合进行这方面问题的处理，并且本章将进一步结合 TOPSIS 法进行分析，即采用熵值—TOPSIS 模型进行测度。

一　熵值—TOPSIS 测度模型介绍

熵值法是对不确定性问题的一种度量方法，根据一个事件的不确定性影响因素的大小，赋予不同因子一定的权重来分析不同影响因子的影响程度。熵值法的使用具有相应的步骤，包括确定指标数值、异质指标的同质化处理、计算指标熵值和权重，等等。TOPSIS 法是多目标决策的有效解决方法，根据有限评价对象与理想化目标的接近程度进行排序来对现有问题进行优劣性解决方案的评价。其基本原理是通过检测评价对象与最优解决方法、最劣解决方法的距离来进行排序，若评价对象最靠近最优解决方法同时又最远离最劣解决方法，则为最好；否则不为最优。

本章使用熵值—TOPSIS 模型测度的基本原理是，运用熵值法对不同省份或不同地区公共就业服务均等化水平评价指标的数据进行无量纲化处理，通过规范化矩阵来确定各指标的熵值和权重，再运用 TOPSIS 法对不同省份或不同地区公共就业服务均等化水平测算出加权决策矩阵，得到不同省份或不同地区的正理想方案和负理想方案，再通过测算得出测度对象与正负理想方案的距离，获得测度对象与正理想方案的相对接近距离，并以该数值的大小作为评判标准进行排序。

二　熵值—TOPSIS 模型建立步骤

设有 m 个测度对象，每个测度对象有 n 个评价指标，则第 i 个测度对象的第 j 个评价指标值可表现为 $x_{ij}(i = 1,2,3,\cdots,m;\ j = 1,2,3,\cdots,n)$。相应地，其测度矩阵可表示为 $X = (x_{ij})_{m\times n}$。下面将对熵值—TOPSIS 模型建立步骤简要列示。

（一）评价指标的无量纲化处理及规范矩阵建立

由于在测度的指标体系中，各指标表示不同的测度含义，且各指标值的单位不统一，在进行测度前，必须进行评价指标的无量纲化处理。运用功率系数转换法对本章所选取的指标数据进行无量纲化处理，数值越大越好的指标称为正向指标，数值越小越不好的指标称为逆向指标。正向指标和逆向指标的无量纲化处理公式如下。

$$正向指标：x_{ij}' = \frac{x_{ij} - \min_i x_{ij}}{\max_i x_{ij} - \min_i x_{ij}}, i = 1,2,3,\cdots,m; j = 1,2,3,\cdots,n$$

式 5—1

$$逆向指标：x_{ij}' = \frac{\max_i x_{ij} - x_{ij}}{\max_i x_{ij} - \min_i x_{ij}}, i = 1,2,3,\cdots,m; j = 1,2,3,\cdots,n$$

式 5—2

测度指标经过上述无量纲化处理后，可以建立规范化的矩阵 $X'' = (x''_{ij})_{m\times n}$。

（二）测度指标赋权及测算熵值、熵权

诚如上述方法中所言，熵值法对于给测度指标赋权来说具有一定的客观性，因而本章利用熵值法对所选取的指标进行赋权，然后测算相关指标的熵值和熵权。

对规范化矩阵的各指标数据进行熵值测度，熵值设为 E_j：

$$E_j = -k\sum_{i=1}^{m} f_{ij}\ln f_{ij}, i = 1,2,3,\cdots,m$$ 式 5—3

其中，$f_{ij} = \frac{x''_{ij}}{\sum_{i=1}^{m} x''_{ij}}$，$k = \frac{1}{\ln n}$

如果 $f_{ij} = 0$，则 $f_{ij}\ln f_{ij} = 0$。

相应第 j 个测度指标的熵权为 W_j：

$$W_j = \frac{1 - E_j}{\sum_{j=1}^{n}(1 - E_j)}, j = 1,2,3,\cdots,n$$ 式 5—4

根据熵值法的原理，通过式 5—3 和式 5—4 的表达形式也可以看到，测度指标的熵值与熵权呈负相关的关系，即如果第 j 个测度指标的信息熵越小，则熵值 E_j 越小，说明该测度指标提供的信息量越大，在测度过程中所起的作用越大，相应的熵权 W_j 越大，对该测度指标应赋予更大的权重。

（三）建立加权规范化矩阵及其正理想解向量和负理想解向量

对于各测度指标的熵权 W_j，可以进行加权，得到的规范化矩阵设为 Z：

$$Z = (z_{ijm \times n})$$ 式 5—5

其中，$z_{ij} = x''_{ij}W_j$，$i = 1,2,3,\cdots,m; j = 1,2,3,\cdots,n$

根据式 5—5，可以得到矩阵 z_{ij} 第 j 个测度指标的正理想解向量 z^+ 和负理想解向量 z^-，分别为：

$$z_j^{\ +} = \max\{z_{1j}, z_{2j}, z_{3j}, \cdots, z_{mj}\}$$ 式 5—6

$$z_j^{\ -} = \min\{z_{1j}, z_{2j}, z_{3j}, \cdots, z_{mj}\}$$ 式 5—7

其中，$j = 1,2,3,\cdots,n$。

（四）测算各省或各地区公共就业服务均等化水平测度指标值向量到正理想解向量 z^+ 的距离和负理想解向量 z^- 的距离

各省或各地区公共就业服务指标测度值向量到正理想解向量 z^+ 的距离和负理想解向量 z^- 的距离分别设为 $D_i^{\ +}$ 和 $D_i^{\ -}$。$D_i^{\ +}$ 和 $D_i^{\ -}$ 的计算公式分别为：

$$D_i^{\ +} = \sqrt{\sum_{j=1}^{n} (z_{ij} - z_j^{\ +})^2}$$ 式 5—8

$$D_i^{\ -} = \sqrt{\sum_{j=1}^{n} (z_{ij} - z_j^{\ -})^2}$$ 式 5—9

其中，$i = 1,2,3,\cdots,m; j = 1,2,3,\cdots,n$。

（五）测算各省或各地区公共就业服务均等化水平测度指标值向量与最优值的相对接近程度

若设该相对接近程度为 C_i，则 C_i 的测算公式为：

$$C_i = \frac{D_i^{\ -}}{D_i^{\ +} - D_i^{\ -}}, i = 1,2,3,\cdots,m$$ 式 5—10

通过式 5—10 可知，C_i 的取值范围为 0—1，C_i 越接近 1 说明该省或该地区公共就业服务均等化水平越接近最优状况，而越接近 0 说明该省或该地区公共就业服务均等化水平越接近最差状况。

因而，测算出各省或各地区的 C_i 值后，按 TOPSIS 方法的原理对 C_i 值进行排序，则 C_i 数值的大小表明各省或各地区公共就业服务均等化水平的状况同时，排序大小显示了各省或各地区公共就业服务均等化的推进过程，以此可以判断出公共就业服务的均等化水平差异。

第三节 省际公共就业服务均等化水平测度

在公共就业服务建设方面，各省份之间的发展差异是当前中国社会发展的一个既定事实，推进基本公共服务均等化，促进公共就业服务均等化水平的提高是当前国家战略的方向。到底省际公共就业服务均等化水平是什么样的状况，公共就业服务供给均等化水平有差异是因为投入方面不足，还是因为产出与受益方面的非均等化，对这些具体问题的思考具有很重要的学术价值。本部分内容将结合上述的实证方法进行测度。

一　测度指标的熵值和熵权测算

熵值和熵权的确定是对研究对象均等化水平测度的基础，依据以上熵值—TOPSIS 模型的内在机理，以全国 31 个省（自治区、直辖市）为样本对象，可以得到本章所需的各省或各地区公共就业服务均等化水平测度指标熵值和熵权，测算结果如表 5—2 所示。

表 5—2　**公共就业服务区域均等化水平测度指标的熵值和熵权**

测度目标	均等化水平测度指标	熵值	熵权
公共就业服务区域均等化	z_{11}：人均公共就业服务财政支出	0.9072	0.0696
	z_{12}：生均培训财政补贴	0.8327	0.1257
	z_{13}：培训机构受财政补助收入占比	0.8679	0.0992
	z_{21}：就业培训专职教师占比	0.9762	0.0179
	z_{22}：就业培训机构培训人次师生比	0.9633	0.0276
	z_{31}：每万人拥有职业介绍机构数	0.9121	0.0660
	z_{41}：每万人拥有就业培训中心数	0.9556	0.0333
	z_{42}：每万人拥有社会力量办职业培训机构数	0.9226	0.0581
	z_{43}：每万人拥有技工学校数	0.9037	0.0723
	z_{44}：每万人拥有工会办职业培训机构数	0.8733	0.0949
	z_{51}：当地社会平均工资	0.8902	0.0825
	z_{52}：当地失业保险覆盖率	0.9829	0.0128
	z_{61}：就业介绍成功率	0.9017	0.0738
	z_{62}：就业介绍服务覆盖率	0.9230	0.0578
	z_{71}：职业培训结业率	0.9135	0.0650
	z_{72}：职业技能鉴定通过率	0.9427	0.0430

二 均等化水平的实证测度

根据表 5—2 所确定的各省份公共就业服务均等化水平测度指标的熵值和熵权，本书以 2013 年全国公开的公共就业服务投入、产出和居民收益方面的数据，基于熵值—TOPSIS 模型的原理，运用式 5—8、式 5—9、式 5—10 的测算公式，可以得到 2013 年中国 31 个省级单位的公共就业服务均等化程度，并根据 C_i 的大小进行排序，实证测度结果如表 5—3 所示。

表 5—3 给出了本章所测度的省（区、市）际公共就业服务均等化水平，为了更直观地体现各省（区、市）之间的公共就业服务均等化水平差异，将 C_i 绘成图 5—1，以便更直观地显现省（区、市）际公共就业服务均等化差异。

表 5—3 省（区、市）际公共就业服务均等化水平测度结果（2013 年）

省（区、市）	D_i^+	D_i^-	C_i	排序	省（区、市）	D_i^+	D_i^-	C_i	排序
北京	0.0699	0.3432	83.0721	1	重庆	0.4021	0.2044	33.6954	17
天津	0.0801	0.3264	80.3032	2	黑龙江	0.4117	0.1896	31.5345	18
内蒙古	0.1329	0.3722	73.6960	3	湖南	0.4196	0.1817	30.2213	19
河北	0.1788	0.3660	67.1935	4	浙江	0.4326	0.1715	28.3956	20
上海	0.1974	0.3814	65.8858	5	福建	0.4374	0.1669	27.6201	21
四川	0.2352	0.3726	61.2973	6	河南	0.4385	0.1666	27.5355	22
辽宁	0.2670	0.3312	55.3742	7	广东	0.4425	0.1547	25.8970	23
新疆	0.2707	0.3183	54.0307	8	青海	0.4431	0.1508	25.3973	24
安徽	0.2833	0.2984	51.2977	9	宁夏	0.4577	0.1244	21.3733	25
山东	0.2911	0.2687	48.0021	10	江苏	0.4699	0.1246	20.9666	26
江西	0.3005	0.2649	46.8388	11	吉林	0.4752	0.1200	20.1701	27
山西	0.3152	0.2608	45.2796	12	海南	0.4830	0.1173	19.5354	28
青海	0.3376	0.2651	43.9902	13	广西	0.4936	0.1083	17.9869	29
湖北	0.3729	0.2451	39.6572	14	贵州	0.5017	0.0983	16.3941	30
陕西	0.3854	0.2361	37.9783	15	甘肃	0.5321	0.1013	15.9966	31
西藏	0.3898	0.2347	37.5906	16					

注：表中的 C_i 值为百分比数值，单位为%。

资料来源：测度指标的数据来源于《2014 年中国统计年鉴》《2014 年中国劳动统计年鉴》《2014 年中国财政统计年鉴》和各省市的统计年鉴。部分数据来源于中经网和《2014 年中国国民经济与社会发展统计公报》。测算数值根据上述公式计算整理而成。

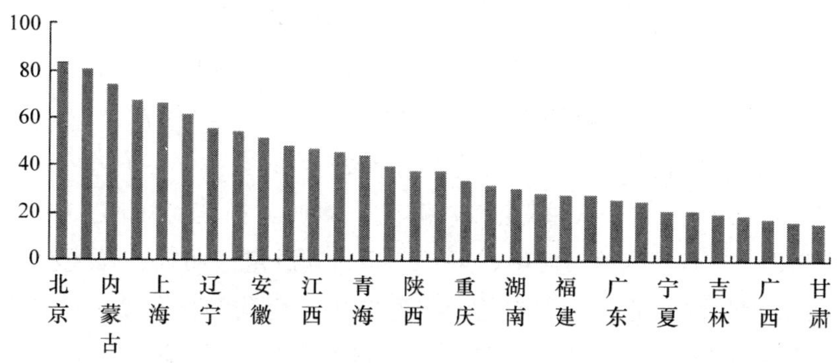

图 5—1　省（区、市）际公共就业服务均等化水平（2013 年）

三　实证结果说明与分析

表 5—3 和图 5—1 显示了中国 31 个省（自治区、直辖市）的公共就业服务均等化结果和均等化差异状况。通过以上实证测度结果，本章可以得出几点结论。

第一，从公共就业服务均等化水平来看，中国公共就业服务均等化水平总体较低。表 5—3 中所测算的 C_i 反映了各省份的公共就业服务均等化水平，其数值越接近 1 表明其公共就业服务均等化程度越高。从反馈的结果可以看到，31 个省（自治区、直辖市）中公共就业服务均等化水平达到 50% 以上的省份（区、市）只有 9 个，分别是北京、天津、内蒙古、河北、上海、四川、辽宁、新疆和安徽。另外，均等化水平低于 30% 的省份（区）达到了 12 个，分别是浙江、福建、河南、广东、青海、宁夏、江苏、吉林、海南、广西、贵州和甘肃。这说明在致力于推进公共就业服务均等化水平建设的发展道路上，中央及地方政府需要继续加大力度，需要群策群力做好此项工作。

第二，从均等化程度来看，省际公共就业服务的均等化差异状况明显。C_i 数值的大小反映了省际公共就业服务均等化的程度，将 31 个省（自治区、直辖市）公共就业服务均等化水平高低进行排序，可以看出各省（区、市）公共就业服务均等化的推进过程。图 5—1 直观地显示出了各省（区、市）之间的公共就业服务均等化水平差异巨大。如果将全国 31 个省（自治区、直辖市）按公共就业服务均等化水平高低划分为 3 个等级，则公共就业服务均等化水平较高（均等化水平达到 60% 以上）的省份（区、市）有6个：北京、天津、内蒙古、河北、上海和四川；公共就业服务均等化水平中等（均等化水平处于40%—60%）的省份（区）有7个：辽宁、新疆、安徽、山东、江西、山西和青海；公共就业服务均等化水平较低（均等化水平低于40%）的省份（区）有18个：湖北、陕西、西藏、重庆、黑龙江、湖南、浙江、福建、河南、广东、青海、宁夏、江苏、吉林、海南、广西、贵州和甘肃。而且，公共就业服务均等化程度最高的北京，其C_i值为83.07%，而均等化程度最低的甘肃，其C_i值仅有16.00%，最高与最低之间相差达到5.19倍。因而，本章可以得出结论，在公共就业服务均等化水平建设上，各省（区、市）之间参差不齐，省（区、市）际的差异状况明显。有效缩小各省（区、市）之间的公共就业服务均等化差异迫在眉睫。

第三，公共就业服务均等化水平与省（区、市）际经济发达程度的契合度不高。一般而言，在经济快速发展的国家或地区，其经济发展水平决定了社会民生领域的建设状况。经济发展水平高，财政实力雄厚，公共财政用于改善就业服务的资金较多，公共就业服务水平必然会得到有效提升。而且，在经济发展水平高的国家或地区，其经济繁荣度也会产生民生效应的外溢性，倒逼政府改善公共就业服务状况。而从表5—3的测度结果中可以看到，在中国，并非经济越发达的省份（区、市），其公共就业服务均等化水平就越高，在公共就业服务均等化水平处于末位的10个省份（区、市）中，公认的发达省份就有广东和江苏，同时均等化水平处于前10的省份（区）中有内蒙古、新疆和安徽等中西部欠发达省份（区）。这在一定程度上说明，就业保障作为最重要的民生项目，各省级政府促进公共就业服务的发展各不相同，并非经济越发达，其公共就业服务均等化水平就越高。当然，探索这一现象的原因，从“投入—产出”这两个维度来看，作为经济已发展到发达国家水平的省份，省域内就业中介服务机构、就业培训机构等已饱和，受益于欠发达省份就业劳动人口的涌入，其用于公共就业服务的财政支出较低，且居民的就业服务受益水平还高[尤其是北京、天津、江苏、浙江和广东等省份（市）]；而对于中西部等欠发达地区的省份（区）来说，其公共就业服务的投入水平较高，可是产出水平和受益水平相对滞后。因而，这可能会造成公共就业服务均等化水平与省域经济发展程度不契合的现象发生。

第四节　地区间公共就业服务均等化水平测度

上述的研究已经验证了省际存在着公共就业服务均等化水平差异，而要从更大空间来审视这种差异性，我们可以从地区均衡发展的角度来验证。推进公共就业服务均等化进程不仅仅是指各省之间要尽量缩小差距，从地域范围来看，处于地理条件优越、经济发达、水平高的东部地区和当前经济发展欠发达的中西部地区都同样要实现均衡性发展。事实上，东中西各地区间非协调性发展体现在各个方面，就公共就业服务水平来说，东部地区的公共就业服务均等化进程要快于中西部地区，但是这几大地区当前的公共就业服务均等化差异究竟有多大，本部分将从实证角度来测度。

测度之前，有必要对东中西三大地区进行界定。根据中国国家相关政策规定，① 这三大地区各自包含的省份（区、市）为：东部地区包括北京、上海、天津、山东、江苏、浙江、广东、福建、辽宁、河北和海南11个省级行政单位，一般认为东部地区城市化水平高，经济实力雄厚；中部地区包括山西、安徽、湖南、湖北、河南、吉林、黑龙江和江西8个省级行政单位，这些省份处于中国内陆腹地，在全国生产力布局中处于“承东启西”的战略地位；西部地区包括四川、重庆、云南、贵州、广西、陕西、宁夏、内蒙古、甘肃、青海、新疆和西藏12个省级行政单位，这些省份（区、市）处于中国的经济欠发达地区。

一　地区间均等化水平的实证测度

仍然根据表5—2所确定的测度指标熵值和熵权，以2013年全国公开的公共就业服务投入、产出和居民受益三个维度下各测度指标的分地区数据，基于熵值—TOPSIS模型的原理，运用式5—8、式5—9、式5—10的测算公式，测度出东中西各地区的公共就业服务均等化程度，实证测度结果如表5—4所示。

---

① 依据《中共中央、国务院关于促进中部地区崛起的若干意见》（中发［2006］10号）、《国务院发布关于西部大开发若干政策措施的实施意见》（国发［2000］33号）。

表 5—4　**东中西部地区公共就业服务均等化程度（2013 年）**

	D_i^{+}	D_i^{-}	C_i	排序
东部地区	0. 2790	0. 2495	47. 2051	1
中部地区	0. 3652	0. 2252	38. 1383	2
西部地区	0. 3974	0. 2431	37. 9579	3

注：表中的 C_i 值为百分比数值，单位为%。

资料来源：测度指标的数据来源于《2014 年中国统计年鉴》《2014 年中国劳动统计年鉴》《2014 年中国财政统计年鉴》和各省市的统计年鉴。部分数据来源于中经网和《2014 年中国国民经济与社会发展统计公报》。东中西三大地区测算对象下的测算指标数值，是以各省人口数占所在地区人口总数比重为参照，取分省指标的加权数值获得的。

同样，为了更直观反映东中西部三大地区的公共就业服务均等化差异，将各地区的 C_i 值绘为图 5—2。

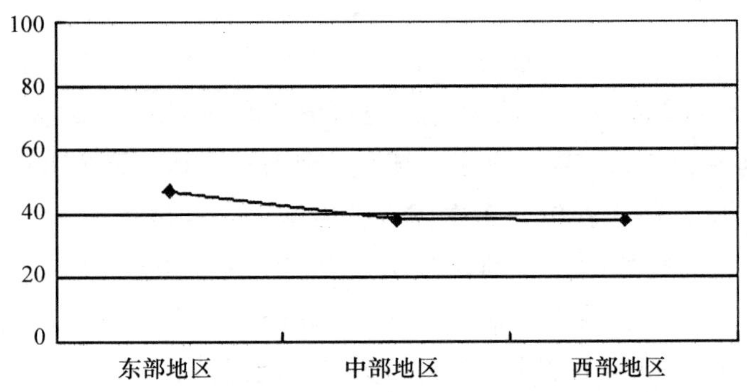

图 5—2　地区间公共就业服务均等化差异（2013 年）

二　测度结果分析

针对东中西部三大地区公共就业服务均等化水平差异状况，本部分利用熵值—TOPSIS 模型进行了测算，表 5—4 中的 C_i 值反映了各地区公共就业服务的均等化程度，东中西这三大地区的公共就业服务均等化水平分别为 47. 21%、38. 14% 和 37. 96%。图 5—2 显示了东中西这三大地区之间的公共就业服务均等化差异。因而，可以对测度的结果进行如下分析。

第一，东中西这三大地区之间的公共就业服务均等化水平存在差异性。从 C_i 数据来看，对于经济发展水平高的东部地区来说，其公共就业服务均等化水平要高于中西部地区。这与当前中国地区间的发展现状相符。东部地区率先在改革开放的政策下取得了快速发展，高增长的经济发展速度对于就业岗位的拓展和各层次就业人口的需求产生了巨大的推进作用，这导致东部发达地区的公共就业服务水平得到很大提升。为了服务于经济建设和满足工业化、城市化发展的需要，政府加大了对公共就业服务各种类型项目的建设和投入，并且也取得了较好的公共就业服务居民收益效果，比如社会平均工资的不断提升、失业保险覆盖率和失业保险金的增加、职业介绍的较高成功率和较高的职业培训及技能认定率等。而较之于东部地区，中西部地区处于经济上升阶段，薄弱的财力用于经济建设方面投入的动力要远远大于公共就业服务等民生项目投入的动力，同时绝大部分中西部地区省份成为东部省份的人口净输出地，公共就业服务投入所取得的效果并不明显，这反而会导致东部地区公共就业服务效率的大大提升。所以，东中西这三大地区公共就业服务均等化水平差异很大，且东部地区的公共就业服务均等化程度要大大高于中西部地区。

第二，从测度结果来看，中部地区和西部地区的公共就业服务均等化水平差异并不明显。仅从 C_i 数值来看，中部地区只比西部地区高0.18%，这种差异很小，是否能因此而下定结论认为中部地区和西部地区经过政府大力推进公共就业服务均等化进程建设，已经实现了这两大地区的均等化，这需要我们进行更深层次的分析与验证。

三　"投入—产出—收益"维度下的地区均等化水平对比

在上一小节中，我们可以看到东部地区的公共就业服务均等化水平高于中西部地区，但是比较中部和西部地区的均等化水平差异，这两大地区的差异并不明显。这两大地区测算的均等化数值大小只有微差，是否意味着这两大地区之间的公共就业服务已经实现了均等化，本小节将从"投入—产出—收益"这三个维度来深入验证。公共就业服务投入、公共就业服务产出和公共就业服务的居民收益是本章指标体系的三个一级指标，因此，可以就各地区公共就业服务的投入水平、产出水平和居民收益水平进行匹配对比分析，以进一步发现各地区之间在具体类项方面的均等化差异状况。

在此，用2013年的数据，采用标准差来计算各地区投入、产出和居民收益的公共就业服务均等化水平并进行结果对比，结果如表5—5所示。

表 5—5　　**地区间公共就业服务均等化水平测度的对比结果（2013 年）**

	东部地区	中部地区	西部地区
投入	1	3	2
产出	1	2	3
居民收益	3	2	1
总体均等化水平	1	2	3

表 5—5 分类型的对比分析结果显示：从公共就业服务投入方面来看，东部地区的均等化水平要高于中西部地区，而西部地区要高于中部地区；从公共就业服务产出方面来看，东部地区的均等化水平要高于中部地区，中部地区又高于西部地区；从公共就业服务的居民受益方面来看，西部地区的均等化水平最高，其次为中部地区，最后是东部地区。

本章认为，如果某地区以较少的财政资金投入和人力资源投入获得了较高的公共就业服务供给水平，则说明该地区公共就业服务的生产能力强，反之则弱。如果某地区在既定供给水平下，其公共就业服务居民收益率越高，则认为该地区公共就业服务的居民收益能力越强。

从分类型角度来看东中西部之间的均等化水平差异，其原因可能在于：东部地区经济发展水平高，居民的就业竞争压力大，其有相当强的意愿对就业培训和技能提升进行成本承担，并且在发达的东部地区省份中，基本上处于劳务净输入状况，东部地区能够以较少的公共就业服务资源投入来获得较高的公共就业服务产出，而且其居民还能获得较高的收益水平。而虽然中西部地区对于公共就业服务的投入资源（财力和人力资源）较多，但就公共就业服务的供给可及性和居民收益率来看，远远不及东部地区。

对于中西部地区来说，其公共就业服务均等化水平总体差异并不大，但是对于公共就业服务的投入水平来说，西部地区要高于中部地区，而且在居民的收益率方面，西部地区也要高于中部地区。这种差异产生的原因，可能与当前经济结构转型有关，经济落后的西部地区，其劳动力成本远远低于中部地区，东部地区的相关产能会向西部地区转移，从而倒逼西部地区加强对公共就业服务水平的提高，同时经济的发展又带动了当地劳动就业人口福利水平和劳动职业介绍、就业培训等方面水平的提高，这就缩小了与中部地区公共就业服务的均等化差异。

第五节　影响公共就业服务区域均等化的原因

造成公共就业服务区域间非均衡性发展的现状并非“一日之功”，也并非由某单一因素造成，探致这种非均等化状况的原因可以从经济层面、制度层面、决策者行为层面等来考虑。本部分内容将从地方经济发展水平、地方政府的执政偏好、财政转移支付制度和空间集聚效应等影响因素来探讨。

一　不协调的区域经济发展水平

经济基础决定政府行为是学界公认的理论，经济发展水平是地方政府执政的决定性因素。改革开放以来，中国国民经济总体取得了巨大进步，但各地区、各省之间的发展极不协调，东部沿海的省份无论是经济总量还是社会福利水平都已达到中等发达国家水平，而中西部地区的省份则大大落后于经济发达省份，这种不协调的区域经济发展水平导致了公共就业服务的非均等化差异。

可以看到，近年来，东部地区由于经济基础好，在推动大力发展经济的同时亦不断加大对就业和再就业服务的公共财政投入，加强人力资源市场的硬件设施建设，通过政府购买等方式为职业介绍、职业指导和职业培训等提供了有力的资金支持，通过稳定的财力投入，这些经济发达的地区或省份持续建立起了多元主体共同参与的多层次、全方位的公共就业服务体系，推进了公共就业服务均等化的发展进程。而在中西部地区，由于经济发展水平落后，对公共就业服务的财政投入总量不足，而且公共就业服务的经费来源不稳定，相关就业服务机构资源匮乏，与发达地区省份相比，差异明显。

经济发展水平越高，政府所获得的财政收入越多，其丰富的财力水平用于改善社会领域的非均等化项目就有足够的动力和热情。特别是在公共就业服务领域，财政投入会产生“马太效应”。发达地区省份不断加大对公共就业服务基础设施建设和人力资源改善方面的投入，其整个社会的就业环境得到了很大提升，中西部地区的劳动人口就会向其迁移，进而会促进这些发达地区省份经济的发展，比如江苏、浙江、上海等经济发达省市。而且，当公共就业服务达到一定水平就会产生规模效应和正的外溢性，即经济发达省市只需要投入有限的公共就业服务资源就可以产生很大的公共就业服务产出和居民受益效果，比如“劳动人口的净流入”“社会人力资本水平的提升”“社会平均工资的增加”“就业环境大大改善”，等等。

二　地方政府的公共就业服务偏好差异

公共就业服务区域均等化差异产生的原因也与各地方政府的偏好有关。政府执政偏好是指政府在履行政治经济社会责任时有其特定的行为倾向，这种行为倾向是为政府实现某些既定执政目标而服务的。公共就业服务属于民生类项目，在现行的政绩考核体制下所占的权重小，在当前“唯政绩观”的体制下，地方政府并不热衷于对公共就业服务项目的投入与建设。

相较于公共就业服务等软公共产品，地方政府对像铁路、公路和机场建设等类型的基础设施类公共产品有很强的偏好。一方面是由于该类公共产品有利于吸引投资，更主要的方面是加大对该类公共产品的投入会产生很显著的政治绩效。特别是对经济落后地区而言，有限的财力水平会用于产生政治绩效大的领域，而对经济发达地区的地方政府来说，为了实现经济与社会的协调发展，对提高公共就业服务均等化水平却有较强的偏好。

另外，改革开放以来，中国公共产品的供给模式一般以“自上而下”为主，因而政府对于推进公共就业服务均等化有决定性影响。对公共就业服务偏好性强的地区则其公共就业服务发展较快，同时加强公共就业服务建设又会反过来促进经济发展和社会民生改善。比如上海市已经建立了以公共就业服务机构为中心的市、区（县）、街道、居委会（村委会）四级就业服务网络体系，针对来沪的外来人口，已初步形成了以公共就业服务机构为主导、以社区就业服务网点为基础、以社会职业中介为补充的外来务工人员就业服务体系。[①] 均等化的公共就业服务会产生很好的良性循环，保证了上海的经济活力，提

① 温俊萍：《公共就业服务均等化及其实现路径探析》，《上海商学院学报》2010年第11期。

高了整个社会的福利水平。反观中西部地区的落后省份却相反，政府的公共产品资源分配会服从于“政绩最大化”，更多投入于非民生类领域，这种扭曲了的执政偏好极大地影响了公共就业服务供给水平及其供给结构。

三　不完善的中央财政转移支付制度

如同上面第一点原因所述，经济发展水平的差异导致了各地区或各省之间自有财力的参差不齐，这种自有财力上的差别会导致公共就业服务供给水平的差异。而在缩小自有财力差异方面的重要方法便是中央财政转移支付手段。中国从 1994 年实施分税制财政体制以来，中央政府将财政权力上收，地方政府所获得的财政收入锐减，而随着地方政府事权的不断增加，出现了事权与财权不匹配的情况，为了消除这种不匹配现象，中央财政转移支付制度便发挥了重要作用，该制度设计的初衷在于烫平各级地方政府在横向和纵向上的财政资金差异。对于经济不发达地区或省份而言，中央财政转移支付是其重要的财政来源，一些重要的民生项目支出都依赖于中央政府的财政转移支付收入。

中国现有的中央财政转移支付包括税收返还、财力性转移支付和专项转移支付等多种形式。但是这几种财政转移支付形式的使用却造成公共就业服务在供给上的非均等化。税收返还是分税制财政体制改革以来为维护地方政府的既得财政利益而延续的转移支付政策。经济发达地区缴税越多，其返还的税收额度越大。财力性转移支付是中央财政安排给地方财政的补助性支出，由地方统筹安排。专项转移支付是中央财政为实现特定的宏观政策目标及对委托地方政府代理的一些事务或中央与地方共同承担的事务进行补偿而设立的补助资金，需按规定专款专用，地方政府也要进行一定的资金配套。可以看到，现有的财政转移支付制度对于经济欠发达地区或省份而言是不公平的，因为发达地区缴纳的税款多，其获得的中央财政返还额度也大，同时对于专项转移支付来说，由于需专款专用和地方政府资金的配套，财力薄弱地区本来就财政实力不济，资金配套的规定反而降低了其争取该类建设项目的热情。相关学者的研究也证实了该因素的影响：中国当前的中央财政转移支付对矫正区域公共就业服务非均等化缺乏成效，未能有效显著缩小公共就业服务的供给差异，反而，相关转移支付制度还扩大了区域间的这种非均等化程度。①

四　公共就业服务的空间集聚效应不同

本章分析公共就业服务的区域均等化问题，当然与各地区或各省所处的空间环境有关系。新经济地理学认为：经济活动空间集聚对发展效率存在重要影响。② 中国幅员辽阔，地区间、省际的空间环境差异会导致公共就业服务的空间集聚效应差异，这也是影响公共就业服务区域均等化水平的重要因素。

对于所处地理环境好、人口密度高的地区，政府提供公共就业服务能够获得大规模的经济效益，从而带来供给效率的提高。③ 区域地理条件优越的省份率先得到发展，在吸引投资、引进人才、吸引就业人口方面也具有先天性优势，这种地理优势会使政府公共就业服务管理成本降低，比如会产生劳动力市场信息共享、共用培训基础设施以及公共就业人口的聚集等规模效应。另外，对于同质的公共就业服务，城市规模越大，人口越密集，越具有更低的公共就业服务分摊成本，一定规模的公共就业服务基础设施和服务人员能为整个社会提供更多的公共服务，从而带来公共就业服务供给效率的提高。这就是空间集聚所产生的效应和优势，对于处于不同区域的省份而言，其空间集聚效应差别很大。

沿海发达地区的省份和中部地理、区域条件优越的省份首先能够在经济发展上取得优势，提高城市化和工业化水平，改善劳动就业环境，用更少的财政投入提升公共就业服务水平，吸引更多劳动人口的净流入，使公共就业服务的供给成本很小而产出效率较高。这就解释了本章第三小节中

---

① 马骏：《中央向地方的财政转移支付——一个均等化公式和模拟结果》，《经济研究》1997 年第 3 期。王磊：《中国政府间转移支付制度对公共服务均等化的影响》，《经济体制改革》2006 年第 1 期。尹恒、康琳琳、王丽娟：《政府间转移支付的财力均等化效应——基于中国县级数据的研究》，《管理世界》2007 年第 1 期。刘德吉：《民生类公共服务财政支出规模的影响因素研究——基于中国省级面板数据的分析》，《华东理工大学学报》（社会科学版）2011 年第 6 期。赵建国、廖藏宜：《中国地区间基本公共服务供给均等化问题分析——基于中央财政转移支付的视角》，《宏观经济研究》2015 年第 8 期。

② Afonso A., Fernandes S., 2008, "Assessing and Explaining the Relative Efficiency of Local Government", *Journal of Socio-Economics*, Vol. 37, No. 5, pp. 1946-1979.

③ Bosch N., Pedraja F., Suarez-Pandiello J., 2000, "Measuring the Efficiency of Spanish Municipal Refuse Collection Services", *Local Government Studies*, Vol. 26, No. 3, pp. 71-90.

所论及的观点，虽然中西部地区有些省份在公共就业服务方面的投入很大，甚至某些省份为了吸引投资或使劳动人口流入，大力改善公共就业环境，其投入成本比东部沿海省份还大，但其整体公共就业服务均等化水平不高。因此，从经济地理方面来说，各地区和各省之间的空间环境差异所产生的公共就业服务集聚效应导致了公共就业服务的区域非均等化，这也得到了相关学者的研究证明，比如豆建民和刘欣认为空间集聚对公共服务供给具有显著的影响。①

第六节　本章小结

就业问题在当前非常突出，公共就业服务均等化差异问题在中国各省份和各地区之间也非常显著。正视区域间公共就业服务存在的非均等化问题并改善这种非均衡发展的状况，需要学术界进行深入探讨。本章对于第四章所提出的公共就业服务非均等化问题进行更深层次的探析，首先依据中国公共就业服务项目的具体内容和相关测度指标的数据特征，建立了科学、全面和具可操作性的公共就业服务区域均等化水平测度指标体系，然后通过构建熵值—TOPSIS 模型，对地区间、省际的公共就业服务均等化水平进行了实证测度，并对实证结果进行了详细分析，同时又进一步地探究了影响公共就业服务区域均等化水平的因素。本章内容较好地探讨和测度了公共就业服务在区域间非均衡发展的问题，有助于我们全面了解各省和各地区的公共就业服务均等化水平的推进过程。

从上述研究内容来看，本章内容无论是测度指标体系的构建，还是研究方法的选择，以及研究结论的分析，都在一定程度上拓展了该研究方向的学术研究深度，取得了不错的研究效果。综上所述，可以将本章的研究观点总结为以下几点。

第一，本章根据“投入—产出—收益”三个维度框架，结合中国公共就业服务项目的具体内容和相关测度指标的数据特征，构建了由“公共就业服务投入指标”“公共就业服务产出指标”和“公共就业服务居民受益指标”3 个一级指标，7 个二级指标和 16 个三级指标组成的公共就业

---

① 豆建民、刘欣：《中国区域基本公共服务水平的收敛性及其影响因素分析》，《财经研究》2011 年第 10 期。

服务区域均等化水平测度指标体系。该指标体系具有可代表性、合理性、可比性、可测度性、数据可获得性和可操作性等特点，能够全面客观地测度中国区域间公共就业服务的均等化状况。

第二，本章通过构建熵值—TOPSIS 模型来测度公共就业服务区域均等化状况。使用该模型进行实证分析的基本原理为：运用熵值法对不同省份或不同地区公共就业服务均等化水平评价指标的数据进行无量纲化处理，通过规范化矩阵来确定各指标的熵值和权重，再运用 TOPSIS 法对不同省份或不同地区公共就业服务均等化水平测算出加权决策矩阵，得到不同省份或不同地区的正理想方案和负理想方案，再通过测算得出测度对象与正负理想方案的距离，获得测度对象与正理想方案的相对接近距离，并以该数值的大小作为评判省际和地区间公共就业服务均等化水平的标准。

第三，通过对 31 个省（自治区、直辖市）的公共就业服务均等化水平测度，可以发现：①从公共就业服务均等化水平来看，中国公共就业服务均等化水平总体较低。这说明在致力于推进公共就业服务均等化水平建设的发展道路上，中共中央及地方政府需要继续加大力度，需要群策群力做好此项工作。②从均等化程度来看，省际公共就业服务的均等化差异状况明显。均等化水平较高（均等化水平达到 60% 以上）的省份（自治区、直辖市）有 6 个：北京、天津、内蒙古、河北、上海和四川；均等化水平中等（均等化水平处于 40%—60%）的省份（自治区）有 7 个：辽宁、新疆、安徽、山东、江西、山西和青海；均等化水平较低（均等化水平低于 40%）的省份（自治区、直辖市）有 18 个：湖北、陕西、西藏、重庆、黑龙江、湖南、浙江、福建、河南、广东、青海、宁夏、江苏、吉林、海南、广西、贵州和甘肃。③公共就业服务均等化水平与省域经济发达程度的契合度不高。探索这一现象的原因，从“投入—产出”这两个维度来看，作为已发展到发达国家经济水平的省份，省域内就业中介服务机构、就业培训机构等已饱和，受益于欠发达省份就业劳动人口的涌入，其用于公共就业服务的财政支出较低，且居民的就业服务收益水平还高[尤其是北京、天津、江苏、浙江和广东等省份（直辖市）]；而对于中西部等经济欠发达的省份，其公共就业服务的投入水平较高，可是产出水平和居民收益水平相对滞后，这可能会造成公共就业服务均等化水平与省域经济发展程度不契合的现象的出现。

第四，测度地区间公共就业服务均等化程度，可以发现：①中国东中西这三大地区之间的公共就业服务均等化水平存在差异，对于经济发展水平高的东部地区来说，其公共就业服务均等化水平要高于中西部地区。②中部地区和西部地区的公共就业服务均等化水平差异并不明显，但这并不意味着中西部两大地区已经实现公共就业服务的均等化，仍然需要验证。③利用“投入—产出—收益”维度进一步对各地区的公共就业服务均等化水平进行分析，从公共就业服务投入方面来看，东部地区的均等化水平要高于中西部地区，而西部地区要高于中部地区；从公共就业服务产出方面来看，东部地区的均等化水平要高于中部地区，中部地区又高于西部地区；从公共就业服务的居民收益方面来看，西部地区的均等化水平最高，其次为中部地区，最后是东部地区。

第五，公共就业服务区域均等化水平差异受诸多因素的影响。探究各种原因，本章将最主要的影响因素归纳为：①不协调的区域经济发展水平导致地方政府财政能力各异，从而影响了各地区或各省份间公共就业服务的供给能力。②地方政府的公共就业服务偏好有差异，经济发达地区的政府对于公共就业服务类公共产品的供给偏好强，而落后地区受政绩观影响对公共就业服务类民生投入的动力不足。③不完善的中央财政转移支付制度扩大了地区间的公共就业服务均等化差异，诸如税收返还、专项转移支付等制度存在不合理因素，影响了各地区或各省份之间的公共就业服务供给水平。④公共就业服务的空间集聚效应不同，对于区域城市人口越多的地区，其公共就业服务成本越低，越有利于其公共就业服务均等化进程的实现。

第六章　城乡公共就业服务均等化水平测度

上一章本书探讨了公共就业服务在区域间的非均等化问题，如同在第四章所论述的，当前中国公共就业服务非均等化发展问题不仅在区域间的非均衡性发展问题突出，而且城乡之间的差异也非常大，因而本章内容也是对第四章问题的进一步延伸和深入分析，旨在运用实证方法测度公共就业服务在城乡间的均等化程度。

到底当前中国城乡间公共就业服务发展如何？城乡间是否存在显著的公共就业服务非均等差异？这种非均等化差异程度有多少？如何基于中国的国情考虑来缩小这种非均等化差异水平？基于这些实际问题的考究和思虑，本章立足于城乡公共就业服务的非均等化现状，用实证的方法进行差异程度的测度，并从制度经济学的视角针对如何解决这一现实问题提出具体的制度安排。本章的结构安排如下：一是对中国城乡公共就业服务均等化现状描述；二是利用省级面板数据模型测度城乡公共就业服务的均等化水平差异；三是实现城乡公共就业服务均等化的制度安排。下面将对各个部分内容进行详细探究。

第一节　城乡公共就业服务均等化状态描述

在对城乡公共就业服务均等化差异水平进行实证测度之前，有必要就城乡差异状况做简要的定性描述。虽然在第四章对城乡公共就业服务供给状况有过简要介绍，但是本部分的详细描述有助于更好理解城乡公共就业服务的均等化水平差异。本部分将从城乡公共就业服务的供给水平、产出状况和受益程度进行描述，具体包括城乡居民的就业情况、收入情况、劳动就业保险情况、就业培训情况和公共就业服务体系建设情况，等等。

一　城乡居民的就业情况

就业率反映了公共就业服务的实施效果，城乡居民的就业情况一定程度上体现了城乡公共就业服务均等化的差异。长期以来，中国农村居民实行"土地保障"制度，二元分立式的就业体制导致城乡居民的就业环境和就业效果差别很大。虽然缺少城乡居民真实的就业数据，但从某些就业指标上仍可以看到这种差异。

从表6—1可以看到城镇居民的就业情况。2001年以来，城镇居民的就业人数一直很稳定，城镇登记失业率基本上维持在4%左右。从就业理论标准来看，城镇人口的就业态势良好，处于高水平就业状态。如果测算城镇就业人口的真实失业率，可能该数值很大，但是仅从登记失业率这一指标看，政府对于稳定城镇人口的就业问题十分重视且效果显著。

表6—1　**2001年以来中国城镇居民的就业情况**　单位：万人,%

年份	全国就业人数	城镇就业人数	城镇登记失业率
2001	72797	24123	3.6
2002	73280	25159	4.0
2003	73736	26230	4.3
2004	74264	27293	4.2
2005	74647	28389	4.2
2006	74978	29630	4.1
2007	75321	30953	4.0
2008	75564	32103	4.2
2009	75828	33322	4.3
2010	76105	34687	4.1
2011	76420	35914	4.1
2012	76704	37102	4.1
2013	76977	38240	4.05
2014	77253	39310	4.09

资料来源：中经网数据库。

再看农村居民的就业情况。一直以来，中国缺乏对农村就业人口真实就业情况的统计与调查，只能通过间接数据来描述。我们假定从事第一产业的农村居民不算真正意义上的就业，则可以通过农民工的就业情况来描述农村居民的就业情况。如表 6—2 和表 6—3 所示，2013 年，中国农民工规模为 2.69 亿人，其中，外出农民工 1.66 亿人，本地农民工 1.03 亿人。从农民工的年龄结构来看，2013 年老一代农民工规模为 1.44 亿人，其中外出农民工为 6549 万人；新生代农民工（1980 年以后出生）规模为 1.25 亿人，占农民工总量的 46.6%，其中外出农民工为 1.01 亿人。可以看出，中国处于劳动年龄的农民工数量庞大，其就业形势很严峻。

表 6—2　**2008 年以来中国农民工规模**　单位：万人

	2008 年	2009 年	2010 年	2011 年	2012 年	2013 年
农民工总数	22542	22978	24223	25278	26261	26894
外出农民工	14041	14533	15335	15863	16336	16610
本地农民工	8501	8445	8888	9415	9925	10284

资料来源：国家统计局，2013 年全国农民工检测调查报告［EB/OL］．国家统计局官网，http：//www. stats. gov. cn/tjsj/ zxfb/ 201405/t20140512_ 551585. html。

表 6—3　**2013 年新生代农民工规模**　单位：万人

	外出农民工	本地农民工	合计
老一代农民工	6549	7817	14366
新生代农民工	10061	2467	12528

资料来源：国家统计局，2013 年全国农民工检测调查报告［EB/OL］．国家统计局官网，http：//www. stats. gov. cn/tjsj/zxfb/ 201405/t20140512_ 551585. html。

表 6—4 反映的是中国农村居民的就业情况。2001 年以来，农村居民的绝大部分主要从事第一产业工作，截至 2013 年，第一产业乡村就业人口达到 2.42 亿，占比为 62.4%。可以看出，绝大部分农村居民的就业处于收入水平不高的农业部分，如何实现农业人口的非农就业转化是当前及以后的重要民生问题。

表 6—4　　2001 年以来中国农村居民的就业情况　　单位：万人，%

年份	乡村人口		乡村就业人数		
	人口数	占总人口比重	人口数	第一产业	第一产业人员所占比重
2001	79563	62. 3	48674	36399	74. 8
2002	78241	60. 9	48121	36640	76. 1
2003	76851	59. 5	47506	36204	76. 2
2004	75705	58. 2	46971	34830	74. 2
2005	74544	57	46258	33442	72. 3
2006	73160	55. 7	45348	31941	70. 4
2007	71496	54. 1	44368	30731	69. 3
2008	70399	53	43461	29923	68. 9
2009	68938	51. 7	42506	28890	68. 0
2010	67113	50. 1	41418	27931	67. 4
2011	65656	48. 7	40506	26594	65. 7
2012	64222	47. 4	39602	25773	65. 1
2013	62961	46. 3	38737	24171	62. 4

资料来源：《2014 年中国农村统计年鉴》。

二　城乡居民的收入水平

居民的收入水平是对当地就业服务的一种效果反映，是对公共就业服务均等化水平的最直观性体现。然而，城乡居民收入差距过大是多年来中国经济社会领域中一个非常重要的问题，无论是在收入总量上，还是在收入结构上都存在显著的非均等化状况（见表 6—5）。

表 6—5　　2000 年以来城乡居民人均可支配收入的差距变化　　单位：元

年份	城镇居民家庭人均可支配收入	农村居民家庭人均可支配收入	收入差距比值
2001	6859. 6	2366. 4	2. 90∶1
2002	7702. 8	2475. 6	3. 11∶1
2003	8472. 2	2622. 2	3. 23∶1
2004	9421. 6	2936. 4	3. 21∶1
2005	10493. 0	3254. 9	3. 22∶1

续表

年份	城镇居民家庭人均可支配收入	农村居民家庭人均可支配收入	收入差距比值
2006	11759.5	3587.0	3.28:1
2007	13785.8	4140.4	3.33:1
2008	15780.8	4760.6	3.31:1
2009	17174.7	5153.2	3.33:1
2010	19109.4	5919.0	3.23:1
2011	21809.8	6977.3	3.13:1
2012	24526.0	7917.0	3.10:1
2013	26955.0	8896.0	3.03:1
2014	28844.0	10489.0	2.75:1

资料来源：历年《中国统计年鉴》和《2014年中国国民经济与社会发展统计公报》。

通过表6—5的城乡人均收入总量趋势可以看出，进入21世纪以来，城乡居民收入的总量在快速增长，城镇居民人均可支配收入从2001年的6859.6元增长到2014年的28844元，增长了3.2倍。同时期农村居民人均可支配收入从2001年的2366.4元增长到2014年的10489元，增长了3.43倍。2007年以来，虽然政府通过减免农业税和粮食补贴等惠农政策促进了农民收入的增加，城乡居民收入差距之比缩小到2014年的2.75倍，但是这种缩小趋势缓慢，城乡居民收入差异仍然很显著。截至2014年，城乡家庭人均可支配收入的差距比仍有2.75倍。

对于农村居民而言，随着农业生产成本的提高，纯靠农业生产获得的经营性收入占总收入的比重越来越低，而务工的工薪收入占总收入比重逐年加大，因而，从收入结构上测度城乡居民的收入差距能够在一定程度上反映城乡居民就业机会和就业所得的差异情况。表6—6反映的是工资性收入结构上的城乡居民家庭收入差异。可以看到，2001年至2007年，这种差异是不断扩大的，而从2007年以后，二者之间的差异在逐渐缩小，但是在2013年，城镇居民家庭人均工资性收入为18930元，而农村居民家庭人均工资性收入仅为4025元，差异比值仍然高达4.7。

表 6—6　　2001 年以来城乡居民工薪收入的差距变化　　单位：元

	2001 年	2005 年	2007 年	2008 年	2009 年	2010 年	2011 年	2012 年	2013 年
城镇居民家庭人均工资性收入	4830	7798	10235	11299	12382	13708	15412	17336	18930
农村居民家庭人均工资性收入	772	1175	1596	1854	2061	2431	2963	3447	4025
差异比值	6. 26:1	6. 64:1	6. 41:1	6. 09:1	6. 01:1	5. 64:1	5. 20:1	5. 03:1	4. 70:1

资料来源：中经网数据库，http：//db. cei. gov. cn/page/Default. aspx。

因此，通过城乡居民的人均可支配收入总量及收入结构中的工资性收入差异分析可以得到以下结论：虽然经过经济的快速发展及政府的宏观调控，城乡居民间的收入差距在不断缩小，但这种缩小的趋势缓慢且差距依然很显著。这说明城乡公共就业服务在受益层面还存在非均等化现象。

三　城乡就业人口的劳动保障状况

就业人口的劳动保障状况是对劳动者的一种权益保护。在制度框架内平等地享受劳动权利，一般指劳动者签订劳动合同、参加失业保险、领取失业保险金等方面的内容。在城乡就业人口的劳动保障方面，这种差异也很明显，下面通过一些数据来阐述。

表 6—7　　2008 年以来全国参加失业保险人数、领取保险金人数及保险金发放情况　　单位：万人，万元

年份	参保人数	领取失业保险金人数	发放失业保险金
2008	12400	261	1395379
2009	12715	235	1457592
2010	13376	209	1404485
2011	14317	197	1598544
2012	15225	204	1812934
2013	16417	197	2032389

资料来源：《2014 年中国劳动统计年鉴》。

表 6—8　　2008 年以来中国城乡就业人口的失业保险参保率　　单位:%

	2008 年	2009 年	2010 年	2011 年	2012 年	2013 年
城镇就业人口	19. 87	19. 71	19. 97	20. 73	21. 39	22. 45
农民工	3. 7	3. 9	4. 9	8. 0	8. 4	9. 1

资料来源：农民工失业保险参保率数据来源于《2013 年全国农民工检测调查报告》，http：//www. stats. gov. cn/tjsj/zxfb/201405/t20140512_ 551585. html；城镇就业人口失业保险参保率数据来源于历年《中国统计年鉴》，并经笔者测算整理而成。

表 6—7 和表 6—8 显示了 2008 年以来中国城乡就业人口参加失业保险的情况。2013 年，中国参加失业保险的人数为 1. 64 亿人，领取失业保险的人数为 197 万人，发放的失业保险金为 203. 24 亿元。在城乡差异方面，2008 年，城镇就业人口的失业保险参保率为 19. 87%，而同时期的农民工参保率仅有 3. 7%。到了 2013 年，城镇就业人口的失业保险参保率为 22. 45%，农民工的参保率快速上升，虽然达到了 9. 1%，但与城镇相比，差距仍很大。

再看签订劳动合同方面，农民工的劳动权益保护状况不容乐观。图 6—1 中，2013 年，中国外出务工农民工与雇主或单位签订劳动合同的比重为 41. 3%，比 2012 年下降了 2. 6 个百分点。其中，签订无固定期限劳动合同的农民工比重下降了 3. 5 个百分点，签订一年以下劳动合同的农民工比重与上年基本一致，签订一年以上劳动合同的农民工比重增加了 1 个百分点。这反映了农村劳动人口在劳动权益保障方面的意识不强，且保障能力很弱，亟待改善。

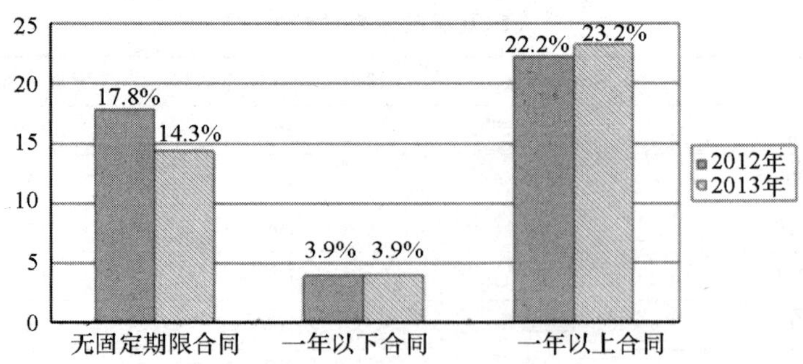

图 6—1　2012 年、2013 年中国外出农民工签订合同情况

资料来源：《2013 年全国农民工检测调查报告》。

四　城乡就业人口的劳动培训效果

从城乡就业人口的劳动培训效果方面来看，近年来，经过各级政府的努力，城乡劳动人口的素质有所提高，参加技工学校培训、职业培训中心技能培训的人员数量明显增加，特别是在农民工的技能培训方面成绩斐然。劳动培训效果的提升，一方面为中国劳动力市场提供了充足的劳动资源，另一方面也有利于缩小当前城乡就业人口的素质差异。

相关数据可以佐证这一效果。2013 年，中国的职业培训机构数为 19008 个，全年的培训人数为 12443451 人，其中接受培训的农村劳动者为 4227064 人；财政对职业培训机构的补贴资金为 86.7 亿元，其中财政补助费为 4.0 亿元，职业培训补贴为 32.6 亿元。2013 年，中国有职业鉴定机构 9865 个，当年通过鉴定考核的人数为 10556864 人，其中初级为 4636816 人，中级为 4414218 人，高级为 1158564 人，技师为 27670 人，高级技师为 70796 人。[①] 表 6—9 反映的是 2008 年以来中国技工学校、培训教师和培训人员的发展状况。数据显示：为城乡居民提供技能培训的教职工人数不断增加，2013 年达到了 26.9 万人，是公共就业服务的坚实人力资源；2013 年，在技工学校毕业的学员也达到了 116.9 万人；培训社会人员人次，由 2008 年的 400 万人次增长到 2013 年的 525.3 万人次，而且这些培训人员的结业率基本达到 75% 以上。这说明当前参加劳动技能培训的城乡劳动人口积极性很高，培训效果也很明显。

表 6—9　2008 年以来全国技工学校、培训教师及培训人员数　单位：个，万人

年份	技工学校	在职教职工人数	毕业人数	培训社会人员人次	培训社会人员结业人次
2008	3075	24.7	109	400.0	389.8
2009	3064	25.8	115.2	484.1	382.9
2010	2998	26.5	121.3	468.4	371.3
2011	2914	26.5	118.9	527.5	416.1
2012	2892	26.7	120.2	551.3	441.6
2013	2882	26.9	116.9	525.3	397.1

资料来源：《2014 年中国劳动统计年鉴》。

① 数据来源于《2014 年中国劳动统计年鉴》。

特别是农民工的技能培训方面，近年来也取得了异常显著的效果。如表6—10所示，2013年，接受过技能培训的农民工占32.7%，比2012年提高了1.9个百分点。各年龄段农民工接受培训的比重均有提高，特别是在非农职业技能培训方面。30岁以下的新一代农民工，其接受培训的比例大大增加。但是在表6—2中我们知道，2013年中国有农民工2.69亿人，而表6—10中反馈的农民工培训比例2013年仅有32.7%。无论从绝对数还是相对数来讲，农民工的职业培训比例仍需继续提高。在这一方面，与城镇劳动人口之间的差距较大，加大对农民工技能培训范围和力度有利于缩小城乡间的这种差异水平。

表6—10　**接受过技能培训的农民工比重**　单位:%

	接受农业技能培训		接受非农职业技能培训		接受技能培训	
	2012年	2013年	2012年	2013年	2012年	2013年
20岁及以下	4.0	5.0	22.3	29.9	24.0	31.0
21—30岁	6.2	5.5	22.3	29.9	24.0	31.0
31—40岁	11.0	9.1	26.7	31.8	32.0	34.1
41—50岁	14.9	12.7	23.1	27.8	30.5	32.1
50岁以上	14.5	12.4	16.9	21.2	25.5	25.9
合计	10.7	9.3	25.6	29.9	30.8	32.7

资料来源：国家统计局，2013年全国农民工检测调查报告［EB/OL］. 国家统计局官网，http：//www. stats. gov. cn/tjsj/ zxfb/201405/t20140512_ 551585. html。

五　城乡公共就业服务政策及体系建设

国家在促进城乡公共就业服务均等化建设方面下了很大力气，自20世纪80年代以来，中央政府出台和提出了一系列方针、政策和战略。这些政策、方针在实现城乡居民就业、更高质量就业和公共就业服务均等化方面有重要的作用。表6—11列出了政府在城乡公共就业服务均等化建设方面的政策历程。可以看到，这些政策在实现城乡人口就业、农村劳动力的转移、城乡就业人口的创业、保障就业人口权益等方面发挥了积极作用。

表 6—11　　城乡公共就业服务均等化建设的政策历程

城镇	农村
1980 年，提出“三结合”就业工作方针 1995 年，推行全员劳动合同制 1995 年，实施再就业工程 1998 年，建立市场导向的就业机制 2002 年，确立积极就业政策的基本框架 2007 年，颁布《就业促进法》 2008 年，提出千方百计扩大就业 2010 年，建立职业培训工作机制 2012 年，提出“万众创业，大众就业”战略 2012 年，出台《基本公共就业服务“十二五规划”》	1984 年，提出农村劳动力就业转移政策 1984 年，提出发展小城镇吸纳农村劳动力政策 2000 年，开展城乡统筹就业试点工作 2003 年，出台农民工就业相关政策措施 2006 年，将农民工培训纳入国家发展战略 2010 年，建立四级公共就业和人才服务网络

资料来源：蔡昉：《中国劳动与社会保障体制改革 30 年研究》，经济管理出版社 2008 年版，第 263 页；2008 年后的政策系笔者对国家所公开的就业服务政策的整理。

特别是在“十二五”期间，国家出台了《基本公共服务“十二五”规划》，对公共就业服务均等化提出了明确的建设要求：为全体劳动者免费提供就业信息、就业政策咨询、职业指导和职业介绍、就业失业登记等服务；为就业困难人员和零就业家庭提供就业援助；为失业人员、农民工、残疾人、新成长劳动力等提供职业技能培训和技能鉴定补贴；为全体劳动者免费提供劳动关系协调、劳动人事争议调解仲裁和劳动保障监察执法维权等服务。另外也确定了公共就业服务的国家基本标准，如表 6—12 所示，国家对在“十二五”期间的公共就业服务提出了具体的建设要求，在就业服务和管理、创业服务、就业援助、职业技能培训和技能鉴定、劳动关系协调、劳动保障监察、劳动人事争议调解仲裁等服务项目中确定了保障标准、支出责任和覆盖水平等微观要求。

表 6—12　　“十二五”时期劳动就业公共服务国家基本标准

服务项目	服务对象	保障标准	支出责任	覆盖水平
就业服务和管理	有就业需求的劳动年龄人口	免费享有就业政策法规咨询、市场工资指导价位信息和职业培训信息、职业指导和职业介绍、就业和失业登记等服务	地方政府负责，中央财政适当补助	目标人群覆盖率达到 100%
创业服务	有创业需求的劳动年龄人口	免费享有创业咨询指导、创业培训、创业项目推介，获得创业小额担保贷款贴息	地方政府负责，中央财政适当补助	为 500 万人次提供创业培训

续表

服务项目	服务对象	保障标准	支出责任	覆盖水平
就业援助	零就业家庭和符合条件的就业困难人员	免费享有公益性岗位配置和政策指导、就业困难人员和零就业家庭认定、就业岗位即时服务、就业培训等，城镇有就业需求的家庭至少有一人就业	地方政府负责，中央财政适当补助	帮助500万人次就业困难人员就业和再就业，动态消除零就业家庭
职业技能培训和技能鉴定	失业人员、农村转移就业劳动力、残疾人、新成长劳动力	失业人员、农村转移就业劳动力、残疾人等享有职业技能培训补贴，符合条件的新成长劳动力享有6—12个月的补贴性劳动预备制培训，符合条件的人员享有职业技能鉴定补贴	地方政府负责，中央财政适当补助	为1亿人次提供各类职业技能培训，培训后就业率不低于60%；为7500万人次提供技能鉴定
劳动关系协调	存在劳动人事关系的就业人员	免费享有劳动用工备案信息查询、劳动关系政策咨询、集体协商促进等服务	地方政府负责	企业劳动合同签订率达到90%，集体合同签订率达到80%
劳动保障监察	存在劳动人事关系的就业人员	免费享有法律咨询和执法维权服务	地方政府负责	监察案件结案率达到95%以上
劳动人事争议调解仲裁	存在劳动人事关系的就业人员	免费享有劳动人事争议调解和仲裁服务	地方政府负责	劳动人事争议仲裁结案率达到90%，50%以上案件在基层调解组织解决

资料来源：《国家基本公共服务“十二五”规划》。

经过国家一系列政策的促进与发展，目前中国公共就业服务机构覆盖了98%的街道，96%的乡镇，95%的社区，许多行政村聘请了专职或兼职的工作人员，构建起覆盖中央、省、市、区县、街道（乡镇）、社区（行政村）五级管理、六级服务的公共就业和人才服务网络，并建立起职业指导员、劳动保障协理员、职业信息分析师等工作人员队伍，同时也已形成全国统一的就业与失业管理制度。围绕落实促进就业税收新政策，进一步完善了就业失业登记制度，实行了全国统一样式、统一编号的《就业失业登记证》，并将发证人群延伸到高校毕业生，建立了面向所有劳动者的就业失业登记制度，实现了劳动力资源的统一管理。同时实施了公共就业服务项目免费制度和就业援助制度，为各类就业困难人员开发公益性岗位，为零就业家庭成员提供即时岗位援助[①]。应该说，就公共就业服务体系建设而言，城乡公共就业服务体系的制度建设已经成型，且在缩小城乡差距上发挥了很大作用。

第二节 城乡公共就业服务均等化差异的实证分析

从上述对城乡公共就业服务均等化状态的描述中可以看到，经过各级政府的努力，城乡间的公共就业服务供给水平已经得到了很大提高。但是，城乡差异问题是个历史问题，现存的非均等化状态亟待解决。于此，本部分将从实证角度对当前城乡公共就业服务的均等化水平差异程度进行测度。

由于公共就业服务建设水平不高，推进实现公共就业服务均等化目标的战略才刚起步，统计部门没有专门有关城乡公共就业服务的数据。而且，对于农村就业服务问题，中国一直讳莫如深，很难获得真实的农村公共就业服务数据。本书为了更客观地测度城乡间的公共就业服务均等化差异程度，将从间接的角度，选择合理的变量进行度量。所谓的公共就业服务均等化一般是指效果层面的公平均等，反映的是公共就业服务在城乡之间应该是无差异的供给、无差别的居民受益，等等。我们知道，当前中国正在实施新型城镇化战略，将农村地区城市化，加强对农村各项基本公共服务建设，以实现城乡之间的协同发展和均等化发展。因此，本书将以城镇化进程作为度量城乡公共就业服务均等化水平的标准，依据在于，当前实行城乡二元化的公共服务供给体制，城镇化程度高可以有效缩小由于居民身份差异获得的公共就业服务差别对待程度。

一 变量选择的理论机理

城乡公共就业服务均等化的内在含义就是使处于需求弱势方的农村就业人口能够享有跟城镇就业人口同等的就业服务水平。现实情况是，长期以来的城乡二元公共服务供给体制导致农村的公共服务供给水平严

① 《中国基本形成覆盖城乡的公共就业服务体系》，2012 年 11 月，新华网（http：//news.xinhuanet.com/fortune/.htm）。

重低于城镇地区，特别在就业领域，政府对城镇地区的就业问题往往比农村地区的就业问题更重视。要实现城乡公共就业服务的均等化，首先是政府如何有效满足农村劳动就业人口的公共就业服务需求，如何有效配置财政资源实现城乡间的公共就业服务均等化。

近年来，随着中国工业化、现代化和城市化速度的加快，城乡公共服务总量大幅上升，公共财政压力成为考量城乡公共服务均等化的一个重要观测指标。其原因在于，居民对公共服务总量的需求是随着国家经济社会发展的变化而变化的。在中国城乡二元公共服务供给体制下，城市化特别是当前的新型城镇化作为度量中国现代化经济社会发展的重要指标，将会对中国城乡公共服务需求总量产生巨大的影响。以公共就业服务为例，随着新一届政府提出“新型城镇化”战略，当前及今后将会有大量的农业人口转为非农（城镇）人口，更多的农村地区变成城镇地区，这些转置的非农人口或新型城镇的公共就业服务供给需求将会剧增，大量的转置非农人口面临在城镇就业、再就业或劳动技能培训问题，同时转化过来的新型城镇也面临建设公共就业服务基础设施及人力资源配置问题，这些新增的公共就业服务需求将使政府面临巨大的财政支出压力。因此，城市化特别是当前新型城镇化的推进将导致公共就业服务供给及需求的显著变化。

另外，在公共就业服务供给成本方面，由于城乡间供给成本的差异，在城市地区提供一定数量的公共就业服务所需花费的成本要大大高于农村地区，培训一个城市就业人口的财政补贴额也要远远高于培训一个农村就业人口所需的财政补贴额。因此，随着城市化水平的提高，整个社会的公共就业服务总需求会大大增加，公共就业服务供给资源的成本也将大大上升。所以，本章可以如此推定：随着中国快速城镇化战略的推进，城乡对于公共就业服务的需求总量和需求结构都大大增加，政府用于公共就业服务的财政支出也将大大增加，公共就业服务支出占财政支出比重与城镇化过程中的城镇人口比重存在内在的联动效应。图 6—2 和图 6—3 可以反映这种内在联动效应。可以看到，城镇化的推进客观上扩大了城乡间对于公共就业服务支出规模的需求总量，通过城镇化的推进状况指标可以准确反映城乡间公共就业服务均等化差异水平。

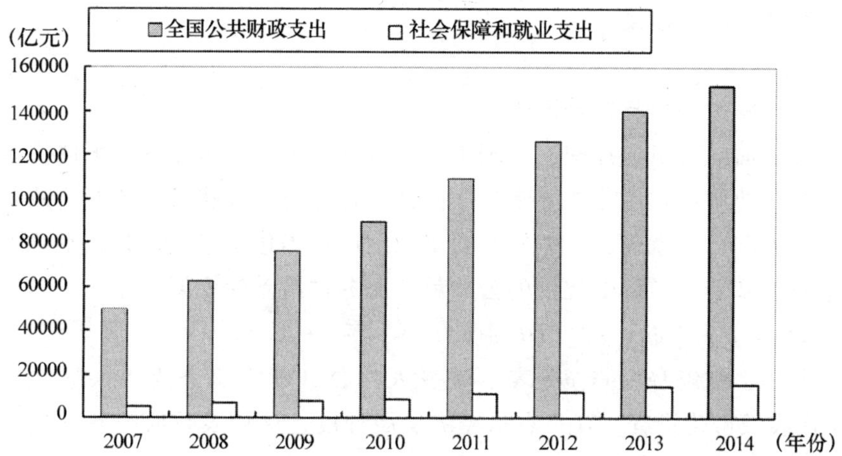

图 6—2　2007 年以来全国公共财政支出与社会保障和就业支出的变化趋势

资料来源：中经网数据库。

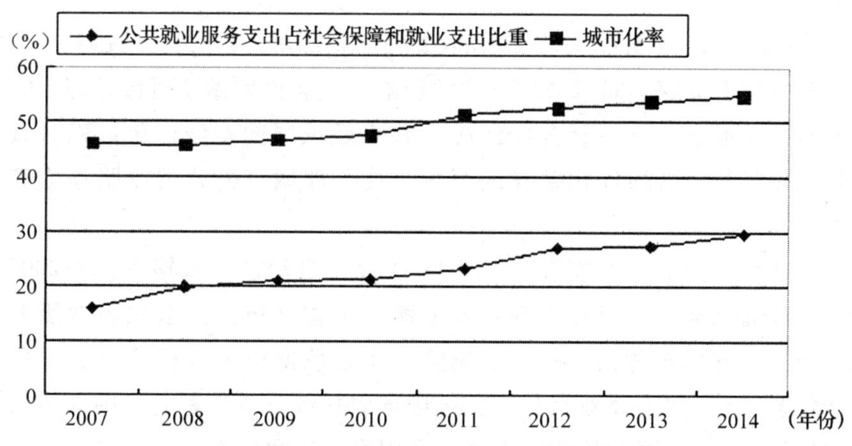

图 6—3　公共就业服务支出与城市化进程（2007—2014 年）

资料来源：历年《中国统计年鉴》《中国城市统计年鉴》和《2014 年中国国民经济与社会发展统计公报》。

同样，本章认为，地方经济发展状况可以一定程度上影响公共就业服务的发展水平，即经济的景气程度影响公共就业服务发展水平，我们可以用 GDP 的发展状况来度量；政府的公共就业服务能力，即政府财政支出，能够决定对公共就业服务的供给水平和供给能力；政府的公共就业服务偏好也影响了城乡公共就业服务均等化差异水平。即财政投入多少用于公共就业服务均等化建设。

二　模型构建与数据说明

在上面的变量选择理论机理中，本章论述了用城市化进程来评价城乡间公共就业服务均等化差异水平。同样选择经济发展状况、政府公共就业服务能力和公共就业服务偏好等变量来测度均等化水平。因此，本章可以构建一个基于供需影响程度的公共就业服务供给差异模型：

$$pes = a + b_1 city + b_2 GDP + b_3 fis + b_4 pee + \mu$$

其中，被解释变量 *pes* 表示城乡人均公共就业服务支出；解释变量 *city* 代表城市化进程，*GDP* 表示经济发展程度，*fis* 代表政府财政支出，*pee* 表示公共就业服务支出占财政支出的比重。

进一步，为考察城乡公共就业服务均等化差异的影响效应，本章以各省份的城乡差异为测度对象，构建省级面板数据模型，计量模型构建如下：

$$Lnpes_{it} = a_{it} + b_1 Lncity_{it} + b_2 LnGDP_{it} + b_3 Lnfis_{it} + b_4 pee_{it} + \mu_{it}$$

考虑到由量纲不同带来的异方差影响，上述模型做了对数处理。需要指出的是，本章重点是影响系数 b_1，该系数反映的是城市化进程对城乡公共就业服务供给均等化差异的影响程度，即城乡公共就业服务均等化水平。

在数据选择上，本章选择中国 31 个省（自治区、直辖市）在2004—2013 年的面板数据。其中，西藏和上海两个省（市）在公共就业服务支出上未有官方公布数据，故予以剔除。相关数据均来自相关年份《中国统计年鉴》《中国劳动统计年鉴》《中国农村统计年鉴》《中国人口与就业统计年鉴》《中国财政统计年鉴》和中经网等数据库。

三　模型检验

在进行实证结果分析之前，需要对省级面板数据进行单位根检验，以确定数据的平稳性，检验结果如表 6—13 所示。从表中结果可以看出，*Lnpes*、*LnGDP*、*Lnfis* 和 *pee* 四个变量均为平稳序列，而城市化这个变量为一阶单整序列。为了保证模型估计的有效性，将 *Lncity* 进行一阶差分数值处理。这样最终经过差分变换后，所有变量都平稳，能够避免谬误回归和经济意义受损问题的产生。

表 6—13　　公共就业服务均等化测度的省级面板数据

单位根 Levin - Lin - Chu 检验结果

变量	检验类型 (c, t, q)	Levin - Lin - Chu 统计量	P 值	结论
Lnpes	(c, 0, 0)	-20.19	0.00	平稳
Lncity	(c, 0, 0)	1.36	0.91	不平稳
DLncity	(c, 0, 0)	-11.05	0.00	平稳
LnGDP	(c, 0, 0)	-3.84	0.00	平稳
Lnfis	(c, 0, 0)	-25.93	0.00	平稳
pee	(c, 0, 0)	-10.77	0.00	平稳

注：检验类型（c，t，q）代表检验模型中含有常数项、趋势变量、滞后阶数；D 表示一阶差分数值。

四　实证结果与分析

本章采用混合最小二乘法（OLS）、个体固定效应（FE）及个体随机效应（RE）三种方法进行面板数据估计。三种方法的结果如表 6—14 所示，从估计结果中可以看出，R^2 结果表明数据拟合效果较为理想。这三种估计所得到的实证结果，其参数系数均为正，且在 0.1 左右，因而这说明城镇化对城乡公共就业服务均等化的影响显著为正。以 RE 估计量中的 *DLncity* 系数为例，说明城镇化水平每提高一个百分点，可以提高公共就业服务支出 12%，这将有利于缩小城乡间的公共就业服务均等化差距。

对三种估计方法实证结果进行分析，对比 OLS、FE 和 RE 结果，从 R^2 值来看，FE 和 RE 估计更具有代表性。通过对固定效应（FE）和随机效应（RE）两个估计方程进行 F 检验，F 检验值显示固定效应显著，说明拒绝原假设，我们应该用随机效应（RE）进行模型结果的解释。更进一步，对随机效应（RE）做 Huasman 检验，Huasman test 的 P 值大于 0.5，证实了用随机效应（RE）估计量估计符合模型解释要求，具体检验结果列示如表 6—14 所示。

因而，通过随机效应（RE）估计量的估计参数可以看到：中国城镇化每上升 1 个百分比，城乡间人均公共就业服务支出将上升 12%。该实证结果可以得到以下几点结论。

第一，*DLncity* 参数估计值系数为正，验证了在当前二元城乡公共服务供给体制下，中国城乡间公共就业服务存在供给上的显著差异。

第二，*DLncity* 参数估计值越大，说明城乡间的公共就业服务均等化差异越大。0.12 的系数值反映了城乡间的公共就业服务从财政支出角度而言，至少存在 12% 的差异程度。

第三，当前中国城镇化的快速推进带来了政府的财政支付压力，对于民生类的公共就业服务而言，如何面对由于城镇化带来的公共就业服务需求膨胀成为政府亟须解决的重要难题。政府推进城乡公共就业服务均等化过程中，应该合理统筹安排相应的财政支出计划。

表 6—14　**城镇化对城乡公共就业服务均等化影响的面板数据估计结果**①

	OLS	FE	RE
DLncity	0.11 *** (25.74)	0.14 *** (23.21)	0.12 *** (33.49)
LnGDP	0.45 *** (8.12)	0.43 *** (7.93)	0.46 *** (7.95)
Lnfis	7.08 *** (2.59)	8.18 * (1.83)	9.10 *** (2.61)
pee	2.37 *** (5.54)	2.41 ** (1.88)	2.74 *** (6.89)
R^2	0.53	0.91	0.90
F 检验		21.05 [0.00]	
Huasman test			11.37 [0.86]

注：D 表示一阶差分数值；*** 表示 1% 下的显著水平，** 代表 5% 下的显著水平，* 代表 10% 下的显著水平。小括号内数据为 t 统计量，中括号内为对应的 P 值。

第三节　实现城乡公共就业服务均等化的制度安排

上文已经提到过，当前城乡间公共就业服务非均等化问题的存在与现

① 表格中省略各模型结果不显著的各项指标数值。

行二元分立式体制有很大关系[①]。虽然地理条件、历史积累等因素也会在一定程度上影响这种非均等化状况，但是地理和历史等客观因素一时难以改变，唯有由于制度体制原因造成的问题可以通过制度优化和改革得到有效缓解或解决。鉴于此，本部分将从制度经济学角度为实现城乡公共就业服务均等化寻求破局之策。

制度经济学是将制度作为研究对象的经济学学科。诚如新制度经济学代表人物科斯所说：任何制度安排都是当事人根据具体环境自由选择的结果，在制度变迁过程中，产生“外在性”（问题）的根源在于制度结构的不合理，在考察市场行为和政府行为时必须把制度因素列入考察范围[②]。其他制度经济学学者也强调：制度是内生变量，它对经济社会发展有重要的影响，探讨制度的基本功能，根据经济行为主体的特点做出不同的制度安排能够提升社会发展的效率[③]。因此，在当前中国推进经济社会体制改革的过程中，运用制度经济学理论来解释和解决经济社会改革问题有很重要的参考价值。

制度经济学理论将制度分为正式制度和非正式制度[④]。正式制度是指人们有意识创造出来并通过国家等组织正式确立的成文规则，包括宪法、成文法、正式合约等；非正式制度则是指人们在长期的社会交往中逐步形成并得到社会认可的一系列约束性规则，包括价值信念、伦理道德、文化传统、风俗习惯、意识形态等。正式制度具有强制性、间断性的特点，而

① 陈昌盛、蔡跃洲：《中国政府公共服务：体制变迁与地区综合评价》，社会科学文献出版社 2007 年版。丁元竹：《准确理解和把握基本公共服务均等化》，《行政管理改革》2009 年第 3 期。姜鑫：《关于中国城乡基本公共服务均等化问题的研究》，《管理学刊》2012 年第 4 期。余佶、余佳：《城镇化进程中的城乡基本公共服务均等化——基于供需视角的分析框架及其路径选择》，《华东师范大学学报》（哲学社会科学版）2014 年第 1 期。潘心纲、张兴：《当代中国基本公共服务均等化的实现路径》，《江汉大学学报》（社会科学版）2014 年第 2 期。沈霞：《利益共同体观：城乡基本公共服务均等化政策优化研究》，《河北学刊》2015 年第 4 期。

② Ronald H. Coase, 1960, "The Problem of Social Cost", *Journal of Law and Economics*, No. 3, pp. 1 - 44.

③ ［英］米德：《效率、公平与产权》，施仁译，中国人事出版社 1994 年版。林毅夫：《中国奇迹：发展战略与中国改革》，上海人民出版社 1994 年版。吴敬琏：《路径依赖与中国改革——对诺斯教授演讲的评论》，《改革》1995 年第 3 期。青目昌彦：《比较制度分析》，上海远东出版社 2001 年版。［美］道格拉斯·C. 诺思：《制度、制度变迁与经济绩效》，杭行译，格致出版社 2008 年版。［美］康芒斯：《制度经济学》，于树生译，商务印书馆 2014 年版。

④ 柯武刚、史漫飞：《制度经济学——社会秩序与公共政策》，商务印书馆 2000 年版，第 87 页。

非正式制度具有自发性、非强制性、广泛性和持续性的特点。在生活中，正式制度只占整个社会约束的小部分，人们生活的大部分空间还是由非正式制度来约束的。社会发展趋势是，人们尽可能地把原来属于非正式制度的社会规范转化为正式的法律规范，使其在规范人们的行为方面具有更大的强制力，使人们在实际生活中有更为明确的规则可以遵循。制度对经济发展的影响越来越引起人们的重视。为了提高经济效率，人们不断地反思已有制度存在的缺陷并加以修正。

推进公共服务均等化进程，实现公共就业服务在城乡间的均等化发展本身就是一项任重而道远的工作。而且，产生城乡差异的重要原因也在于二元城乡管理体制，需要进行相应的制度改革创新，才能有效消除城乡间的公共就业服务非均等化差异。

根据中国的国情和社会发展特点，本书认为：决定城乡公共就业服务均等化能否有效实现的正式制度包括稳定的财政投入保障制度、有效的政府分工合作制度、科学的转移支付制度、城乡一体化的服务供给制度和合理的公共服务成本分担制度；制约城乡公共就业服务均等化目标实现的非正式制度包括公平正义的价值观和行政文化；影响城乡公共就业服务均等化的制度环境包括公共利益表达机制、就业服务供给的约束机制和激励机制等。如果进行相应的制度安排，则可以将彼此之间的关系演绎为如图6—4所示。

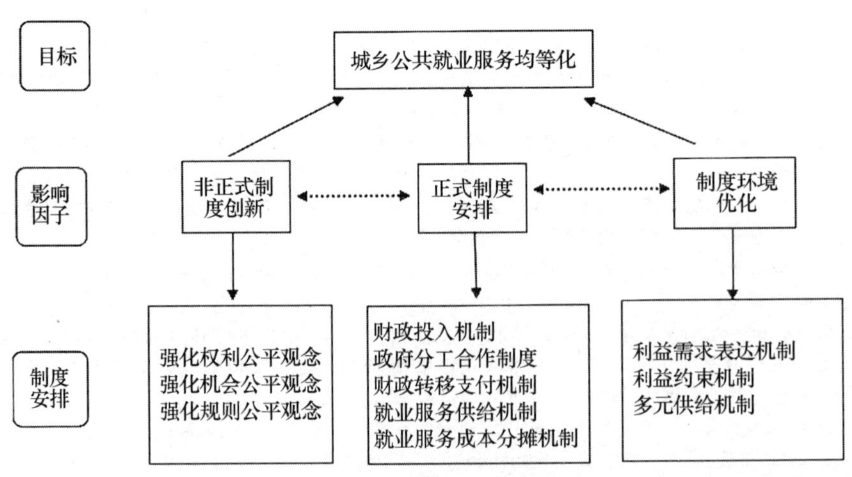

图6—4 实现城乡公共就业服务均等化的制度安排

一　城乡公共就业服务均等化的正式制度安排

正式制度安排是通过国家政策予以实施来改善现有政策不足。实现城乡公共就业服务均等化的正式制度安排可从如下方面着手。

第一，针对农村地区公共就业服务供给水平严重不足现状，建立稳定的农村公共就业服务财政投入保障制度。财力是均等化的核心和基础，是有效改善当前非均等化格局的重要制度安排。诚如第二章概念界定中分析所言，公共就业服务均等化是政府作为履责主体的公共财政职能深化，供给城乡公共就业服务的财政投入应当是“公共性”“无差别”和“一视同仁”，而上述实证部分也佐证了财力因素极大影响均等化程度。因此，建立稳定的农村公共就业服务财政投入保障制度是投入层面的重要制度安排，可以通过财力的均等化保障公共就业服务均等化进程的持续稳定推进。

第二，建立有效的中央和地方政府分工合作制度。要实现城乡公共就业服务均等化目标，必须在明确政府总体职责的基础上，进一步改革和规范不同层级政府之间的关系，强化他们在农村公共就业服务供给中各自的职责，妥善处理其在农村公共就业服务供给中的分工与合作的关系，处理地方政府作为相对独立的公共就业服务供给主体与作为上级政府下属机构之间的关系，处理好“自上而下”和“自下而上”问责机制之间的关系，防止农村公共就业服务供给主体不清，减少上下级政府之间的扯皮、推诿现象，最大限度地促进城乡之间公共就业服务的均衡供给。

第三，建立以城乡均衡为导向、规范化和刚性化的转移支付制度。本书在第五章已经探讨了中央财政转移支付制度的不合理性导致区域间公共就业服务的非均等化问题。同样如此，这种政府间不以对等代价的商品或服务作为回报的资金流动制度虽然在调剂不同级政府间财力均等化方面发挥了重要作用，但基于中国农村地区发展严重落后于城市地区的现实国情，中国应该从现实问题出发进行转移支付制度完善。因而，实现城乡公共就业服务均等化目标，保障城乡居民的基本就业权利和促进地区均等化发展，改革和完善中国现行的财政转移支付制度，建立以城乡公共就业服务均等化为导向的、刚性化的新型财政转移支付制度是关键。

第四，建立城乡一体化的公共就业服务供给制度。中国城乡居民公共就业服务非均等化的主要原因在于城乡二元公共服务供给制度。要实现均等化首先就必须打破城乡二元分割的公共服务结构，尽快建立城乡统一的公共就业服务供给机制。当前，建立城乡一体化公共就业服务供给机制的重点是建立统筹城乡的劳动就业服务政策和管理制度等。

第五，构建科学合理的公共就业服务成本分摊制度。公共就业服务供给来源于税收。一个国家的居民，无论是居住在城市还是居住在农村，在平等享有就业服务时，也应该平等地负有缴税义务。因此，要按照国民待遇原则和政治平等原则，从均衡城乡负担、国民平等纳税角度出发，规范农村居民各类非税负担，积极推行城乡统一的税制改革，让城乡居民的财政权利和税收义务相对称，消除不应由农民承担的税费负担，使农民享受到应有的国民待遇。构建城乡统筹的公共就业服务成本分摊制度的关键在于如何较好地体现税收公平原则，并在公平原则上构建一个有利于广大农村居民公平、合理地分摊公共就业服务成本的制度。

二 城乡公共就业服务均等化的非正式制度创新

对于社会保障这种研究公共政策的学科，应该非常注重价值观念、伦理道德等非正式制度对政策制度、政策执行所产生的影响。因而，促进城乡公共就业服务均等化要创新非正式制度，比如对社会公平、正义观念的重构与强化。城乡公共就业服务均等化是政府解决城乡收入分配差距过大、推进城乡统筹协调发展、促进社会和谐的重要举措，其本身就体现了公平正义的价值理念。但是，反过来说，城乡公共就业服务均等化目标的实现以及相关制度的实施效果，又依赖于公平、正义价值观在全体社会成员中的普遍认同，并以公平、正义观作为社会各类组织和全体公民个人行为的价值准则。因此，为有效实施城乡公共就业服务均等化战略，当前在中国政治、经济和社会生活中要着力强化以下观念。

第一，强化权利公平观念。这是社会公平的基础，也是其他社会公平内容得以实现的前提。其基本内涵是：公民参与经济、政治和社会其他生活的权利一律平等。一方面，政府和社会要充分尊重公民个人的合法权利，并通过立法、执法等制度的安排予以体现，使公民生存、居住、迁徙、就业、劳动、财产、质询、诉讼等权利得到保障。另一方面，对过去一些不合理的、限制公民权利的法律和法规，需要按照构建和谐社会的要求进行清理和调整。

第二，强化机会公平观念。这是社会公平中最为重要的一项，是权利公平在现实生活中的体现。其基本内涵是：生存和发展的机会是均等的，每个社会成员都能普遍获得社会发展带来的利益。机会公平观念的核心是要牢固树立改革发展成果惠及全民，使全体人民都能从社会经济的发展进步中普遍受益。改革发展成果共享主要是针对当前城乡、区域和不同社会阶层之间发展不均衡、不协调现状提出的，共享不足突出地表现为广大农村、社会基层、欠发达地区、弱势群体的共享不足。因此，推行公共就业服务均等化在很大程度上也可以说是提升城乡居民享有基本公共服务的水平，这也是践行机会公平理念的现实要求。

第三，强化规则公平观念。这是社会公平的重要环节，也是社会公平的保障。其基本内涵是：包括法律、法规、政策及运行机制在内的社会规则对每个社会成员的约束和规范都是平等的。全体社会成员在相同的规则中展开竞争，不允许有谋取特殊利益的规则存在，防止某些特殊阶层利用特权谋取特殊利益。公民参与经济、政治和社会各项活动的过程要公开透明，以体现全体社会成员参与各项社会活动的过程公平，平衡参与经济和社会活动者各方的心态。

三　城乡公共就业服务均等化的制度环境优化

制度环境是规则的规则，是一种基础性的制度安排。包括一系列基本的经济、政治、社会及法律运行规则的集合。它是制定生产、交换及分配规则的基础。对于实现城乡公共就业服务均等化目标而言，制度环境尽管是一个外生变量，但是制度环境是确保一系列相关正式制度、非正式制度安排正常运行的体系机制基础。

根据制度环境的定义，制约中国城乡公共就业服务均等化的制度环境因素既包括经济基础方面的内容，如经济发展阶段、经济体制等，又包括上层建筑方面的内容，如政治体系、法制体系、行政体系等。因此，能否实现城乡公共就业服务均等化，除了正式制度和非正式制度之外，还必须依赖各种制度环境因素的总体变迁，从而形成制度的合力。

第一，推进城乡公共就业服务均等化不能超越现有经济发展阶段和发展水平。国家经济发展水平和政府财政实力，是扩大农村公共就业服务供给、推进城乡公共就业服务均等化的物质基础。从制度供给角度看，经济发展水平的提高和政府财力的增强，一方面可以使国家有条件扩大城乡公共就业服务的供给力度和供给范围，另一方面也使政府有能力引导和扶持其他主体参与到城乡公共就业服务的供给中来增加公共就业服务的制度供给总量。从制度需求角度看，经济发展水平的提高和政府财政实力的增强，使城乡居民的公共就业服务需求不断扩大和多元化，供需矛盾和城乡之间供给不均的矛盾将不断凸显，这种局面反过来又会促使城乡居民对公共服务制度创新需求的扩大。相比较而言，国家经济发展水平和财政状况对公共服务制度供给的影响是间接的，它只是为扩大制度供给提供了可能性，如果政府没有制度创新的积极性，不愿意进行强制性的制度变迁，则扩大制度供给的可能性也不会变成现实。但是，国家经济发展水平和财政状况对城乡居民对公共就业服务的制度需求影响则是直接的，如在国家经济发展水平和财政收入提高的情况下，政府真的不作为，就会加重城乡居民对公共就业服务领域制度安排的不满意程度。

第二，进一步完善城乡居民公共就业服务需求的利益表达机制。如上述所言，当前中国农村公共服务供给实行政府“自上而下”的决策机制，农村居民缺乏公共就业服务需求的利益表达机制。由于农村居民是农村公共就业服务的需求主体，是公共就业服务供给状况的最终评判者，实现公共就业服务均等化就必须以农村居民的需求为导向，完善农村公共就业服务的决策机制，健全农村公共利益表达机制，给予农民充分参与公共就业服务供给决策的民主权利，实现公共就业服务决策从“自上而下”向“自下而上”的机制转变，真正满足农村居民的公共就业服务需求，进而实现农村公共就业服务的最优供给。

第三，建立、健全公共就业服务的约束机制。中国农村公共就业服务供给严重不足、供需结构失衡问题，在很大程度上与缺乏对政府公共就业服务职能的有效监督和约束机制有关。一方面，中国公共服务领域法制建设滞后，法律体系不完善，公共就业服务供给总体上缺乏明确的法律约束。比如，由于缺乏有效的法律约束和监督制约机制，农村公共就业服务预算资金实际上是一种“软约算”，各级政府层层截留、挪用现象屡见不鲜，造成本来就不足的农村公共就业服务资金更加捉襟见肘。另一方面，对于基层政府官员来说，其任免的权利属于政府，公共就业服务属于政绩考核的“软指标”，这必然导致一些地方政府官员过分追求直接的、看得见的短期经济效益，而忽视涉及民生问题的公共就业服务供给。因此，必须进一步完善相关的法律约束机制、监督制约机制及科学的官员选拔考核机制，建立以公共就业服务为导向的政府绩效评估体系，强化各级政府的公共就业服务职责，进而形成有效的公共就业服务约束机制。

第四，进一步完善公共就业服务供给的激励机制。在市场化经济环境下，单靠政府对公共就业服务的完全供给来实现城乡的均等化目标是不可能的，应积极探索公共就业服务的多元化供给机制，在发挥政府主导作用的基础上，通过制度创新建立有效的激励机制，动员更多的社会力量参与到城乡公共就业服务供给中来，形成“一主多元”的公共就业服务供给模式。比如，在加大对农村公共就业服务财政投入的同时，政府应该让渡更多的发展空间给私人和第三部门，充分利用他们在资金、技术和服务方面的优势，在更广范围内和更深层次上实现城乡公共就业服务供给的均等化。

第四节　本章小结

本章所探讨的内容是对第四章的延伸和深化。城乡公共就业服务的非均等化现状是摆在我们面前的一个重要现实问题。经历了 30 多年的城乡二元体制发展，不论在经济层面，还是在民生层面，城乡间的差异皆十分显著。重视并缩小这种非均等化现状势在必行。学术研究服务于社会问题的解决，本章针对第四章所提出的城乡非均等化问题，运用实证分析方法进行均等化水平实证测度，探究城乡公共就业服务非均等化程度及其主要影响因素，同时用制度经济学的研究方法进行相应的制度设计，为实现城乡公共就业服务均等化提供有益参考政策。本章可以得到以下几点结论。

第一，就城乡公共就业服务的发展现状来看，无论是劳动人口的就业情况和居民收入情况还是劳动就业保障情况和就业培训情况，城乡之间的供给差异、居民受益差异巨大，而且缩小这种非均等化的趋势不太明显。我们要特别重视庞大的农民工群体的就业、劳动保障问题，应不断提高其就业技能，保障劳动权益，使城乡居民享有同等的公共就业服务机会。另外，经过国家多年的发展和建设，城乡公共就业服务体系在不断完善，国家基本公共服务“十二五”规划为公共就业服务确定了具体的均等化标准，实现城乡公共就业服务均等化的进程在不断加快。

第二，本章利用 2004—2013 年的省级面板数据，构建面板数据模型来测度城乡公共就业服务均等化水平。本章以当前中国实施的新型城镇化为观测变量，分析城镇化与公共就业服务均等化之间的理论关系机理。同时选择经济发展水平、政府财政支付能力和政府公共就业服务的偏好等其他变量来测度城镇化对公共就业服务均等化差异的影响。采用最小二乘估计量（OLS）、固定效应（FE）和随机效应（RE）三种估计方法对模型进行估计，检验结果显示随机效应（RE）符合模型解释要求。从而对实证研究分析如下：差分后的城镇化率参数估计值系数为正，验证了当前二元城乡公共服务供给体制下，城乡间公共就业服务存在供给上的显著差异；0.12 的城镇化系数值反映了城乡间的公共就业服务从财政支出角度而言，至少存在 12% 的差异程度，即农村地区的人均公共就业服务供给水平至少落后城市 12 个百分点；当前城镇化的快速推进带来了政府的财政支付压力，对于民生类的公共就业服务而言，如何面对由于城镇化带来的公共就业服务需求膨胀成为政府亟须解决的重要难题。政府推进城乡公共就业服务均等化过程中，应该合理统筹、安排相应的财政支出计划。

第三，实现公共就业服务在城乡间的均等化本身就是一项任重而道远的工作。产生城乡差异的重要原因在于二元城乡管理体制的分立实行，因此可以利用制度经济学机理来改革和优化当前制度。根据中国的国情和社会发展特点，本章认为：完善现有的正式制度包括建立稳定的财政投入保障制度、有效的政府分工合作制度、科学的转移支付制度、城乡一体化的服务供给制度和合理的公共服务成本分担制度；创新非正式制度安排包括培育公平正义的价值观、变革国家发展观和转变政府行政理念；优化制度环境包括公共利益表达机制、就业服务供给的约束机制和激励机制等。

第七章　发达国家公共就业服务及均等化的认识与实践经验

发达国家的工业化过程也是不断解决劳动力供需矛盾的过程。公共就业服务在此过程中应运而生，其作用是促进劳动力合理配置、缓解社会矛盾、促进经济发展。在实行公共就业服务过程中，将人本理念植入进去，不断探寻均等化服务的手段、方式，其经验对中国公共就业服务均等化的实践具有很大帮助。本章将对发达国家公共就业服务均等化制度探索和实践做法进行梳理。

作为现代国家的一项重要社会保障制度，公共就业服务最早产生于英国。1910 年，在时任首相丘吉尔的倡导下，英国开办了第一个国家职业介绍所。1919 年，国际劳工组织成立后，积极进行的首批工作之一就是鼓励成员国建立公共就业服务机构。1970 年，世界经合组织在其报告中指出，"公共就业服务是确保劳动力市场适当运行的唯一最重要的工具"①。1996 年，欧盟理事会更认为，公共就业服务是"解决劳动力市场结构问题的关键手段"②。100 多年来，发达国家不断探索公共就业服务的运作模式、管理手段、供给方式等具体做法，将公共就业服务的弹性和活力不断展现出来，公共就业服务也不断显现出适应世界迅速变化、促进劳动力充分合理配置的能力。

第一节　发达国家对公共就业服务的基本认识

世界经济的飞速变化、发展是一把双刃剑。它在促进劳动力市场繁荣

① 温俊萍：《公共就业服务均等化及其实现路径探析》，《上海商学院学报》2010 年第 6 期。

② 刘燕斌：《发达国家公共就业服务实践经验》（上），《中国劳动保障》2009 年第 9 期。

发展的同时，也不断使劳动力市场面临一系列问题和挑战。公共就业服务作为公私部门之间的平衡器，同时又作为政府解决劳动力问题的媒介，其地位和作用也日益重要。对公共就业服务的科学内涵、功能、性质的认识程度直接影响着政府在公共就业服务领域的制度设计、方法举措。

一　对公共就业服务意义的认识

政府参与劳动力市场，是通过提供公共就业服务完成的。在发达国家看来，公共就业服务是使人力资源在国民经济发展中的重要性提升的过程，同时也是改善社会福利的必经之路。具体来讲，第一，实行公共就业服务是为了维护公共利益。公共就业服务运行得好，可以促进劳动力市场运作效益、劳动力市场信息透明度的提高，这是有利于大多数人的，对维护公共利益大有裨益。第二，实行公共就业服务是实现公平正义的需要。良性发展的公共就业服务，是劳动者公平地进入劳动力市场的促进因素，同时也是对劣势群体的一种有效保护。第三，实行公共就业服务可以化解结构调整带来的负面影响。经济结构的调整，在某种程度上会给劳动力市场带来冲击，例如劳动力面临失业、再就业等状况，导致市场的暂时失灵，而公共就业服务通过有序运行，可以缓解结构调整对劳动力所带来的负面作用，减轻人们在结构调整过程中的心理压力。第四，实行公共就业服务可以促进再就业。在发达国家，失业救助制度是公共就业服务的重要组成部分。救助的目的是利用救助过程对失业者进行再就业培训，帮助其尽快重新回到工作岗位。

二　对公共就业服务功能的认识

因为各国的经济、社会和产业关系不同，公共就业服务尽管表现为不同的就业政策和制度取向，但在公共就业服务的功能认识上，各国的共识是很明显的。1948 年，国际劳工组织在《就业服务公约》中，对公共就业服务的作用、范围、组织结构及其与其他部门的关系进行了确定，在公约第一条中明确要求公约成员国，要把“保持或注意保证一个公共的、无偿职业介绍设施”[①]，作为公共就业服务的核心任务，这是对公共就业

① ［英］范随等：《变化中的劳动力市场——公共就业服务》，劳动保障部国际合作司编译，中国劳动社会保障出版社 2003 年版，第 17 页。

服务最基本功能的表述。除此之外的四个基本功能是“劳动力市场信息系统开发、劳动力市场调整计划的管理、失业补贴的管理和规则活动的管理”①。

（一）职业介绍功能

职业介绍是指传统的劳动力相互交流的功能。它可以定义为：公共就业服务或私营职业介绍所为求职者寻找工作和为雇主填补岗位空缺的过程。其原理在于雇主和求职者对空缺岗位和候选人的信息了解不充分，因此需要有一种服务为两者之间搭建起联系的桥梁。当然，公共就业服务不是唯一建立联系的渠道。公共就业服务的职业介绍功能所涵盖的一般原则有：一是劳动力交流服务应以自愿为基础并惠及所有工人和雇主。二是劳动力交流服务应免费提供，使所有人皆可享用，不受经济因素限制。三是有关求职者信息的保密性和隐私性应受到保护。四是职业介绍程序应不偏不倚，杜绝对雇主或工人不公正的歧视。五是在雇主和工人的争议中公共就业服务必须保持中立。公共就业服务的基本功能就是根据上述原则对求职者和空缺岗位之间进行撮合的。

随着信息技术的发展，互联网上自助式职业介绍（通过进入空缺岗位库和求职者库）在发达国家，如加拿大、日本、挪威、瑞典和美国已被广泛引入公共就业服务中。但是，针对难以安置问题所采用的积极的半开放式或封闭式岗位空缺的职业介绍在发达国家（加拿大例外）依然是公共就业服务的一项主要任务，并往往与提供求职帮助服务联系在一起。

电子革命正在彻底地改变职业介绍的性质，削弱公共就业服务的中介作用。在技术先进国家，越来越多的求职者和雇主正通过互联网上的自助服务系统进行接触，无须公共就业服务就业安置工作人员的介入，结果是雇主越来越多地把空缺岗位直接登录到工作岗位库并迅速删除废止的内容。电子革命还意味着雇主可以进行“电子面试”，借助自助服务系统来审定求职者。这样，公共就业服务的多数工作将只局限于为雇主和求职者提供自助服务基础设施以及关于如何使用方面的知识和培训。经验已经表明，一旦客户使用了自助服务系统，就会喜欢上它，因为传统的服务要受公共就业服务工作人员或工作时间的限制。

① ［英］范随等：《变化中的劳动力市场——公共就业服务》，劳动保障部国际合作司编译，中国劳动社会保障出版社2003年版，第17页。

电子服务成本相对低廉，可以让公共就业服务工作人员从传统的职业介绍工作转向为失业者和不能通过电子服务求职的困难个人提供大力的帮助。这样就形成一种根据客户需求划分的多层次系统的发展趋势，例如在荷兰等国家，这种方法已经成形。

当前，公共就业服务面临重大的战略决策，即在最大程度关注劳动力市场透明度的办法与更多关注弱势群体的办法之间实现恰当的平衡。此外，公共就业服务需要保持其诚信可靠，公共就业服务既是合格劳动力的供应者，又是符合社会政策目标的实体。这些决策将受到公共就业服务与失业补贴关系的影响，采取的战略政策还将影响公共就业服务的组织与管理以及其工作人员的素质与培训。

（二）劳动力市场信息系统开发功能

公共就业服务的一种比较特殊的功能是劳动力市场信息开发。其产品和服务对人的影响远不如公共就业服务的其他产品直接。其生产工作程序在很大程度上是行政性的，且常常是间接的，不同于公共就业服务的其他工作；虽然求职者和雇主都是劳动力市场信息的重要客户，但劳动力市场信息还有许多其他客户群。同时，劳动力市场信息与公共就业服务的其他功能之间的作用是相互的，表现为来自其他功能的行政信息可以向劳动力市场信息的产品中输入；同样，外部的劳动力市场信息产品也可以向公共就业服务其他功能的计划和管理中输入。而且，公共就业服务或其他政府机构都不是劳动力市场信息的唯一生产者或分析者。

国际劳动组织认为，劳动力市场信息涵盖劳动力市场各个方面的消息，包括“其整个或任何一部分的运转方式、问题、可能获得的机遇和其中部分就业人员的就业意愿或希望”①。1948 年，《就业服务公约》对劳动力市场信息的广泛任务进行了表述，认为在有需要的条件下，应“尽可能多地收集有关整个国内和各产业、行业及地区的就业市场状况，及其可能的发展趋势的信息，并进行分析，使当局、有关雇主和工人组织，以及普通大众能够迅速地、系统地得到这类信息”②。实际上，虽然各发达国家公共就业服务在提供劳动力市场信息中的作用千差万别，但基

① ［英］范随等：《变化中的劳动力市场——公共就业服务》，劳动保障部国际合作司编译，中国劳动社会保障出版社 2003 年版，第 44 页。

② 同上书，第 45 页。

本作用不外乎三种：一是把劳动力市场信息作为公共就业服务职能的副产品。尽管公共就业服务行政记录覆盖面有限，但是仍然可以对劳动力市场的发展给予有意义的了解。如果信息收集和处理及时准确，可以提供有关劳动力市场的确实的有用的信息。来自公共就业服务的信息可以在一定程度上用来预测劳动力市场信息某一特定部分的趋势，特别是对于地方职业介绍所覆盖的一些小地区很有用。这些地区由于太小，不可能从全国劳动力调查信息中获得可靠的结果。二是公共就业服务担负着劳动力市场初级统计职的能。在少数国家，“公共就业服务根据自己行政记录以外的资源收集和综合劳动力市场”[①] 的初级统计数据，通过定期人口普查、定期调查、行政数据和定期特别调查来完成。三是综合、解释和发布劳动力市场信息。对于劳动力市场，公共就业服务的第三种作用就是将各种来源的信息转化为符合各类客户需要的增值产品。无论统计来源如何，公共就业服务应能进行专项开发，为劳动力市场如何运作才能做到全面、准确、及时、易进入和易操作提供一幅清晰的蓝图。信息的最终价值在于帮助客户对公共政策、工商或个人职业选择做出明确的规划。

（三）劳动力市场调整计划的管理功能

在现实社会中，无论是大面积的干预还是超出标准的职业介绍或失业保险制度，对劳动力市场的失衡状态都不能起到完全纠正的作用。为此，政府主导的公共就业服务干预劳动力市场对下岗和失业做出调整是必要的。在开发就业政策时，政府都面临着两难的局面。一方面，由于经济和技术的发展，结构在不断调整，维持现有的就业机会很难。另一方面，政府很难创造持续性岗位来替代那些结构调整中失去的岗位。在许多国家，存在劳动力市场调整通过公共和私营服务机构竞争来完成的态势，所以，在这些国家，劳动力市场调整计划不是唯一通过公共就业服务机构来实行的，有时公共就业服务机构甚至不是主要的提供者，但并不影响公共就业服务在劳动力市场调整过程中的作用。公共就业服务参与计划的设计，又被授权提供服务。因为公共就业服务对劳动力市场了解很深，拥有全国各地的服务基础设施，与培训和教育网络、社会救助和社会福利网络联系密切。因此，在一些国家中，公共就业服务在提供调整计划中被授予中心的

① ［英］范随等：《变化中的劳动力市场——公共就业服务》，劳动保障部国际合作司编译，中国劳动社会保障出版社 2003 年版，第 45 页。

地位，并成为这些计划的入口和守门人。

劳动力市场调整计划要实现的目标有：调剂劳动力短缺的状况、克服再就业障碍性因素、帮助人们重新就业。以上共同目标实现的基础是提高求职者的就业能力，所以公共就业服务的劳动力市场调整计划功能主要包括求职者帮助、培训、教育计划和终身教育。

为了控制失业率，一些国家大范围实施劳动力市场调整计划，但随着形势环境的不断变化，为应对新的观念和政治策虑，各国都在不断地改变着计划组合，并在没有逐步淘汰旧计划的情况下，增加新的计划。公共就业服务想在市场调整计划中发挥有效作用，必须做到：第一，必须准备好与其他机构合作，特别要准备购买培训服务。第二，必须确保综合性服务提供系统并对经选择的群体更有针对性。第三，应确保有效利用劳动力市场信息。第四，应积累选择合适的申请人、获取采购和计划管理方面的专业知识，从而能够成功中标。最后，应发挥强有力的监督和评估战略。

（四）失业补贴的管理功能

失业保险制度是劳动力市场政策中的消极成分，对失业者提供收入支持是其主要目的。所谓的消极是相对于诸如职业介绍和劳动力市场调整计划这种旨在帮助失业者重新融入劳动力市场或实现再就业的这些积极政策而言的。积极政策和消极政策的平衡一直是公共政策实施的方向，而公共就业服务在平衡态势的实现上发挥着重要作用。公共就业服务的平衡作用主要表现在“提供求职者帮助或再就业服务、持续资格认证与求职认证以及对失业补贴计划的总体管理”①。前两个作用对公共就业服务是最常见的，其强调融入劳动力市场的主旨与公共就业服务的其他职能是一致的，而对失业补贴计划的总体管理比较具有特殊意义，代表性的国家有美国、加拿大和挪威。

失业补贴是涉及政治的措施。有些学者认为授权另一个机构管理而不是公共就业服务机构也许更公平合理，但当前的观点倾向于赞成密切的合作伙伴关系，这种关系至少应在补贴管理机构、公共就业服务机构和一站式服务机构三者之间达成。公共就业服务管理者需要与失业补贴政策制定者保持密切接触。在现实社会中，无论他们是否管理整个失业补贴制度，

① 徐云辉、崔力夫：《完善中国公共就业服务制度的路径探讨》，《经济纵横》2013 年第 7 期。

他们都不可能摆脱补贴事务。他们一方面要保证满足政治家和政策制定者的愿望，在帮助和鼓励人们从社会福利享受者变为工作者方面起充分作用。另一方面他们需要警惕在参与补贴控制时，客户对他们提供的其他服务的满意程度上可能产生的负面影响，并考虑采取什么样的补救行动。公共就业服务人员必须充分认识问题并尽力将问题最优化。

（五）规则活动的管理功能

发达国家公共就业服务的规则性活动主要指：外国人就业、跨境工人安置、私营职业介绍所活动的规则制定；工厂关闭问题上雇主与工人协调、检查雇用特殊人群工人的规则适合问题等。在规则监管作用中，公共就业服务通常要做的是许可证或执照授予或不授予，执照发放和规则监管等基础准备工作。规则监管作用可能会与公共就业服务的其他作用冲突。如在美国，公共就业服务要保证农场主在雇工时符合一定的标准，但农场主们则抱怨这些规定以及其实施的强制性。一般而言，公共就业服务管理者需要认真注意规则监管责任可能带来的反作用，并努力将其予以消除。

公共就业服务的五项功能往往被分别视为不同的计划，实际上它们之间在政策上和操作上密切相关。这些联系的重要性正在不断为人们所认识。在发达国家，一种重要的趋势是寻求公共就业的一体化服务。一体化服务可以有多种方式，如机构一体化、客户服务一体化等。无论公共就业服务采取什么样的组织形式，理想状态是有关这些功能的政策应密切融为一体，这就是经合组织的主题，即构建积极的而不是消极的劳动力市场政策。

第二节　典型国家公共就业服务均等化的经验

在很多发达国家，公共就业服务被定义为是为客户提供就业服务的全国领导者，是一条使用经授权的专业人员进行劳动力资源开发的主体。“公共就业服务的战略重点是提高服务质量，通过创建新型的商业运作和客户服务，实现公共就业服务均等化。”① 很多国家的具体做法有许多值得我们借鉴和吸取的地方。

① ［英］范随等：《变化中的劳动力市场——公共就业服务》，劳动保障部国际合作司编译，中国劳动社会保障出版社 2003 年版，第 74 页。

一　美国公共就业服务实践经验

美国的公共就业服务比英国晚了23年，开始于1933年。但美国应势而为，根据劳动力供求关系的变化，依据社会需求，不断调整在就业服务领域的政策，逐步建立起以多元化的供给为特征的公共就业服务系统。美国的公共就业机构服务类型多样，服务对象广泛，服务资源完善，服务内容丰富。前文所述的公共就业服务功能在美国公共就业服务领域都有所体现。同时，个性化的服务设计贯穿在公共就业服务各项职能中，主要是考虑供需双方的特殊要求，设计个性化服务方案并付诸实践。

免费性充分体现了美国公共就业服务机构的公益性。同时，一站式和跟踪式服务方式的采用，有助于公共就业服务机构服务效率和效益的提高，进而最终提高服务质量。并且跟踪式服务以立法形式体现，这一法律通过于1993年，“强制性”要求，使跟踪式服务落实得彻底，这项服务大大缩小了失业救助期限，节省了政府开支，也使公共就业服务的效率提高了。

美国用法律保障公共就业服务的顺利运行。早在1998年就颁布施行的《劳动力投资法案》中，就将网络化服务、一站式服务以法律的形式确定了下来。正因为法律体系的深度保障，使得美国网上服务、一站式服务在公共就业服务领域发展稳定，充分发挥了全面、及时、深入、总体绩效好的作用。

美国公共就业服务体系以“以人为本、服务为本”为理念，以网络化、信息化为标志。网络服务体系按功能划分为门户网站、数据库资源、地区资源和其他网络资源四个模块。尤其值得一提的是，其他网络资源模块即提供公共就业服务的其他站点。如专门为单亲家庭（单身母亲）提供的救济和就业服务站点，为企业提供劳动力市场信息分析、组织雇主讲习班和研讨会站点等。以上四个模块都具备独立服务的能力，并且各个模块在公共就业服务上的侧重点不同。不同的侧重点靠两种方式实现：一是通过服务主题和服务对象的划分来完成，二是通过提供不同链接来完成。第一种方式是针对不知道自己需要什么服务的用户来设置的，第二种方式是针对明确知道自己需要什么服务的用户来设置的。不管是哪种方式，都充分体现了用户至上的服务理念。无论是界面设计、功能区分、栏目分类、网站切换还是查询搜索，都以方便、快捷为目标，立足于有利于用户的使用与体验。

政策的延续性和被重视度是美国公共就业服务顺利发展的硬件条件。2010—2011 年，即使面对后金融危机时代的巨大经济压力，美国政府仍拨款“143 亿美元用以支持公共就业服务体系的建设”[①]“在良好的电子政务发展基础、雄厚的技术实力、制度保障和经济支持下”[②]，美国的公共就业服务在资源整合、服务提供方式上都有所突破。

二 英国公共就业服务实践经验

英国工作和年金部于 2002 年 4 月起将就业服务机构和福利体系相结合，将其命名为“就业服务和失业给付中心”，以一体式服务为特点，成为英国公立就业服务机构的主体。该中心以促进就业为基本准则，以失业时间、失业者年龄、受教育程度等作为主要考量因素，针对不同的失业者制订不同的就业服务方案。同时，将失业给付与就业帮助统筹考虑，如果失业者不能积极配合就业方案的实施，给付中心可以降低给付程度甚至拒绝给付，有效避免因失业给付缺乏审核和监管导致失业者因有失业救济的保障而不积极寻求新的就业机会的倾向。“就业服务和失业给付中心”充分体现了英国政府对就业重要性的强调，体现了政府对福利依赖者的强制脱离依赖福利、进入职场就业的政策措施导向。当然，该中心对非自身原因导致的长期失业的群体或者说是弱势群体是采取特定的政策来进行帮扶的。该中心是纯粹的公共部门，工作人员的身份是公务员，800 个左右的固定机构和 7 万多人的专业队伍，体现了政府集中力量提供公共就业服务的决心。概括起来，英国公共就业服务机构体现的特点有：一是充分体现了政府公权力的绝对主导作用。二是福利给付与就业服务功能有机统一，以失业津贴表现出来的福利给付的目的是促进就业，提高就业率。三是对弱势群体的就业提供着重性协助，政府宣扬“工作是最佳福利形式”[③] 的理念，对弱势群体的帮助不是以失业补贴的发放为手段，而是以福利给付为媒介，通过就业的深入咨询帮助，包括就业计划的协助制订和计划进度

① 李天舒：《公共就业服务体系的基本特征和建设思路》，《经济研究导刊》2014 年第 10 期。

② 王益民：《从〈2014 年联合国电子政务调查报告〉看全球电子政务发展》，2014 年 9 月，中国政府网（http：//www. egovernment. gov. cn/art/html. ）。

③ 许艳：《发达国家公共就业服务机构比较研究》，《人才开发》2009 年第 3 期。

的推动实施，以及随时随地的跟进性措施，促进弱势群体尽快重新就业。

英国公共就业服务机构的上述特点是通过具体公共就业服务比较有代表性的做法来实现的。一是采取多种措施直接创造就业岗位。比如拓展社区小型服务项目，开辟就业岗位；为自主创业经营项目提供资金技术帮助；用工资补贴和就业奖励鼓励雇主雇用失业者。二是实施裁员就业服务。该项服务的受众群体是即将关闭的工厂工人和被裁减工人。这项服务要求超前性，强调服务应该在裁员既成事实前就开始。服务内容包括针对被裁工人就业倾向开设学习班，评估工人的就业需求，开展针对性的咨询与培训，为企业和社区提供解决实际劳工问题的建议等。三是英国要求绝大多数雇主雇用一定比例的残疾人，而且在法律上有明确的指标制度，并且立法规定不允许对残疾人实行不公正的歧视。

英国还特别重视对公共就业服务机构的绩效管理。将评价目标设定在对求职者进入就业领域的帮助程度，帮助雇主填补岗位空缺的成效，为政府消除贫困、降低失业率做出的贡献和促进就业增长和机会平等的实现的努力等方面。

三　澳大利亚公共就业服务实践经验

澳大利亚公共就业服务最大的特点是灵活高效、成本低廉[①]。这个特点实现的最主要力量来自于用外包模式对政府垄断地位的打破。统计数据表明，由于外包模式的采用，澳大利亚政府每年用于就业促进的费用比以往减少了近 2/3，帮助失业者稳定就业并完全摆脱对政府津贴依赖的就业服务成功率为以往的 3 倍[②]。

澳大利亚在公共就业服务的探索上具有突出的贡献，可以说它是最早采用“市场模式”，通过公私联合进行公共就业服务的国家之一。澳大利亚的就业服务机构由两个层面构成：一个层面称之为“联合中心”，另一个层面由就业网及其他就业协助机构构成。“联合中心”顾名思义是一个多方共同参与的公共就业服务体系。包含政府部门、就业援助机构以及社区组织等。就业网早在 1998 年就开始发挥作用。两个层面在具体运作过程中，最基本也是非常值得借鉴的做法是引入外包机制。具体的特点体现

① 竺淑琴：《澳大利亚公共就业服务模式》，《中国劳动》2006 年第 12 期。

② 同上。

在以下方面：一是以市场为导向的竞争机制的全面引入。求职者和雇主有选择具体服务机构的充分自由，政府通过星级评定，定期反馈服务机构的评定等级，敦促服务机构提高服务质量和工作业绩，用质量和效率取胜，努力营造公平、公正的竞争环境。二是严格界定公私服务部门的职能，将政府的公共就业服务职能更多地定位在管理、监督、评估和奖惩上。而大部分原来由政府履行的职能、提供的服务，则通过外包方式委托给符合条件的私立机构完成。统一公私部门的评价标准，在费用的给付上也坚持公私部门同样对待的原则，改变以往的全过程付费模式为最终付费模式，也就是只购买结果。当然，对服务过程的监管是必不可少的。三是培训内容范围广且全部通过政府购买课程来完成。充分考虑劳动力市场的所有培训需求，以模块或内容来划分课程群，政府对有培训资质的私立机构进行选择甄别，根据课程内容及劳动力自身特点，将培训分包给不同私立机构完成，充分体现了其统筹性的特点。同英国一样，澳大利亚的整个公共就业服务系统除提供一般性公共就业服务外，也针对特殊群体（如听力障碍、艾滋病患者等）提供专业化服务。

四　瑞典公共就业服务的实践经验

瑞典公共就业服务特别注重双向服务，即不仅注重为求职者提供服务而且注重为雇主提供服务。公共就业服务机构派出的咨询顾问是雇主和求职者之间的桥梁和纽带。每个咨询顾问面对几个雇主或企业，同时联系大约 150 人的求职者，咨询顾问要拿出 1/5 的工作时间走访企业和雇主，4/5的时间为求职者提供求职帮助。帮助的形式是多种多样的。比如职业俱乐部求职活动就是比较成功的形式。主要做法是以 12—18 人为一小组，每组配备一名职业指导员，指导员协调沟通，促进组员之间相互帮助，共同求职。实践证明，这种形式对就业很有效，有评估显示有的职业俱乐部就业成功率可达 75%。

同样地，培训计划在瑞典劳动力调整计划中也发挥着非常重要的作用。培训课程由供应商提供政府购买。在这个过程中，政府特别注重公正、公开和透明，购买的环节充分引入竞争机制，招标投标严格按程序进行，对所有供应商一视同仁。瑞典的公共就业服务还特别注重人性化服务，公共就业服务办公点都配备了计算机工作站。工作站作为资源中心在这样一套系统下运行，公众既使用计算机，同时也在技术上和计算机无法解决的问题上得到公共就业服务工作人员的帮助。当前，瑞典正进入到一个发展极不确定的阶段，在这个阶段中，关键的问题是实现一种正确的平衡，即向有能力的求职者提供随时可进入的服务和向一些弱势求职者提供强化的服务。所以自助服务和人工服务的有机结合、一体化发展显得非常重要。

瑞典还特别注重综合性市场调整计划。对残疾人的职业培训是在完全不同的劳动力市场调整计划的管理机构中进行的，其“就业能力机构”侧重于能力测试、咨询和逐个工作场所的调整，同时还有最大化的工作保护计划，而且对劳动力市场调整计划（主要是大型计划）进行严格的评估。

五　德国公共就业服务经验

德国解决各种社会问题的重要前提和基础是健全和完善法律法规，公共就业服务领域更是如此。在德国劳动力市场运行中，通过完备的劳动法规搭建的缜密的“法网”是一个鲜明的特征。在此基础上，通过“哈茨改革”强调政府的服务职能。同时，非常重视社会机构和劳动服务企业的参与，充分利用市场竞争机制，提高就业服务效率，同时形成纵横交错的社会化就业（创业）服务体系。德国失业救济金制度的设计将就业服务与生活保障有机结合，将民生保障、就业服务和经济发展综合考量。失业保险金的发放遵循“职业介绍优先于待遇发放”的基本原则，要求享受失业保险待遇的失业者必须积极接受职业介绍。既保持失业者失业期间的生活水平稳定，又敦促他们尽快回归劳动力市场。主要经验体现在以下几方面。

一是完备的职业指导体系。德国非常重视职业指导在提高求职者职业选择能力、提高就业率上的作用。在职业指导上以给每一个服务对象提供“适合本人能力和发展方向的就业咨询和指导服务”[①] 为宗旨和目标。德国联邦法律对指导机构进行法律层面的界定，将学校、教师、就业服务机构、行业协会等多种社会团体和个人组织都纳入到有责任进行职业指导的范畴，而且职业指导和咨询的方式和途径多种多样。有面对面的、电话

---

① 林燕：《德国青年就业政策及对中国的启示》，《北京青年政治学院学报》2006 年第 4 期。

的、网上的咨询，有针对共同和类似求职问题的团体的集体职业指导和咨询，也有个案的指导和咨询。

二是职业培训体系严密科学。德国的《职业教育法》规定，“按照职业教育和职业培训的时段分为在校期间的培训和员工上岗前的培训两个基本方面”[①]。各企业都恪守就业必先培训这一原则。德国青年高中毕业后，90%以上的人要接受2—3年的职业培训，并且要通过严格的职业技能考核后，方能成为企业正式员工。从正式员工到被批准上岗，中间还要经过企业的职业培训环节，只有专业知识和操作技能通过审核，才能被批准上岗。这样一系列严格的职业培训是青年准职业经历和社会化经历的体验，也帮助青年逐步完成从学校到社会的过渡。

三是为创业者提供完善的平台。德国的中小企业非常多，究其原因，除了劳动者自身的创业意愿之外，与德国政府提供支持政策和服务密切相关。在机构设置上，德国联邦、各州政府、行业协会和工商会等均设有中小企业促进机构。在财税政策、融资政策上，对中小企业实施贷款、补贴、贴息和担保等促进措施。其中最具代表性的是主要由公共基金支持和建立的创新中心。这是一种特定区域的产业群落，包括企业孵化器、技术中心、技术园区和科学园区。其设置的主要目的是使落户其中的新生创业公司可以在一定的时间内得益于创新中心集中提供的出租场所、通信设备、技术服务和咨询服务等。

四是实施积极工时政策。通过测试劳动者个人的工作时间，将既定总工时分配到更多劳动者身上，从而增减就业。这种做法对促进德国劳动者就业发挥了重要作用。积极工时政策从工作时间的数量和质量两个方面对劳动力资源进行配置。一方面，设立“工时账户”，即“业务繁忙时，雇员加班加点工作，把加班费存入账户；业务萧条时，他们减少工时，但仍可以从账户领取等值工资”[②]。另一方面，采取灵活用工制度，即用灵活的和较少工作时间的就业形式来缓解角色冲突，既让劳动者继续留在就业岗位上，又有效地满足了新兴企业组织形式的需求。

五是鼓励私营职介所发展。政府对私营职介所主要从四个方面进行监

① 张震：《德国职业教育的特点和经验》，《沧桑》2013年第5期。

② 《德国小企业大打“出口牌”》，2010年4月，新华网（http：//news. xinhuanet. com/world/. htm. ）。

管：不超过最高收费标准；求职者可到任何一家私营职业介绍所接受服务；信息管理要保密，不把失业者的信息传给别人；对违反规定的私营职介所要有一定的罚款。联邦劳动服务局通过全国范围内的招标，无论是公立培训机构还是非公立培训机构和职介所，在凭资质证明和标书参与定点许可竞争上是平等的。失业者凭培训券自主选择购买服务。“定点机构凭借培训人数和职业介绍成功率”①，与联邦劳动服务局结算项目经费。私营职介所的引入大大地激发了社会力量，对于有效完善就业信息、整合社会资源发挥了重要作用。

第三节　发达国家公共就业服务均等化实践对中国的启示

他山之石，可以攻玉。发达国家公共就业服务均等化走过百年历程，有很多值得我们吸收和借鉴之处。中国应该根据具体国情有选择地引进吸收。但其在发展过程中亦有很多失败的教训，我们应引以为戒，不重蹈覆辙，少走弯路。

一　发达国家公共就业服务均等化的发展变化趋势

发达国家的公共就业服务处在不断变化发展中。尤其是在后世界金融危机时期，动荡变化着的全球社会经济环境，使得很多国家经济复苏的步伐依然缓慢，劳动力市场在新的经济社会环境中的需求，传统的公共就业服务难以满足，就业矛盾突出。为改变这种困境，各国政府不断变革公共就业服务的组织与管理模式，注重公共就业服务职能的拓展、模式的创新，寻求开放和动态的公共就业服务体系的建立。具体的变化趋势可归纳为以下几方面。

第一，公共就业服务的职业介绍作用被赋予一定的行政色彩。政府的就业政策在尊重劳动力市场主体地位的同时，对政府的调控职能较以往强化了。尤其是在涉及面广、投资巨大的就业服务计划中，公共就业服务机构的中坚作用更加突出了，表现出一定的行政管理职能。比如，对外国人、跨境工人的就业安置职能就是新的时代背景下就业服务机构参与行政

---

①　朱玲：《德国就业政策改革》，《学习时报》2008年7月14日第2版。

执行的体现。

第二，公共就业服务机构在履行福利给付职责时，强调失业者自身要拥有强烈的再就业责任。失业补贴给付不是为了救济而救济，而是通过暂时的补贴促进失业者再就业的行动。强调领取补贴的失业者要积极寻求再就业的路径，具有具体实际的求职计划并付诸实践是领取失业补贴的一个条件，这一方面可以尽量缩短其领取补贴的时间，另一方面可以减少社会保障的支出。

第三，服务更加注重因人而异、因需而为。同样是服务，提供给求职者和雇主却有很大的不同，目标、宗旨、方式、途径都不同。即使是在同一需求群体中，服务也不能是“一码通用”的模式，而是根据个人对劳动力市场的唯一需求，服务正在逐渐“量体裁衣”，形成配套，并按照需要分阶段、分层次提供。

第四，信息技术在公共就业服务中发挥着越来越重要的作用。公共就业服务每一个操作功能性质的变化都体现信息技术的作用，以互联网、计算机为依托的自助服务，改变着公共就业服务与大众交往的方式，也使公共就业服务日益触类旁通、深入浅出。

第五，公共就业服务管理从集权向分权转变。时代的发展变化，要求公共就业服务灵活应对，顺势而为，而集权化管理模式稳定有余灵活不足，对现实变化的反应滞后、适应性弱。为了使公共就业服务能够更快应对灵活的环境变化，发达国家不断变革管理体制，循序渐进寻求服务权利和责任下放路径，采取多种分权管理模式。联邦化、区域化和自治化相结合，该下放的下放，该简化的简化，该集中的集中。在分权过程中，注意明确各层级管理机构的责任和权利。比如，中央政府的主要责任在于“政策制定、资金支持、系统开发和监督评估”①，地方政府主要依据本地实际，对中央政府的政策进行贯彻及制定补充性政策，领导实施具体的公共就业服务②。

第六，以全面化和便捷化为目标整合机构。将公共就业服务机构的多种职能有机连接，能合并的合并，不能合并的合署办公，统筹协调、整合资源、组织，一体化公共就业服务，显现整体、连贯和便捷的服务特色。

① 陈力：《国外公共就业服务的变化趋势和特点》，《人事天地》2012 年第 11 期。

② 同上。

这种趋势势必在某些程度上带来工作人员的逐渐削减。

二　发达国家公共就业服务均等化的经验启示

毋庸置疑，由于国情不同，不同国家公共就业服务的目标任务、组织结构各不相同，但公共就业服务的基本职能、运行模式还是有很多相通之处的。发达国家公共就业服务的实践探索可以给我们提供许多经验启示，非常值得我们学习和借鉴，其中主要有以下几方面。

（一）明确定位公共就业服务机构的存在与发展目标非常重要

公共就业服务机构的改革是常态，职能定位、业务拓展以及自身发展方向是改革要考虑的一贯性问题。从发达国家针对公共就业服务机构的发展脉络可以看出，顺应经济社会发展是大势所趋也是明智之举。公共就业服务是政府的干预性行为，其目的是缓解就业领域的供需矛盾，对市场自身服务能力的不足进行弥补和调节，最终的目标指向是维护社会稳定，保障经济社会的和谐发展，尤其是要积极应对现代经济条件下的劳动力市场供大于求的状态，所以，公共就业服务的发展程度要以社会需求为尺度，不能以自身发展为标准。只有明确公共就业服务机构存在的目的，才能更加做好自身的定位，将服务内涵贯穿于公共就业服务始终。

（二）公共就业服务均等化水平的提高以中央政府支持力度的增强为基础

在众多支持体系中，稳定、充足的财政支持是重中之重。美国联邦政府对公共就业服务的资金支持充足而广覆盖。不仅面向政府主导的公共就业服务机构，而且辐射民营机构。美国各州公共就业服务机构虽然在行政体制上隶属于各州政府，但资金来源却主要依赖联邦政府。这主要是因为美国劳动力频繁地跨地区流动，地方政府提供的服务超越了本地政府职责，是对整个社会和国家履行的责任，外部正效应是为联邦政府承担责任，所以资金来源主要由联邦政府提供是在情理之中的。这种投入，摒弃了狭隘的地方主义和局部利益束缚，促进了劳动力的跨区域流动，也更有利于公共就业服务的均等化，非常值得中国学习借鉴。与此相反，中国目前的公共就业服务资金还主要依赖地方政府。难以避免以地区为职能划分的格局。经济发达地区与经济欠发达地区由于投入差距导致公共就业服务的差距。这种现象循环往复，不均等状况不断加剧，容易导致地方保护主义的滋生，对劳动力跨地区流动和优化全国人力资源结构产生阻碍。

分析中国和美国的公共就业服务资金支持系统，可以看出，美国的资金来源于全国统一税收，而中国主要依靠的是地方税收。这给我们的启示是，中央政府要合理界定经费收入、税收品种，合理引入融资方式，统筹规划，在公共就业服务领域增强中央政府的宏观调控力度，以政策杠杆推动资金支持的合理布局，进而推动均等化的实现。

（三）政府促进就业的措施富有成效

发达国家的就业促进措施之所以富有成效，一是有明确的目标、合理的设计。目标长短结合，操作性强，并且设计科学，循序渐进，有稳步推进的可行性。二是政策设计统筹兼顾，系统性强。政策设计考虑到方方面面的利益，对不同的个人、单位、群体都有针对性的激励政策和支持方案，保障就业政策的有效实施。三是公共就业服务的各个环节都充分体现联邦政府的责任。联邦政府的调控职能在促进就业中充分发挥，统一布局，调度有序，对地方政府的公共就业服务支持体现在人、财、物各个方面，有效地推动了公共就业服务均等化的实现。这给我们的启示是，不论在什么情况下，政府都要承担起推动公共就业服务均等化的主要责任，政策措施的推动是必须要强有力进行的。

（四）在公共就业服务领域引入竞争机制、鼓励多方参与

公共就业服务均等化在比较成熟国家的一个共识是公共就业服务不能由政府垄断，应引入竞争机制，鼓励多方参与。政府的角色定位应由经营者向监督者转变、向政策法规制定者转变、向经费提供者转变。除此之外，集中精力提供其他组织和个人无法提供或无法替代提供的服务项目和内容，把有限精力用在刀刃上。只有这样，才能真正转变政府职能，才能调动社会各方力量参与公共就业服务的积极性，为公共就业服务拾遗补阙，补充完善。社会各方积极参与的运作机理是公平合理的竞争环境和竞争机制。这种竞争是全方位的多层次的，公私部门之间、私营部门之间都应遵循相同的竞争规则。竞争机制的合理引入，可以整合公私部门资源，为国民提供全面、细致和科学的就业服务。多方参与、有序竞争的公共就业服务模式非常值得中国借鉴。当然，这种借鉴应以中国基本国情为基础，循序渐进，逐步深化。比如，可以首先在培训领域放开，中国每年新增就业需求人数都在千万以上，就业培训需求巨大，政府独揽难以保障满意结果，可鼓励社会组织、个人、私营机构等多方参与其中，用合理竞争机制，将部分或绝大多数培训项目外包给政府以外的法人及个体。市场化

培训服务，促进培训机构不断提高质量，满足公众需求。

（五）职业生涯规划指导元素渗透于公共就业服务全过程

发达国家的公共就业服务，立足点不仅在于为了解决单纯的满足生存基本需要的就业而服务，而且在于为实现职业生涯规划理想的就业而服务。所以在公共就业服务全过程中，都深深植入着职业生涯规划指导的理念。公共就业服务的职业生涯规划指导与学校职业生涯规划指导相互配合，各有侧重。比如学校的职业生涯规划指导从小学生阶段就渗透到日常教育各个环节。在对学生进行个性发掘的同时，结合中国社会发展的职业预期前景，在尊重学生兴趣爱好的基础上，对其职业理想进行引导，力求在职业生涯规划阶段就有一个合理科学的行业层级划分，将职业平等理念植入学生头脑中。而公共就业服务过程中的职业生涯规划指导侧重于帮助求职者从业愿景的实现和不成功职业实践的矫正，主要服务的群体指向失业者的再就业过程规划。对初次就业的职业生涯规划指导有严格的限制性条件，这主要是从公共就业服务的负担能力角度出发的，如果与中小学阶段一样将职业生涯规划指导面向所有求职者，一是政府公共资源难以保障，二是对已经有明确职业生涯规划的求职者没有必要，因为其本身职业生涯目标已经很明确了。公共就业服务针对再就业者的职业生涯规划指导蕴含在服务的各个环节中，帮助求职者甄别自身职业愿景的合理性，发掘职业素养潜质，确保在再次择业时选择的不仅是为生存所需要的工作而且是自己心之所愿的职业。相比之下，中国的职业生涯规划指导在大学阶段才被正式纳入教学教育环节，虽然现在有前移现象，比如从大三、大四开设课程提前至大一、大二开设，但无论从教师配备还是从内容设置上都存在浮于表面、流于形式的现象，说教的多，实践的少，难以起到切实作用。尤其是在公共就业服务领域，职业生涯规划指导理念还没有完全树立起来，对求职者的深度关心不够，有时还停留在解决了就业就行，至于是不是求职者满意的职业，求职者有没有心理归属感则没有考虑进去或不想考虑进去。或者可以说，中国的公共就业服务多数时候关注的是解决的问题的量上，而不是解决问题的质上。借鉴国外经验，中国今后的公共就业服务，应关注对求职者的职业生涯规划指导，将其渗透到公共就业服务的全过程中，使公共就业服务从简单化、表层化向缜密化、深度化发展，把职业指导与性格特点、职业兴趣、知识才干和理想追求联系起来，与求职个体的成长和个人发展结合起来，把这一服务内容定位于更长远、更广阔的服务过程。而做好此项服务需要配备有心理学、教育学专业知识的服务人员。

（六）重视公共就业服务领域的信息化建设

快捷、便利是做好公共就业服务的前提和基础，而现代化的信息网络是快捷便利的技术支持。成熟的现代公共就业服务体系首先应该是一个与时俱进的现代信息网络服务系统。大多数发达国家从20世纪90年代就开始致力于信息化公共就业服务建设，将现代科学进步成果应用于公共就业服务领域，用计算机、互联网将公共就业服务机构、求职者个人和用人单位有机联系起来，供求信息公开化、透明化。公共就业服务机构负责互联网信息系统的维护、信息的搜集、归纳、整理、分析和发布，并逐渐将其他服务内容信息化。比如，在职业培训环节，充分利用信息网络，引入现代化的培训方式——微教程网络化，方便求职者随时随地接受培训，既节约经费又提高了效率。即使是需要固定场所面对面的服务内容，也在多数环节引入现代化手段，直观、形象、生动的服务场景提高了服务的公众满意度，同时提高了服务实效。

在当今时代，信息化过程是公共就业服务的价值增值过程。中国特殊的国情决定了公共就业服务信息化过程要比其他国家付出更多努力。但信息化建设是大势所趋，中国要做的是立足现实，走出一条具有中国特色的公共就业服务信息化建设之路。

（七）注重服务项目的目标指向和针对特殊群体的特色服务

公共就业服务虽然具有普惠性，但普惠基础上的特惠才能真正显现其效果，所以针对性开展服务一直是很多发达国家的经验做法。这种针对性表现在求职辅导、就业安置和培训等各个领域，包含各种专项服务，甚至延伸到就业后的一系列服务中，尤其对弱势群体开展特殊的专项服务是非常重要的。这些弱势群体包括身体残疾人士、吸毒者、流浪者、单亲母亲、债务缠身者等，他们面临的问题不同，需求自然不同，单纯提供给其工作，可能不能真正解决问题，必须从根本上消除造成其困境的原因，方能使问题真正解决。对这类人群的就业服务前期的培训和技能训练的力度要大，后期的跟踪服务模式要强，包括心理调适、情绪舒缓和精神慰藉机制都要健全。从某种意义上说，公共就业服务更多地应为存在各种就业问题和障碍的群体提供服务，为特殊项目和特殊人群的服务开展情况，有时是检验公共就业服务成效的试金石。所以，中国也应吸收借鉴别国经验，在关注公共就业服务的覆盖面的同时，也应关注特殊群体的特殊需求，有针对性地开展特色服务项目。

三　发达国家公共就业服务均等化过程中显现的问题

公共就业服务是一个社会性的事务，在发展过程中，必然面临一系列问题和矛盾，这符合辩证唯物主义事物运动发展的规律。当前，发达国家公共就业服务过程中也面临着一些问题和矛盾。比如公共就业服务政策掌控机构与具体服务项目实施企业的矛盾，政府直接供给服务与外包性服务之间的矛盾，多方参与过程中竞争与合作的矛盾，自助式服务的提倡与个性化服务开展之间的矛盾，等等。相伴随的，发达国家的公共就业服务供给存在一些负面影响。

（一）就业服务与福利计划管理合并时产生负面作用

在美国公共就业服务中，有将同一公共就业服务机构中的就业服务和福利计划管理完全合并（如犹他州和威斯康辛州的经验）的做法。这一做法意味着公共就业服务工作人员身兼数职，既能向福利金领取者提供社会服务又能进行职业介绍。这对节约人工成本、方便求职者很有裨益。但应该看到，这两种服务之间有可能出现冲突局面。公共就业服务期待着通过其职业中介和求职帮助使工人适应雇主的要求，而福利计划则习惯服务于客户的需求。当两种职能合并时，一方面职业中介人员关心的是如果给雇主提供一大批未做好准备的前福利金领取者，会损害公共就业服务的形象；另一方面社会服务人员关心的是在快速将他们推入劳动力市场过程中，客户复杂的需求可能被忽视。中国在吸收借鉴时应该努力寻求就业服务与福利管理两方面的合理的平衡点，避免顾此失彼，适得其反。

（二）在实施外包计划时服务理念的淡化倾向

发达国家把公共就业服务的一些项目外包给私营机构，对提高公共就业服务效率起到了积极作用。但现实情况有时比较复杂，针对公共就业服务的新的需求群体会不断产生，而外包服务的营利性决定不可能对其实际工作程序作出迅速调整以适应新的群体的需要，这对公共就业服务的完美服务理念会产生冲击。而政府为了解决新生就业需求群体的就业问题往往会出台一些新政策，同样是因为服务外包，承包者的利润追逐驱动心理，导致新政策的实施受到阻碍和限制。另外，如果新政策包括教育课程在内，那么短短几个月的教育课程，并不能彻底改变需求就业群体的现实境况。

（三）公共就业服务新旧计划之间的重复和相互抵消现象

为应对新的观念和政治策略，各国都不断地改变着计划组合，并在没有逐步淘汰旧计划的情况下增加新的计划。这就导致了计划扩散现象，许多计划相互重复或相互抵消，造成管理上的高开支，令企业、公共就业服务和本来准备得到帮助的失业者都倍感困惑。在许多发达国家，公共就业服务正不断调整其作用，但往往在提供服务中的公正与效益之间、长期失业者的安置与劳动力市场的深入之间、自助设施资源配备与向弱势群体提供强化服务之间、权力集中（为了使国家劳动力市场政策协调一致）与分权和权力下放（为了更加有效地落实具体活动并产生更大影响）之间、提供直接服务与购买外部资源之间、与私营职业中介机构的竞争与合作之间、作为服务性的企业与作为公共政策的实施机构之间存在多重矛盾和问题。公共就业服务也就不断地通过新政策的产生来寻求以上矛盾的趋于缓和，寻求动态的平衡。

由此可见，公共就业服务要实现新旧计划的有效衔接和合理搭配，必须做到：一是，必须准备好与其他机构合作，特别是要准备购买培训服务。二是，必须确保综合性服务提供系统并对经选择的群体更有针对性。三是，应确保有效利用劳动力市场信息。四是，应积累选择合适的申请人，具备采购和计划管理方面的专业知识，从而能够成功中标。最后，应发展强有力的监督和评估战略。

第四节　本章小结

发达国家对公共就业服务的认识经历了一个由浅入深、不断深化的过程。对其合理性、功能的认识很是全面具体，值得研究和学习。

发达国家诸如美国、瑞典、澳大利亚、英国、德国等在追求公共就业服务均等化的实践过程中积累了许多宝贵经验。一是要进一步明确政府公共就业服务机构存在与发展的目的，二是要加大中央政府的支持力度，提高公共就业服务均等化水平。三是政府在促进就业中要采取富有成效的措施。四是要积极鼓励民间机构参与公共就业服务，满足社会需要。五是要把职业生涯规划指导理念贯穿公共就业服务全过程。六是要强化就业信息服务。七是要注重特殊服务项目和对特殊群体的服务。

当然，发达国家在公共就业服务过程中也暴露出很多不足和缺陷，需要我们引以为戒。有的国家就业服务和福利计划管理的完全合并容易造成服务人员角色定位的不准确，影响双方的服务效果；公共就业服务外包给私营机构的做法在面对新的就业群体、就业形势的情况下，存在服务滞后的弱点；在公共就业服务计划的新旧更新换代中，由于没有充分考虑政策的延续性和新旧政策之间的接续效应，存在资源浪费和计划实施没有最终结果的问题。这些都是我们在实际推行公共就业服务均等化过程中应当予以避免的。

第八章　实现中国公共就业服务均等化的路径选择

公共就业服务均等化是国家治理现代化在社会建设领域的一个重要考量指标，是解决民生问题中的就业问题的有效途径。它体现了中国特色社会主义的核心价值追求——公平正义，是一个社会文明进步程度的显著标志。公共就业服务均等化是一个长期的过程，需要国家、社会、组织、公民个人群策群力付出艰辛努力。前面的第四章、第五章、第六章从不同领域和不同角度对公共就业服务均等化的推进给出了建议。本章将在前述的基础上，从全国视域分三个层面加以阐述公共就业服务均等化的实现路径。如图 8—1 所示。

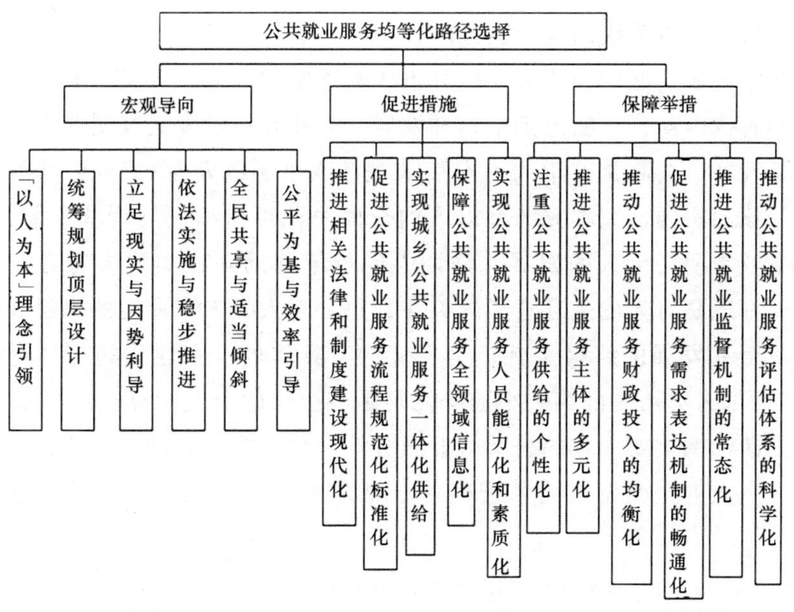

图 8—1　公共就业服务均等化的路径选择

第一节 实现公共就业服务均等化的宏观导向

公共就业服务均等化的实现需要国家、社会、公民三个层面的共同努力，攻坚克难；需要理念引导，顶层设计；需要制度构建，系统推动；更需要实践探索，创新前行。国家层面的价值导向引领是前提和基础。

一 “以人为本”理念引领

中华民族优秀传统文化的精髓之一是“以民为本”的思想。人类自进入阶级社会、创立国家以来，阶级关系的处理就成为关系国家社会稳定的问题。中国历代的统治阶级为维护统治都在探求或通过其代言人探求君臣之道、治民之术。“儒家、道家、墨家以及《左传》《国语》《管子》等著作中，都不同程度地蕴含着‘民为邦本’的思想。”① 尤其是儒家自“罢黜百家、独尊儒术”之后，在中国2000多年的封建统治社会占据主导地位，“民贵君轻”成为其最核心的思想命题。其核心理念是：民为邦本，民为水，君为舟，“水能载舟亦能覆舟”，故应“以民为本”。民本思想成为中国优秀传统文化之一。当然，封建社会的“以民为本”思想是为维护封建统治阶级的统治服务的。

新中国成立之后，广大人民真正成为国家的主人，以民为本思想被赋予新的时代内涵，不断得到丰富和发展。尤其是科学发展观明确提出第一要义是发展，核心是“以人为本”。“夫济大事必以人为本”。公共就业服务均等化的实现，究本究源是以人的全面协调可持续发展为基本前提的。讲人本就是要注重人的发展，强调人的价值并助其在实践中努力实现价值。人本既是对人的生存意义的关注，也是对人类未来命运的思考和探索以及对个人发展的终极关怀，是现实的、具体的、个性化的。马克思说过，“全部人类历史的第一个前提无疑是有生命的个人的存在”②。作为人类实践活动的重要内容的公共就业服务均等化的推进必须以尊重人、理解人、注重人的全面发展为基础理念。只有树立“以人为本”的理念，才

① 王钰：《在以人为本理念下构建公共就业服务体系》，《新西部》2010年第9期。

② ［德］马克思：《德意志意识形态节选本》，中央编译局编，人民出版社2003年版，第2页。

能为公共就业服务均等化的推进奠定思想基础。

"以人为本"要求始终把实现好、维护好、发展好最广大人民的根本利益作为党和国家一切工作的出发点和落脚点，尊重人民主体地位，发挥人民首创精神，保障人民各项权益，促进人的全面发展，做到发展为了人民、发展依靠人民、发展的成果由人民共享①。公共就业服务是带有社会保障性质的人民共享性服务，是管理型政府向服务型政府转型的一个窗口，更应做到人本服务，以服务对象为中心，努力营造温馨的服务氛围，使公共就业服务取得更好的成效。"以人为本"要求公共就业服务部门应该以"顾客"为中心，想顾客之所想，急顾客之所急，分类指导，因需服务，追求规范、系统、专业的服务品质，以公众满意度作为衡量服务水准和服务质量的标准。"以人为本"的理念还要求公共就业服务在实际运作的过程中做到"服务以劳动者的需求为中心、培训以劳动者的自身特点为中心、信息提供以劳动者的接受程度为中心、创业援助以劳动者的知识水平和能力为中心"②。也就是时时刻刻尊重人的主体地位，在尊重个性、尊重差异中实现服务理念和宗旨。只有这样，才能凸显公共就业服务的"服务"本性，发挥公共就业服务的"服务"职能，实现公共就业服务的"服务"目标。

二　统筹规划顶层设计

公共就业服务均等化是实践—认识—再实践—再认识的过程，是全国全社会的行动，必须统筹兼顾，整体规划，中央的宏观指导、顶层设计至关重要。怎样克服政出多门、地方主义的弊端？如何推进公共就业服务的步伐？怎样消弭利益纷争，纾解分化焦虑？如何营造公平、公正环境，筑牢保障底线？这些都是我们在公共就业服务创新发展中要解决的问题。国家政府及有关职能部门，一方面，应在战略研究、科学论证的基础上，站在国家和民族利益的高度，摒弃部门和地区利益的束缚，分阶段设计制定公共就业服务均等化的路线图和任务表。另一方面，应将优秀的地方公共就业服务经验总结推广凝练提升为国家顶层设计，从制度上解决公共就业服务创新的动力问题。

---

① 方立：《科学发展观中的以人为本》，《求是》2006年第4期。

② 王钰：《在以人为本理念下构建公共就业服务体系》，《新西部》2010年第9期。

具体来说，一是顶层设计要做到发展与改革的有机结合。均等化是在制度创新与体制改革基础上的可持续发展。在公共就业服务均等化过程中，发展是第一要务，要坚持在发展中不断破解制约均等化的矛盾、问题。而发展需要合理性和科学性。只有不断改革，才能不断完善和发展中国特色社会主义公共就业服务制度体系，推进公共就业服务能力现代化，缔造科学合理的发展模式，从而保证公共就业服务均等化的可持续发展①。二是顶层设计要增强公共就业服务体系的系统性。公共就业服务均等化是长期的战略目标，服务的系统化问题至关重要。顶层设计要综合考虑所有劳动者的需求，要统筹考虑资源整合问题，统筹考虑其与社会保险服务以及其他领域各项民生服务的关系，注重公共就业服务系统性，从纵向贯通，从横向平衡，同时注重与其他服务体系之间的关联性、协调性。系统才能顺畅，系统才能统一，系统才能科学②。三是顶层设计要彰显政府的主导作用。顶层设计是宏观指导、方向引领，政府责任首当其冲。无论是财政支持的力度掌控，硬件设施的规划布局，良好就业环境的营造，抑或是公共就业服务的高效供给的推动，以及公共就业服务不同运作模式的推广使用，站在全国高度，平衡各地区各层次利益，统筹制度安排，都是政府尤其是中国政府义不容辞的责任。四是顶层设计要科学界定公共就业服务与经营性就业服务的边界。公共就业服务的外在特征之一是“法定性”，即公共就业服务的内容由法律法规确定，公共就业服务产品的生产和提供依法进行。要想实现好、发展好公共就业服务，必须明确界定公益性公共就业服务与经营性就业服务的范畴，在法律框架内，梳理公共就业服务项目，明确区分哪些项目是纯公益性的，哪些项目可以实施经营性服务，分层次，分领域，明确项目性质，既有利于公共就业服务提供的现代化，也有利于推动社会治理的现代化。

三　立足现实与因势利导

推进公共就业服务均等化的过程，是不断调试、循序渐进的过程，攻坚克难，实现最大边际效用是目标。习近平总书记指出，由于“历史传

① 王飞鹏：《中国实现公共就业服务均等化面临的问题及对策研究》，《当代经济管理》2012 年第 2 期。

② 佳迪、李公达：《公共就业服务如何实现均等化》，《中国人力资源社会保障》2013 年第 1 期。

统、文化积淀、基本国情不同，每个国家和民族的发展道路必然有着自己的特色”①。公共就业服务作为社会治理的重要显性指标，是在基于中国国情的经济社会发展的基础上长期发展、渐进改进、内生性演化的结果。中国的公共就业服务均等化是植根于中国土壤的，具有突出的中国特色，所以必须立足中国国情，坚持现实性原则。

当代中国，我们一切行动的出发点和落脚点是我们对自己所处的发展阶段、对我们的基本国情有科学的认识和准确的把握。坚定不移地实行改革开放，实现中华民族伟大复兴的中国梦，是我们的奋斗目标。为实现这一宏伟目标，我们必须进一步“完善和发展有中国特色的社会主义制度，推进国家治理体系和治理能力现代化”②。社会治理现代化是国家治理现代化的社会建设层面的目标。民生问题的优化解决是社会建设层面的关键问题，而就业又是民生之本。自由、平等、公正、法治是社会主义核心价值观在社会层面的价值追求。就业上的平等公正是“以人为本”、尊重人的自由发展的突出表现，不断推进公共就业服务均等化是实现就业平等公正的题中应有之义。目前，中国的社会主义成熟程度还较低、还较不发达、还处于初级阶段，国家的财力依然有限，而公共就业服务均等化的实现程度与国家财力水平是正相关关系，所以我们在推进公共就业服务均等化过程中要依据我们的国情量力而行、统筹兼顾，标准不能定得太高，否则可持续推进公共就业服务均等化就难以获得延续性保障。发达国家公共就业服务均等化大幅度推进是以实现工业化和人均 GDP 达到 3000 美元以上为基础的，而公共就业服务均等化水平显著提高的基础则是人均 GDP 翻倍和已步入后工业化社会。目前，虽然中国工业化的进程明显加快，有学者认为已进入工业化中后期，人均 GDP 已达到 3000 美元以上，但现实国情是拥有 13 亿多人口的超大人口基数，各地区经济发展不平衡，而且城市化过程中的二元结构问题带来的需要解决的问题层出不穷。盲目按照 GDP 指标、仿效发达国家推进公共就业服务均等化进程是行不通的，必须立足现实，量力而行，稳步推进。如果急于求成，有可能造成新的矛盾，事与愿违，事倍功半。立足现实，不仅要从中国的实际财力出发，而

① 习近平：《2013 年 8 月 19 日在全国宣传思想工作会议上的讲话》，《习近平论中国传统文化——十八大以来重要论述选编》，2014 年 2 月，新华网（http://news.xinhuanet.com/politics/.htm.）。

② 习近平：《切实把思想统一到党的十八届三中全会精神上来》，《求是》2014 年第 1 期。

且要从中国均等化的公共就业服务的现实推进状况出发。一方面，中国的公共就业服务总体供给力不足，公共就业服务综合绩效整体上处于偏低水平。另一方面，公共就业服务城乡之间、区域之间的不均衡状态比较突出，条块分割、地域分治现象明显，而且不同群体的受益程度也不相同。弱势群体没有充分体验到公共就业服务的帮扶作用，“不患多寡患不均”的心态没有得到重视，在实际工作中也没有采取措施加以消除。公共就业服务均等化的推进，必须以现实为基础，从最关心、最直接、最现实的就业需求入手，加强针对性、注重实际性、强调实效性，加大投入，促进均等。

四　依法实施与稳步推进

党的十八大报告指出，“法治是一个社会文明程度的显著标志，社会的各项事业只有在法治的约束下才能进行”①。党的十八届四中全会更是以依法治国为主题，明确提出建设中国特色社会主义法治体系、建设社会主义法治国家的宏伟命题，对新时期国家各项政治经济生活依法进行提出明确要求。公共就业服务均等化同样要坚持法治化原则，以法律法规为准绳和依据，依法推进。依法推进的前提和基础是对现有法律法规的梳理、完善和修改，对有利于公共就业服务均等化理念和价值取向的工作重心的补充和完善；而对有悖均等化理念的法律法规要取缔和废止。例如，在中国存续60多年的城乡二元户籍制度刚性地将公民分为城市户口和农村户口，引起社会生活的一系列二元结构的连锁反应，造成事实上的户籍等级和身份等级差异，使城市居民和农村公民在诸多方面尤其是享受公共服务方面存在不平等，而在就业服务方面这一表现更加突出。尤其是随着经济社会的发展，农村大量富余劳动力涌入城市后，公共就业服务对这些富余劳动力的服务功能严重弱化于对城市公民的就业和再就业服务。因此，中国于2014年8月，取消了城乡二元户籍制度，这是为促进公共就业服务均等化在法律体系层面的顺势而为，具有重要意义。法律法规在理念和价值层面体现均等化是前提和基础，操作层面的法律法规的实质性推动是关键，所以要着力制定和完善公共就业服务领域的专项法律法规。党的十八

① 胡锦涛：《坚定不移沿着中国特色社会主义道路前进　为全面建成小康社会而奋斗——在中国共产党第十八次全国代表大会上的讲话》，人民出版社2012年版。

届四中全会指出，要“加强重点领域立法，加快完善体现权利公平、机会公平、规则公平的法律制度”①。公共就业服务均等化的推动是多方共进之举，各个环节的有法可依、公平公正是保障最终服务结果公正的关键。公民享受就业服务和政府、机构、组织提供就业服务的权利、机会、规则公平的基础，是法律规章的明确界定性保障。处处有法律遵循、时时有法律约束、层层有法律监督，才能避免职责不清、权责不明、标准不一、范围不定等问题，在法律框架内推进公共就业服务均等化。

五 全民共享与适当倾斜

公平正义是公共就业服务应该坚持和遵循的基本原则和根本宗旨，但从辩证地看问题角度分析，应该认识到，均等是相对的，而差异是绝对的。公共就业服务均等化的提法是符合辩证思维和事物发展规律的。这里的均等是尊重差异性基础上的相对的均衡，“是指机会、过程、结果与效果的相对均等，而不是绝对平均”②。公共就业服务均等化并不简单指的是公共就业服务供给各方面的平均分布与分配，而是指在考虑各方面作用因素基础上，为满足不同主体需要在经费投入、设施配备、机构建制、服务项目、服务程序等方面用不同等的布局投入追求最终均等的理念结果的过程。推进公共就业服务均等化的过程，不是平均分配资源配置的过程，既要强调就业权利、机会、过程、结果的平等，也要看到差异性和相对性。均等化的过程是发展的过程，是渐进的过程，是一个由不均等到相对均等直至无限接近绝对均等的过程。而这一过程时间长短、结果好坏的前提和基础是经济发展的程度。从这个意义上说，推进公共就业服务均等化的过程蕴含于经济发展的过程当中。经济发展过程中本身就包含着差异的同质过程。这主要表现在地区之间、行业之间、部门之间的经济发展程度、发展速度、发展质量和发展趋势等都存在差异，而在就业服务领域追求的均等化是在这种经济发展不平衡、不均等基础上进行的。所以，从宏观层面来看，在推进公共就业服务均等化的过程中，首先要考量到经济发展的不平衡性和经济发展的程度，尽力而为，量力而行，坚持普惠加特惠

---

① 《党的十八届四中全会公报》，2014 年 10 月，新华网（http：//www. zj. xinhuanet. com/finance/. htm. ）。

② 魏杰、叶榕：《论社会公平的度量标准》，《理论前沿》2008 年第 3 期。

的原则。政府在公共就业服务领域的投入是以综合国力为基础的。经济发展与财力增强是一个渐进的过程，而公共就业服务均等化能否推进取决于多种客观条件，“经济发展水平在很大程度上比制度安排偏好具有更大的约束作用”①。要建立政府投资的稳定增长机制，提高政府调控能力，不断增强各级政府提供公共就业服务的能力，特别是要提高服务全局和跨地区的公共就业服务能力。对一些经济增速缓、公共就业服务财力筹集能力低的省、市、自治区，国家要在政策上予以倾斜，加大中央财政的支持力度。而各省、市、自治区内部，也要依据各市县不同的发展层次，在服务投入上予以区别对待，充分考虑到各地区经济发展水平存在的差异。这样，即使东部地区、中部地区、西部地区之间的经济发展水平的差距不可能在短期内完全缩小，但在公共就业服务投入领域，在政府有意识的倾斜政策下，这一差距缩小的过程会加快很多。而在微观层面，在公共就业服务机构具体服务指向上，一方面，要坚持公共就业服务的全覆盖，保障所有有需求的个体获取公共就业服务的权利，尽力排除性别、年龄、身份、地位和区域等障碍。另一方面，针对公共就业服务项目和方式的需求的群体差异性，做区别性对待和差异性投入，重点向特殊人群尤其是就业困难群体倾斜。有时施加给不同群体同质同类的公共就业服务不是对均等化的坚持，反而是一种曲解。全民共享、适当倾斜是公共就业服务均等化的推进策略。

六　公平为基与效率引导

公平效率问题历来是一个不容忽视的经济学命题。在中国生产力水平还不充分发达的状态下更是一个必须被正视的问题。相应于经济领域的公平效率问题，依赖于经济发展水平而适时推进的公共就业服务均等化同样存在公平与效率问题。党的十八大报告明确指出，“初次分配和再分配都要兼顾效率和公平，再分配更加注重公平”②。可见，经济发展到一定阶段，国民收入分配格局的调整已经刻不容缓，收入分配差距过大的问题不解决，就难以使发展成果更多更公平地惠及全体人民。而公共就业服务领

① 孙矩：《推进城乡基本公共服务均等化》，2010 年 4 月，中国改革网（http：//www.chinareform. org. cn/gov/service/Forward/. htm）。

② 胡锦涛：《坚定不移沿着中国特色社会主义道路前进　为全面建成小康社会而奋斗——在中国共产党第十八次全国代表大会上的讲话》，人民出版社 2012 年版。

域的公平效率问题也是现实解决收入分配问题的一个方面。公共就业服务的公益性、普惠性特征，决定了在此领域也要坚持公平与效率相统一的原则。公平要求要按照基本的社会价值目标实现对公共就业服务资源的配置。效率则要求保证公共就业服务的投入产出比例比较合理，也就是提供的公共就业服务资源最大化获得提供对象的满意。这就要求在政策层面、制度体系层面和资源配置层面保证公共就业服务的公平性，同时通过完善运行机制、运用新兴技术、健全管理服务来不断提高服务效度。公平与效率是衡量公共就业服务水平的两个重要价值尺度。在中国当前的经济状态下，均等化公共就业服务的价值追求是实现劳动者充分就业、提高就业效度。公共就业服务供给要考量多种影响因素，不仅要强调效率问题，而且还要考虑供给的公平问题，也就是公共就业服务的提供要顾及不同劳动群体、不同劳动者之间的公平，这种公平不仅是感性的认知，更应该是可衡量的量化的维度，因为公共就业服务不同于纯粹的经济活动，它是一种准公共产品提供活动，非营利价值大于其营利价值。如果一个社会的公共就业服务只强调效率而不考虑公平，也就是说只关心投入产出比，把提供服务的目的视角定位在效率上，那么服务对象可能只是部分劳动者或劳动群体，而其他劳动者或劳动群体没有享受到这份服务或享受到的服务存在明显的不均衡性，或者公共就业服务对诸如农民工、下岗失业人员、应届大学生等就业困难弱势群体关注度不够，没有提供比其他群体、劳动者更多的服务，那么就会出现就业服务中的“马太效应”，公共就业服务的初衷就不能被很好地体现。因此，均等化的公共就业服务过程，公平正义是第一要义，高效率的追求建立在起点公平的基础上。当然，在对具体服务项目的投入上，可以考虑效率维度的影响因素，以效率最优化为目标。

在公共就业服务运作过程中，政府既是公平正义环境的缔造者，又是公平正义的维护者。政府就像一个圆形的圆心，圆周是由无数个点组成的，这无数个点代表的是各利益群体和公众。圆心和每一个圆周上的点之间的距离都是相等的，这就意味着每个利益群体和公众享受的权利是平等的。如果组成圆周的任一点脱离了圆周，圆周都会断裂，均衡态势不复存在，社会公正将被打破，政府的圆心地位也将不复存在，所以公平为基、效率引导是均等化公共就业服务应坚持的原则。

第二节　公共就业服务均等化实现的促进措施

公共就业服务均等化是在国家、政府主导下，社会、组织、个人群策群力的事业，要以改革创新的精神，不断推陈出新、破解难题。市场的决定性作用以政府的宏观指导为条件，盈利性与非营利性相携共生、竞争与合作互相促进、现代化与均等化协调统一，必须采取一系列措施稳步推进。

一　推进相关法律和制度建设现代化

公共就业服务制度现代化是均等化的前提和基础。公共就业服务制度现代化就是政策法律、管理规章等更加规范化、程序化、科学化。制度问题是根本的问题，均等化包含着公共就业服务制度建设的丰富内涵。均等化的推进与公共就业服务制度体系现代化密不可分。公共就业服务均等化不仅仅是一系列程序和方法的实践，而且是制度现代化实现的过程。公共就业服务是一个大系统，应该包括完备的制度、健全的政府职能、良好的社会合作关系、互补的多元供给模式等，而这个大系统是以制度体系为前提和基础的，离开了现代化的制度体系，公共就业服务系统就不能良性运转。我们应该从整体上全面准确地理解制度建设与均等化公共就业服务的关系，认识到均等化的公共就业服务实现的前提是有中国特色的公共就业服务制度的完善和发展，从性质和方向上为公共就业服务均等化定位。从这个意义上说，公共就业服务制度现代化是均等化的题中应有之义。更进一步的认识是，公共就业服务均等化本身就是公共就业服务法律制度执行能力的集中体现。

从现代化的视角来看，公共就业服务均等化与制度现代化是相辅相成的，均等化离不开公共就业服务法律制度的现代化。从根本上说，制度改革和制度创新，也就是制度现代化是推进公共就业服务均等化的动力，制度的适时而变、构建完善，不断更加规范、更加科学的过程是其现代化的过程，也是制度优势转化为公共就业服务效能的过程。

在均等化推进公共就业服务的过程中，一定要把制度建设摆在突出位置，用制度力量为均等化的推进提供坚强保障。一是为公共就业服务活动提供规则体系，引导形成服务活动秩序。二是为公共就业服务内部系统的关联与互动提供制度保障，引导系统的良性运转。三是为公共就业服务资源配置和服务行为明确准则，消除不确定性，形成稳定预期，促进服务安全，促进主体间合作。

制度现代化是一项长期、系统的过程，既要清晰地分析与阐释每一项制度所处的层次，又要准确定位每一项制度在制度体系中的位置。公共就业服务制度体系的现代化必须立足于中国实际，可以借鉴别国经验，却不可照搬别国范式。中国的公共就业服务均等化是一个渐进性的实践过程，必须有现代化的稳定的制度体系进行支撑。党的十八届三中全会确立的全面改革的总体目标，首先强调的是基本制度的坚持和完善。作为社会建设重要组成部分的公共就业服务领域，制度的现代化步伐也是必须顺势而为、与时俱进的。只有公共就业服务制度体系更加成熟更加稳定，才能更加享受“制度红利”，为均等化的实现打下坚实基础。公共就业服务制度现代化的发展方向是其更加具有国情的适应性、实践的可行性、调整的灵活性①。

自20世纪80年代起，中国的公共就业服务制度体系不断发生变革，逐渐走出了一条适合中国实际的有中国特色的制度创新之路。从“统包统配”到劳动者自主择业，从市场调节就业到市场化就业机制完善，以及免费服务、就业援助、就业与失业管理、对特定群体的专项服务等一系列制度的建立彰显出了中国公共就业服务制度体系的基本完善。

《中华人民共和国就业促进法》《国家基本公共服务体系“十二五”规划》《关于进一步完善公共就业服务体系有关问题的通知》是对公共就业服务制度体系的创新发展做出突出贡献的代表性法律规章。

党的十八届三中全会，从党的最高决议的高度进一步明确了公共就业服务的本质内涵和发展方向，明确提出建立城乡均等化的公共就业创业服务体系的目标，对保障城乡公共就业服务实现均衡发展以及为高校毕业生等特定服务对象提供专项就业创业服务和相应的政策支持都进行了系统的制度性规定，对适应时代发展，促进公共就业服务制度现代化起到了突出作用。

公共就业服务制度现代化的进程依然在继续。宏观层面，相关政策法

---

① 胡鞍钢：《治理现代化的实质是制度现代化——如何理解全面深化改革的总目标》，《人民论坛》2013年第2期。

规要不断制定和完善，以规范公共就业服务行为。微观层面，要完善面向全体劳动者的职业培训制度，构建劳动者终身职业培训体系，建立完善公共就业服务均等化制度与产业升级，转移和人口优化互促共进的良性机制，针对社会人员的失业要建立预警监测制度。只有与时俱进地不断完善、发展公共就业服务制度体系，推进制度现代化，才能为均等化的公共就业服务实践不断推进提供强大的制度支撑。

二 促进公共就业服务流程规范化标准化

公共就业服务均等化是在服务流程中体现的。服务流程的规范化、标准化是公共就业服务均等化的促进因素，推进公共就业服务均等化也内在地要求公共就业服务流程的规范化、标准化。规范化、标准化公共就业服务是指对“就业服务各类服务项目的品质要求、研发、供给活动、后期服务等制定共同的和可重复使用的规则”①，目的是获得最佳社会效益。规范化、标准化首先表现在公共就业服务机构的硬、软件设施建设上的标准统一。公共就业服务机构的名称要统一并相对稳定，言简意赅，使需求者能一目了然地知道该到哪个部门接受服务。与名称相辅相成的是标识。简洁明了的标识是公共就业服务机构的代名词，统一的标识使人耳目一新并深入人心。此外，规范化、标准化的外观环境还包括场地、在城市中的位置、外部设施、服务职能、人员配备等。其次，规范化、标准化表现在服务窗口的设施配备标准统一。包括服务场地面积应达到一定标准。服务窗口的功能划分标准统一，区域设置和名称界定保持一致性，基本应包括咨询服务、信息查询、业务指导、失业保险领取等区域。将烦琐归于简单，减少审批环节、减少纸质化填写过程。规范化、标准化公共就业服务流程关键在于立足中国现实，因地制宜。目前中国制约公共就业服务发展均等化的最大障碍因素是区域之间、城乡之间的经济社会发展不均衡态势，所以在规范化、标准化公共就业服务流程过程中宜坚持“统筹规划与分类指导相结合”的原则，采取“国家统一与地方自主相结合”② 的方式进行。对基层平台建设的资源配置标准、服务标准和支撑技术标准可考

① 柳婷：《湖北省公共就业服务体系建设问题探究》，《中国集体经济》2011 年第 27 期。

② 邸妍：《以标准化促进人社公共服务体系建设》，《中国劳动保障报》2012 年 8 月 17 日第 6 版。

虑优先制定国家标准。同时，鼓励各地探索制定符合当地实际情况的管理标准和工作标准。逐步形成相关法律法规体系与标准体系相联系，把规范化和标准化由表层显现向深度内涵发展引领。

三　实现城乡公共就业服务一体化供给

如第六章所述，中国的城乡二元结构以及由此引发的城乡二元户籍制度导致城乡居民在就业领域具有先天的身份差异。尤其是近年来，以农民工群体为代表的农村富余劳动力在转向城市过程中，由于身份制约，在城市就业时，不能享受到与城市居民同等的待遇，受到身份和户籍歧视，再加上本身文化素质的限制，只能从事工作条件差、工资待遇低甚至具有一定危险性的工作。而且，也是由于城乡二元结构的存在，使得公共就业服务在投入上长期倾向于城市圈，产生不均等的城乡公共就业服务发展现状，成为均等化公共就业服务的严重障碍因素。严峻的现实要求打破城乡二元体制，实现城乡一体化。城乡一体化进程是推进公共就业服务均等化的加速器，是改善民生、实现社会公平的助推器。一体化城乡公共就业服务是服务型政府在公共就业服务领域建设努力的方向，也是改革和制度安排的一种价值取向。城乡公共就业服务差距消除的最为有效的方法是打破城乡二元政治经济结构，通过加快小城镇发展，促进农村人口向城镇转移，实现劳动力资源的有效配置，切实提高农民收入，缩小城乡差距。以此为依托，公共就业服务领域必须在建立城乡统一的就业政策、共同分享公共就业服务资源、优化人力资源市场配置机制、提升公共信息服务效能、创新公共就业服务运行机制等方面下功夫。

（一）统筹城乡公共就业服务制度安排，营造公平就业环境

一体化城乡公共就业服务，制度建设必须先行，必须废改立并举，阻碍农村劳动力自由流动的体系机制必须破除，促进农村劳动力在城乡之间、地区之间有序流动的制度必须建立，促进城乡劳动力市场一体化的制度安排必须实施。首先，取消各种限制农村劳动力进城就业的政策。从政策制度层面保证一视同仁，实现“三个统一”，“即劳动制度的统一、劳动政策的统一和劳动工资率的统一”[①]，建立起真正统一、规范的大劳动

① 吴清军、刘宇：《劳动关系市场化与劳工权益保护——中国劳动关系政策的发展路径与策略》，《中国人民大学学报》2013 年第 1 期。

力市场。改变长期以来重城市轻农村的就业服务模式，将农村居民和农民工纳入到公共就业服务体系中，使农村劳动者享受到与城市居民相同的就业政策和就业服务。其次，要着力建立、健全保证城乡劳动者平等就业权利的制度体系。建立平等的就业登记和资格准入制度，在就业入口处，保障城乡劳动者拥有平等权；建立平等的劳动合同管理制度，在就业过程中，保障城乡居民的平等权利。再次，平等的制度体系还应该表现在对农村劳动者的“就业机会保障、就业能力培养、就业过程监控、就业权益保障、失业管理、就业援助”① 等方面给予特殊的制度性关注。完善城乡统筹的职业技能培训制度，对求职弱势群体进行政策性倾斜，向农民工求职者免费提供职业介绍服务和职业培训。2014 年 7 月，国务院印发的《关于进一步推进户籍制度改革的意见》指出，要“建立城乡统一的户籍登记制度，取消农业户口与非农业户口性质区分和由此衍生的蓝印户口等户口类型，统一登记为居民户口，体现户籍制度的人口登记管理功能”②。公共就业服务要以此为契机，建立与全面建成小康社会相适应、有效支撑公共就业服务、以人为本、科学高效、规范有序的新型公共就业服务制度体系，营造公平竞争的制度环境。

（二）推进公共就业服务向农村全覆盖

一体化城乡公共就业服务，要把服务指向深入到广大农村地区，按农村人口数量与地域分布设立就业服务事务站。可以借鉴村官配置模式，选派高校毕业生从事就业服务事务，与乡镇乃至县级公共就业服务机构有效对接。同时，根据农村转移就业劳动力的实际需求，继续推动城镇就业服务网络向农村劳动力开放的进程，打破地域界限，摒弃地方保护主义，在实际服务过程中去除身份差别，实现常住人口公共就业服务全覆盖，帮助广大的农民工群体实现稳定的就业，进而促进其有序市民化，加快城乡一体化进程。这也是贯彻落实《关于进一步推进户籍制度改革的意见》、推进城镇化进程在公共就业服务领域应进行的努力。

（三）双向强化平等意识，保障农民的就业权益

就业是供需双方共同实践的过程。一方面，用人单位观念要更新，

① 张海枝：《中国公共就业服务均等化现状研究》，《兰州学刊》2013 年第 6 期。

② 《国务院关于进一步推进户籍制度改革的意见》，2014 年 7 月，新华网（http：//news.xinhuanet.com/ politics/htm）。

要平等对待农民工及农村劳动群体，与农民工依法签订劳动合同，并严格履行劳动合同条款，为农民工缴纳失业保险等保障性福利，自觉维护农民工劳动权益，坚决杜绝拖欠或克扣农民工工资的现象发生。另一方面，农民工及农村劳动群体也要强化平等意识，积极维护自身合法权益。农民工尤其是新生代农民工应加强自我学习提高，增加自信自强，善于利用政策法律维护自身的合法权益。亿万农业转移人口身份转化的关键之一是与城镇市民享有平等的公共就业服务。在这一点上，农村劳动者的平等意识要加强，要有提出合理诉求的积极性，要善于以政策制度为依据维护自身在就业服务领域的平等权利，这也是城乡一体化进程对农民自身的素质要求。

四　保障公共就业服务全领域信息化

公共就业服务均等化是与公共就业服务现代化共同发展的。现代化在技术领域的重要指标是信息化。信息化程度的高低直接决定着均等化的前进速度。因为信息化可以推动公共就业服务的创新和发展，为公共就业服务的高效运转提供先进工具和手段，而这正是均等化公共就业服务的载体。

随着现代信息技术的发展，信息化给社会经济生活带来日新月异的变化。各个领域竞相采用信息技术提高劳动生产率，创造价值。公共就业服务作为社会化程度要求很高的事务领域，需要大幅度提高其服务能力，打破空间阻隔，扩大受益人群规模。以上这些要达到的目的在不依靠增加资源投入的情况下或者说在节省资源投入的情况下的达成载体就是公共就业服务全领域的信息化。

信息化公共就业服务全领域有两个层面的含义。一方面，是指在劳动力市场和就业服务体系中广泛应用信息技术，着力建立公共就业服务信息网络，利用信息技术进行公共就业服务资源开发和使用，促进公共就业服务向全体社会成员覆盖，推动公共就业服务发展成果全民共享的进程，从而加快推进公共就业服务均等化的进程。另一方面，是指通过提高公共就业服务信息化水平，推动公共就业服务机构改造、整合、重组，优化公共就业服务流程，提高办事效率，使服务更加专业化，分工更加合理化，使有限的公共就业服务资源发挥最大效能。信息化公共就业服务全领域“不仅是公共就业服务现代化的重要过程，也是促进公共就业服务均等化的重要过程”①。

（一）构建权威统一的公共就业服务网络

信息化公共就业服务全领域首先要求公共就业服务的整体性，构建权威统一、覆盖全国城乡的公共就业服务网络是首要任务。目前，中国公共就业服务领域信息化发展滞后的问题仍然很突出。政府的统一规划不够、网络功能不全。在政府的门户网站上，不能进行直接的文件受理，智能化的数据分析和处理做不到，导致信息网络的使用受到限制，达不到方便、快捷、节省资源的建设初衷。有关调查显示，公共就业服务的主客体对信息化建设的满意度都很低。从调查中发现，大多数受访者对信息化的重要作用持充分肯定态度，但有65%的受访者认为其作用没有被充分发挥出来，至于原因，认为政府的执行力没有充分发挥占到了78%。关于信息网络现在已经具备的服务功能的使用情况，调查数据显示，只有11.5%的受访者使用过。而公共就业服务机构利用信息网络的情况同样堪忧。其提供服务的主要载体仍然以传统的宣传板、面对面和传单广告为主，而互联网的使用率不足10%②。由此可见，公共就业服务信息网络不仅仅是平台搭建的问题，内容的充实全面才是关键。

统一开放的公共就业服务网络的建设理念是中央统筹、城乡覆盖、普遍享有，遵循的建设原则是促进扩大就业、匹配就业服务和结合实际情况，建设的依托力量是财政和人社部门，建设的指导思想是“上下贯通、城乡一体、规范统一、快速便捷”③，建设的目标是“数据向上集中，服务向下延伸，系统管理开放，资源信息共享”④。具体来说，一要建立“一点登录，全网查询”的操作系统。这要以就业登记实名制为基础，达到数据统一、规程统一和软件统一的标准要求。二要建立无障碍信息传播系统。这要以信息采集准确、处理科学、分析到位、发布及时和传递顺畅为基础。三要建立实时监测系统。监测主要针对的是登记失业人员及失业保险情况。目的是形成实时性的就业形势统计分析报告，“为服务领导决

① 刘军：《推动中国公共就业服务均等化的认识和建议》，《中国劳动》2011年第9期。

② 袁国敏：《公共就业服务，我们应该如何做——基于辽宁公共就业服务满意度调查的研究》，《中国劳动》2007年第10期。

③ 李静波：《建立完善劳动保障体系推进劳动保障事业快速发展》，《潍坊日报》2008年12月17日第6版。

④ 《信息建设促进就业》，《潍坊晚报》2007年12月3日第3版。

策、制定就业政策、调整就业结构、实现宏观调控，提供科学依据”①。建立统一开放的信息网络的目的是着力消除就业服务中的信息不对称，实现信息资源共享和业务办理信息化②。

（二）现代化服务手段、方式

信息化是新型生产力的集中代表，看似无形却以有形物质要素为支撑，这些物质要素包括设施设备、技术手段等物质载体。物质要素支撑信息化发展的有效条件是不断进行现代化发展。从这个层面上说，在公共就业服务领域，现代化与信息化是一个统一的过程，是公共就业服务均等化实现的两大助力。现代化是信息化的前提和基础，没有设施、环境、管理、服务的现代化，信息化就会成为无源之水、无本之木，所以在信息化服务的过程中绝对不能忽视办公设施、技术手段、服务载体等的现代化，这是信息化的先决条件。

如今，电子产品不断更新换代，手机、掌上电脑已走进寻常百姓家，而且因为方便快捷的网络覆盖面日益扩大，使得手机、掌上电脑具有随时随地、方便快捷的上网功能。所以，公共就业服务机构应充分利用好这些现代化的移动网络平台，开展方便快捷的就业信息发布、培训、咨询等服务，实现服务方式、手段现代化。例如，在学习培训环节，开展利用手机等电子设备的移动学习模式。其一，以短信、语音等形式传输学习内容，将学习内容微缩化、片段化，学习者可以随时随地阅读和收听学习内容。克服传统的学习模式的时间和空间限制。其二，利用手机、掌上电脑等现代化电子设备向学习者传输电子书、视频、音频，在网络环境下，还可以实现学习者与学习者、学习者与教师之间的交流沟通。其三，还可以利用微信这种新媒介，开辟微信公众平台，利用微信提供随时随地的公共就业服务。当下新兴的微课、慕课等形式在公共就业服务尤其是培训服务中也可以很好地加以利用。

五　实现公共就业服务人员能力化和素质化

能力化素质化既是过程也是目标，是指不断提升公共就业服务从业人

① 常荔、宋杨：《金融危机背景下公共就业政策研究综述和前瞻》，《武汉大学学报》（哲学社会科学版）2012 年第 2 期。

② 杨燕绥、赵建国：《灵活用工与弹性就业机制》，中国劳动社会保障出版社 2006 年版，第 18 页。

员素质和能力，适应现代化、信息化、时代化的发展，实现与时俱进，在完善和发展中创新。人是生产力中最活跃的因素，一切物质活动的实际操控者是人，人的素质能力在推进公共就业服务进程中起着举足轻重的作用。技术进步、信息发展、模式创新等一切服务形式的开展延伸都是以人为基础和载体的。所以均等化公共就业服务的推进，必须能力化、素质化公共就业服务人员。提升公共就业服务人员的素质和能力，要使学习培训常态化，要把好从业人员的素质关。素质首要的是思想道德素质。人无德不立，公共就业服务人员必须具有高尚的道德，甘于奉献，甘为人梯，尤其应将社会主义核心价值观作为立德的基本准则。这就要求自身加强学习和修为，单位加强约束和监督，设立道德红线，实行组织纪律约束，对违背从业道德的人员不姑息纵容，该警戒的警戒，该惩处的惩处。素质其次是业务素质。公共就业服务"服务"为先，服务人员的业务素质的高低决定着服务质量的好坏。所以，业务素质培训要常抓不懈。服务理念要与时俱进，服务手段要紧跟时代，服务方法要不断更新，达到"精业务、会管理、懂科学、善沟通"的标准。素质与能力是相辅相成的，能力以素质为前提，素质通过能力来表现，能力包括沟通、协调、应变、快速反应、分析解决问题等多方面。能力一靠学习养成，二靠实践积淀，三靠训练培养。

当然，素质化能力化要坚持三个导向：以公共就业服务机构职能、服务对象需求和服务规范化为导向。公共就业服务机构要以人本为基础，推动公共就业服务人员提高综合素质和能力。

第三节　实现公共就业服务均等化的保障举措

公共就业服务均等化是一个循序渐进的过程，不但需要政策法律引导，制度环境建设，还需要内涵发展提升。在公共就业服务过程中讲求因地制宜、因人制宜、因势利导，在细节上下功夫，把服务落实、落小、落细。

一　注重公共就业服务供给的个性化

公共就业服务均等化是相对的均等，有时针对特殊群体的政策、措施倾斜是为了实现真正均等的必要措施。提供个性化服务尤其是针对特殊群体的个性服务是一个重要保障措施。

一要进行个性化帮扶。失业人员、大中专毕业生、返乡农民工、残疾人、军队退役人员等都存在不同程度的就业问题，而每个群体年龄、受教育程度、身体状况、职业意愿均不相同。不但职业介绍、就业、创业政策咨询等就业基础工作应根据不同群体特点有指向开展，针对他们的心理特点提供深入面谈，进行行业测试，推荐职业，甚至于陪伴他们面试求职，而且还应依据不同群体的特点开展培训、讲座、小型专场招聘会和宣讲等。更深层次上，因人而异开展职业调查、职业心理辅导、职业生涯规划指导等，引导、鼓励、帮助相关人员树立就业信心、找准就业方向、正视就业压力，最终实现满意就业。

二要创建个性化服务品牌。针对城乡不同劳动者的就业需求，促进“城乡劳动者公平就业、素质就业和市场就业，努力实现帮扶到人、政策到位、岗位到手、服务到家”①。根据不同群体开展不同特点的就业服务品牌活动非常重要。就业援助、充分就业行动和其他就业促进行动要因人而异、分类实施，对符合条件的城乡就业困难人员要优先帮扶和托底安置。政策的推动引领，实际的组织实施和各方的高度协作，才能使针对各类群体的服务活动以时间和空间为坐标，以人为圆点，更加精细化，个性化、人性化。如青岛市市南区针对不同群体分别推出了“企业直通车”“就业发源地”“就业创业联盟”“绿色港湾”“助残无忧”等9个基层就业品牌，实现了“一街一特色，一街一品牌”，收到了很好的效果。借鉴国外经验的优点个案管理模式更是一对一的个性品牌标志性模式。它把分析研究求职者优势资源作为前提，通过优势列举，激发求职者信心，促使其优化意愿的形成，将优势潜能发挥出来。公共就业服务人员在此过程中，扮演着相当重要的角色。要用优势观点与求职者一同检视、梳理、归纳，提炼出求职者的优势，并帮助其将优势与具体职业愿景相结合，最终实现就业目标。这一模式要求公共就业服务人员不但要具备强烈的责任意识，而且要有厚重的专业素养、熟练的工作技巧和娴熟的分析能力。

三要开展一对一的职业技能培训。根据求职者的自身特点，结合就业单位的人才需求特点，以保障求职者长远发展为目标开展培训服务。一对

① 孙疆燕：《潍坊市切实推进公共就业服务均等化》，《山东人力资源和社会保障》2013年第6期。

一的职业培训是用人单位和求职者、公共就业服务机构三方配合进行的，分为职前培训和职后培训。职前培训，公共就业服务机构是培训实施者，用人单位是监督者和验收者。职后培训，用人单位是实施者，政府、公共就业服务机构是监督者。这种一对一的职业培训，不仅可以保证求职者顺利就业，而且可以促进其长久就业，是终身学习理念在就业培训领域的贯彻，也是对尊重个体差异的人本价值理念的贯彻。

二　推进公共就业服务主体的多元化

政府在公共就业服务均等化推进过程中，承担着主导责任，但政府毕竟是有限载体，公共就业服务完全由政府实施不能完全满足公共就业服务本身发展需要和受众群体的全面发展需要。不断加快的均等化进程，对公共就业服务的效率和能力提出了更高要求，而传统的由政府垄断的“资源配置方式与偏重硬件设施建设的服务供给模式”[①]，日益暴露出原则有余活力不足的弊端，政府的多重角色扮演也影响了主要责任的发挥。客观现实和时代的发展要求公共就业服务政策和运作模式要不断创新，大力探索一主多元的公共就业服务供给模式，推动公共就业服务良性发展。

（一）资源整合目标下的多重主体协同发展

多元化供给模式是公共就业服务社会化的过程。社会化的公共就业服务是政府主导的全社会的共同作为。多元化供给模式的实行，提高公共就业服务效率是目的之一，节约资源、提高资源利用率是目的之二。所以立足点是整合资源，用最少投入办最大事，而不是铺张浪费，一味追求场面规模。资源整合包含多重含义。一是机构的整合，力求做到公共就业服务机构和其他性质的就业服务机构、组织的优化重组，精简集约，达到统一、开放、集成、高效的目标。二是职能的整合、划分。公共就业服务内容多、项目广，政府首先要区分项目内容的性质和功能，进行纯公益性、半公益性和经营性区分，然后将同一属性项目进行合并整合，在此基础上，按照一定原则分配给不同性质的服务部门负责实施，避免不必要的重复和重叠，实现各个机构各司其职，服务目标明确的目的。三是公共就业

① 胡祖才：《关于促进基本公共服务均等化的若干思考》，《宏观经济管理》2010 年第 8 期。

服务人力资源的整合。在现代市场经济条件下，人力资源是影响经济效率的重要价值因素。公共就业服务要充分发挥作用，提高人力资源的使用效率是一个重要方面。整合应由政府引领，不仅是在公共部门内部，而且应该延伸至各种非政府组织、机构。这种整合主要不是指人力资源的人事关系的流动交流，而是指人力资源的专业性配置和梯队结构的合理布局。有计划、有步骤地完善服务队伍的专业结构、年龄结构，实现优化配置、人尽其才、提高效率的目的。

（二）建立和完善政府用经济手段调控多元供给的制度安排

公共就业服务以公益性为主要服务宗旨，在多元化供给模式下，公益性的达成要通过政府多种经济调控手段来实现。非政府公共就业服务供给主体进入公共就业服务领域的盈利目的的实现通过政府的扶持来完成。首先，政府应建立奖励性制度安排。对在公共就业服务领域，服务理念明确、服务效果好的企业、组织或个人，以经费、设备等经济利益给予奖励，调动其进一步致力于公共就业服务的积极性，同时满足其运营的盈利目的。这是符合市场经济运行规律的。其次，政府要建立优惠制度安排。公共就业服务属于特殊领域，投入产出比相对较低，需要税收等优惠政策，吸引非公有制经济体进入，适度、合理的优惠政策对完善多元供给模式十分必要。政府还应建立促进多元化发展的多种经营制度。比如实行特许经营制。针对的是公共就业服务领域的某个服务项目，有限放开经营权，通过正规的招投标环节，科学评估，选取合适的经营部门，授予专有的经营权，以保证服务的质量和效率。还有，可以采取承包经营制。就某项服务订立明确服务目标，规定奖惩措施，外包给经营主体，政府定期检查监督合同完成情况和效果，按合同规定支付费用，对未完成合同或完成效果未达标的承包主体依据合同进行惩处，对完成合同和效果好的承包主体给予奖励。再有，政府可以采取直接购买公共就业服务的制度安排。这种制度安排可以通过发放培训券的方式来完成。这种经营制度主要在培训领域实行，更加能体现多元主体的公平竞争态势。主要运作模式是政府直接发放培训券（一般带有面值）给求职者，求职者自由选择培训机构，凭借培训券获得培训服务，政府阶段性的凭借培训机构收取的培训券，进行经费结算。

（三）多元化供给模式的运作机理

公共就业服务领域实行多元化供给模式是为了加快均等化的进程、推动公共就业服务现代化，所以要坚持技术和政治双重价值判断。技术判断是为了更好地发挥多元主体供给的效率，追求的是在技术操作层面的最优化实施方案。政治判断是为了保证公共就业服务的公益性宗旨，追求的是保证多元供给模式运作过程的公平正义和运作效果的公平正义。技术判断的实践和实践程度由政治判断来决定。也就是凡是有利于公平正义价值理念的多元供给模式就坚持，而违背公平正义理念的多元供给模式，即使能够创造巨大的社会经济效益，也不能付诸实践，因为公共就业服务不是以追求经济价值而是以追求权利保障价值为目标的。

三 推动公共就业服务财政投入的均衡化

公共就业服务是经济社会发展到一定阶段的必然产物，也必须适应经济社会的发展变化而不断发展创新。这种发展创新是均等化推进的过程，担当主导作用的政府需要加大投入为其提供强有力支持，而这种投入的加大是以均衡化为目标的。财政投入均衡化是以投入总量的充足为基本保障的，总量丰富前提下的均衡是公共就业服务均等化的本质要求。所以，均衡化财政投入的推进过程，也是国家不断加大公共就业服务领域财政投入，提高就业服务支出占财政总支出比例的过程。应该改变现在公共就业服务支出没有单列的现状，将其从社会保障支出中分离出来，明确规定其占财政支出的比例及逐年增加的比例。

（一）完善分税制财政体制，明晰各级政府财权责任

应按照党的十七大提出的“健全中央和地方财力与事权相匹配的财税体制”[①] 的要求，着力完善分税制财政体制，适当扩大地方财政，尤其是省以下地方财政的财政收支权限。中国的分税制目前只在中央和省级（自治区、直辖市）两个政府层面真正实行了，而省（自治区、直辖市）级以下财税体制存在财权与事权不对等的现象，往往是财权上移，而事权下移，财权小事权大，地方财政常常捉襟见肘。鉴于此，应该健全并完善垂直立体的分税体制，按照财权与事权匹配的原则，划分不同层级政府的财权，厘清各级政府的财权、事权责任。公共就业服务领域的财政责任应基于服务项目的供给来推动其均衡化。对公共就业服务项目按层级划分，

① 胡锦涛：《高举中国特色社会主义伟大旗帜 为夺取全面建设小康社会新胜利而奋斗——在中国共产党第十七次全国代表大会上的报告》，《人民日报》2007 年 10 月 25 日第 1 版。

逐层提供，有的涉及全国性的或地方财力难以承担的可由国家直接提供。而有些适合地方政府尤其是基层地方政府提供的，上级政府应授予其充分的权力，同时提供足够的财政经费授权和支持。

（二）优化财政支出结构，加大积极性服务项目投入力度

由于目前财政支出受财政收入有限性制约，在完善分税制财政体制的同时，优化支出结构至关重要。在公共就业服务领域的投入上也应注重优化支出结构。公共就业服务从内容上看，购买岗位、发放失业补贴等服务属消极的、防御性的、外生性的，而技能培训和创业培训等服务则是积极的、竞争性的、内生性的。前者是授之以鱼，后者是授之以渔，后者是长远的、发展的措施，是促动劳动者内在动力外化为实际行动的措施，也是激发劳动者的自信心、尊重人的创造力的表现，所以，在就业服务的投入结构中，应将积极意义的培训投入作为重点。从世界范围看，多数市场经济国家对培训投入的比重都是相对较高的，而这也是我们在公共就业服务中应该汲取的经验。

（三）加强转移支付力度，促进财政公平

正如前面第五章分析的那样，中国区域之间、城乡之间的差距是影响公共就业服务均等化进程的一个重要因素。而这种差距的形成是多种因素连环作用的结果。欠发达地区经济发展相对落后，地方财政收入明显少于发达地区，而主要依靠地方财政的公共就业服务投入也必然少于发达地区，这种状态持续一段时期后，必然造成地区之间、城乡之间的公共就业服务差距。公共就业服务均等化的推进亟须转变这种态势，在财政投入上要加大转移支付力度，用国家权力均衡财政投入。转移支付的目的主要“有实现财政公平、内化外部效应和体现拨款者意图与偏好”。影响转移支付的因素主要有“财政供给能力、公共就业服务财政需求和财政努力程度三类指标”[①]。在政策层面，转移支付的落脚点，应是转移支付结构的调整完善。第一，一般性转移支付是基础。其投入要加大，制度体系要健全，规模和比例要提高，测算办法要科学设计。第二，专项转移支付是补充。其项目要规范，现有项目的取消、压缩和整合要依据现实情况，新的项目要科学论证，严格审批。第三，转移支

① 王浩林：《推进公共就业服务体系的建设：以基本公共服务均等化为视角》，《北方经济》2010年第24期。

付的办法是关键。传统的税收返还转移支付办法要不断改革，新的转移支付办法要探索，科学合理是目标，统一、规范、透明是宗旨。

（四）健全专项资金使用制度，加大基层公共就业服务资金支持

要适当通过专项资金划拨方式，为农村地区的公共就业服务供给提供财政支持，按“地区承担的就业服务工作量合理分配促进就业专项资金等各种公共就业资金，激发基层的发展活力”[①]。比如，为了满足西部农民工迫切的公共就业服务需要，解决西部地区职业教育和技能培训受资金条件限制发展缓慢的问题，中央政府可划拨专项资金，专款专用，直接用于西部地区的职业教育与技能培训建设。当然，此举措，要加强检查监督，确保资金到位和专款专用。专项资金具有明确的目标指向，对公共就业服务领域某一突出问题的解决具有突出的时效性。

（五）实施扁平化管理方式，推进省直管县财政管理方式改革

长期以来，中国实行五级行政管理体制，在省和县之间有一个市级行政建制，这在监督落实政府决策、加快区域发展上起到了积极作用，但也存在政出多门，多头管理，行政效率低下等问题。扁平化管理模式，即省直管县的管理模式，减少了中间环节，在政策执行落实上更加通畅，具有集约高效的作用，而且可以减少和避免人为因素对行政力的影响。在公共就业服务领域的省直管县财政体制改革也是提高效率、促进均衡的一个积极举措。这种方式，减少了财政资金的分配层级，减少了政策制定和执行之间的过渡环节，有利于集中财政力量办大事、办实事；也有利于管理的集中有效和监督的有力到位，更主要的是有利于均衡化财政政策的顺利实施，也可以进一步规范省级以下政府间的财权分配，符合政治体制的改革目标。

四　促进公共就业服务需求表达机制的畅通化

当今各国政府都在倡导公众积极参与公共就业服务的过程，这也是中国政府从管理型向服务型转变的目标。但目前“自上而下”的传统供给模式，使政府很少考虑就业服务对象的现实需求，缺乏有效的互动，从而导致供给与需求脱节的问题。有效需求理论认为，需求决定供给，公共就

① 《关于进一步加强就业专项资金管理有关问题的通知》，财社［2011］64号，2011年5月，中国政府网（http：//www.gov.cn/gongbao/content/.htm.）。

业服务的供给决策者应以服务对象的需求为依据，决定公共就业服务供给的优先顺序。为减少供需错位以及信息不对称，应建立畅通的需求表达机制，及时了解就业服务对象的诉求与需要，实现最优供给，提高供给效率；而促进就业服务对象与政府的沟通，也对提升就业服务机构公众满意度和提高服务的质量、效率起到了推动作用。

（一）需求表达机制是制度、系统体系

需求表达机制不仅仅是一个制度，更是一个表达系统，这个表达系统的建立直接关系到公共就业服务对象能否将自己的诉求充分地表达。由于群体类别不同、就业压力不同，自身的知识素养积累以及就业竞争存在较大差距，不同劳动者群体的求职意向、择业类型、服务需求等偏好不同，正所谓众口难调。要实现公共就业服务均等化目标，必须建立畅通的诉求表达渠道，使不同群体都能顺畅表达自己的需要和诉求，进而公共就业服务机构因人而异、分类施策。政府应通过实际调查并听取专家意见，结合政府部门自身的能力与就业服务对象的需求明确差异性，求同存异，将诉求有效整合，归纳演绎，方能有针对性地采取不同就业服务手段。当然首先公共就业服务机构施策的诉求应是合理范围内的、代表群体利益的诉求，而对个别个体的合理诉求可采取个性化服务的方式加以解决。在此过程中，表达渠道的畅通显得尤为重要，它是供需双方交流、协商，并最终取得一致意见的重要枢纽。

（二）需求表达机制的顺畅需培养“积极”公民

公共就业服务是民生之本、社会保障之基，更需要听到受众客体，尤其是弱势群体的“声音”。公共就业服务机构为了促进政策质量的提升，“就应该转向公民，把他们作为信息的来源”①，倾听他们的诉求。这就存在需求表达机制顺畅的问题。而需求表达机制的顺畅，是主客体共同努力的结果。作为客体的公民的民主意识的觉醒，并积极表达诉求，成为需求表达的“积极公民”的前提和基础。“积极公民”的培养，一是从主体（政府）层面应促进客体公民资格的回归。公民尤其是弱势群体不仅仅是公共就业服务“消费者”和“受惠者”，也是公共就业服务政策制定的参与者和推动者。这需要政府不断完善需求表达机

① 张昆玲、宋杉岐：《关于新农村建设政策制定的一些思考》，《特区经济》2010 年第 1 期。

制给公民参与公共就业服务决策制定提供条件和空间。二是应促进公民参与意愿的回归。首先要提高公民的意识。使公民意识到公民权利和义务是相辅相成的，为了更好地享受权利就要切实地履行义务。这种公民意识在公共就业服务领域的表现，就是应该对公共就业服务的政策制定环节、实际运行环节提出意见和建议，将自身的合理诉求及时表达出来。当然，这种诉求应该是经过集体利益凝练的诉求，不是单纯从个体利益角度出发的。其次，应提高公民素质。公民参与意愿的回归，是通过公民真正的参与来体现的。而公民的参与成效与公民素质高低有着直接关系。文化素质是公民参与的基础。无论是参政议政还是诉求表达，都需要具有一定的文化素养。而文化素养的提高需要政府提供基础的学习修养环境，同时也需要公民个人的主动学习精神和心境。思想道德素质是关键。公民诉求的正确表达，不是利己主义的张扬和个人利益的维护，而是基于集体主义理念下的群体利益的表达，所以公民的宽容、理性、公益心和公共精神是合理诉求表达的先决条件，也是公民素质的基本要求。只有在此基础上，才能用充分的话语权，对公共就业服务的数量、质量、可持续性、均等化、公平性等方面提出自己的意见和建议，这种诉求才能最大限度得以解决，公民的享受公共就业服务的权利才能充分发挥，也才能促进公共就业服务的均等化。

（三）需求表达机制的顺畅需提高弱势群体的组织化程度

弱势群体在公共就业服务中的需求表达往往无法顺畅通达，不能引起决策制定者的足够重视。造成这种局面的一个原因是弱势群体的组织化程度较低。当今社会是高度组织化的社会，群体的组织化程度对其社会影响力起决定作用，以人数多寡论地位权利的时代已经成为历史。组织是公民权利的强有力支撑，也是社会权力分享的主要依托力量。在依靠组织进行权力分享的世界里，正如乔治·弗雷德里克森所说的“政府组织、准政府组织、非营利组织、私人组织共同参与政策的制定和政策的执行”①，公民只有具有组织归属才能获得足够的利益诉求维护。在公共就业服务需求表达过程中，尽管如农民工等弱势群体具有人数上的优势，但由于组织化程度的缺乏，其需求转化为制度认同往往比较困难。因此，只有提高弱

① 孙飞、张静：《乔治·弗雷德里克森思想述评》，《现代商贸工业》2010 年第 12 期。

势群体的组织化程度，一方面，才能使弱势群体的建议和意见诉求顺畅表达，更多地进入政府决策过程，使全社会的话语机制更加平等。另一方面，弱势群体在遵守组织规程前提下的组织参与活动，也是其思想道德素质和知识能力素质接受教育和锻炼进而提升的过程，对其全面发展和深化权力意识起到促进。进一步而言，社会力量尤其是弱势群体的有组织的需求表达，能促进政策主体间平等关系的真正实现，推动主客体价值意愿的协同统一。

（四）需求表达机制的顺畅需建立公共参与机制

公共就业服务领域需求表达机制顺畅的直接目标是就业服务政策的民主化、科学化，最终目标是保障与增进公共就业利益。公共就业利益的实现不是就业服务资源被利用的结果的公众的简单呈现，而应当是在公民意愿作用下的公共就业资源的有效利用。因此，以需求表达为主要特征的公共就业服务参与机制建设，一方面，要注重公共参与的制度建设。从根本上保障公共参与的落实。政府就业服务承诺制度的建立、健全，主要是要求政府在就业服务领域的阶段性责任和目标要明确，并向公众公开，这样才能便于接受监督；听证制度的健全规范主要是保障重大就业服务决策公民的事前知情权和意见、建议表达权，并最终对决策实施与否产生影响；信息查询和反馈制度的规范运行是为了方便公民对公共就业服务运行情况的随时监督，并将意见建议顺畅送达相关职能部门，实现公共参与有程序、有平台、有渠道，促进整改和公共就业服务质量的提高。另一方面，要积极开辟公共参与“空间”。这一“空间”应该是立体的、开放的、多元的，是“公民、非政府组织等各种社会力量表达话语参与的公共论坛”①，各种意见的交流碰撞、批判与辩论，是成熟意见表达的基础，也是公共理性形成的条件。这种大浪淘沙的观点争锋，也有利于真实民意的脱颖而出，为政策制定提供真实民意参考。从“由过去政府绝对主导决策变为企业、劳工组织、非营利组织、利益集团、政府部门和普通公众共同参与形成决策”②，可以增加公共决策的接受力和合法性，这也是符合

① 葛晓梅、何长江：《转型期非政府组织参与公共危机管理的困境及其出路》，《贵州社会科学》2011 年第 1 期。

② 刘恩东：《中美利益集团影响政府决策对象的比较分析》，《天津行政学院学报》2009 年第 5 期。

时代政治进步对公共政策形成的要求的。

五 推进公共就业服务监督机制的常态化

公共就业服务均等化是政府主导的社会事业。在多元公共就业服务框架体系中，作为这一公共产品的主要供给者，政府集协调、领导、整合与管理等任务于一身，在组织实施公共就业服务过程中的行为理应受到监督，在阳光下运行才能保障为民服务的本质。监督机制常态化是必须实践的目标。第一，公共就业服务内部监督管理机构的设立和运行是必要的。在公共就业服务机构的层级管理体系中，自上而下的垂直监督，可以有效保障公共就业服务机构的服务项目科学设置，服务流程规范达标，公众意愿需求及时满足，服务质量不断提高。第二，外部监督机制的引入和运行也是必需的。社会监督对公共就业服务健康运行具有很大的促进作用。公共就业服务是窗口行业，开放公开是基本原则，来自于社会机构及公众的监督和意见反馈，是提高服务水平的促进机制。政府应该在拓展需求表达渠道、健全表达机制过程中倾听社会公众的意见、建议，接受社会公众的监督。第三，注重经费投入使用环节的监督。政府作为公共就业服务主导者，不仅扮演管理者的角色，也扮演服务者的角色，同时在特定环节又扮演“经济人”的角色。多重角色体现政府在公共就业服务过程中的多个角色扮演都需要进行监督。而对经费投入使用的监督更为重要。应借鉴发达国家经验，对就业服务各环节尤其是经费投入使用环节严格监督检查，建立健全审计、财政和财务监督制度和机构。将经费供给与服务质量、服务效率挂钩，对大项目从方案的规划、评价和选择开始就进行监督，对其成本收益情况进行定期检查，以监督项目的实施效果。第四，对非政府组织的监督也应全方位进行。随着公共就业服务的多元供给模式的不断完善发展，非政府组织的角色和地位日益突出，有效地监督是促进其良性运转的必要措施。鉴于非政府公共就业服务组织发展时间短、社会公众对其认知浅的现实，广泛地动员、积极地推动公众认识的提高是先决条件，在此基础上，有益的批评和监督，是非政府组织提升和改进服务质量、扩大社会影响、持续健康发展、更好地服务于公共就业服务均等化进程的推动力量。

六 推动公共就业服务评估体系的科学化

公共就业服务均等化的推进是以公共就业服务的实际运行水平和发展轨道为基础和前提的。质量和效果是显性指标。对质量和效果的评价反馈是非常重要的。有反馈才能知不足，才能求改进，才能更好地发展。积极的政府绩效管理是提高服务效能的有效途径。评估指标的科学设定、评估机制的常态运行是绩效管理的基础和保障。评估体系的科学化是在公开透明原则的基础上，以公共就业服务内容为评价范围，以劳动者实现稳定就业为中心，以劳动者满意为尺度，从评估主体选择到评估指标设计到评估过程实施到评估结果测算，以及评估结果的反馈一系列程序的制度化、规范化、体系化。

（一）评估主体的界定和划分

科学的评估体系包括“评估主体、评估指标、评估实施和评估反馈”[①] 几个环节。其中评估主体选择是评估开展的基础。从现实情况看，公共就业服务评估主体可以划分为以下四类。一是就业服务政策的制定者和执行者（政府部门）。他们是公共就业服务资源的掌控者，有时甚至是公共就业服务的直接提供者，对公共就业服务的运行情况了如指掌。但由于评估结果会对这类主体的业绩产生直接影响，在一些非量化指标的填报自评上可能会受主观偏好影响，从而影响评估结果的科学性。二是公共就业服务机构内部的监督管理部门。这类主体相对超脱于具体公共就业服务事务之外，并且因为存在层级管理关系，对公共就业服务的日常运行情况和效率比较了解，形成的评估报告能够比较真实客观地反映公共就业服务现实。但因为这类主体的身份特征，有时可能会有“护短”心理，评估结果的科学性也会因此有所下降。三是专家学者。他们具有较高的专业理论水平，而且立场是“中立”的，所以他们的评估具有重要价值。但因为信息资料的获得依赖公共就业服务部门的提供，所以资料的完整和准确程度直接影响着评估报告的质量。四是服务对象。这是公共就业服务直接受益群体，对公共就业服务的感性认识真实、具体，适合对公共就业服务具体项目的评估审视，其身份和地位是公共就业服务效果评估的主体力

---

① 王浩林：《推进公共就业服务体系的建设——以基本公共服务均等化为视角》，《中国管理信息化》2012 年第 7 期。

量。但由于这类群体享受到公共就业服务的程度不同，在评估过程中可能会出现“掩盖政策问题或者夸大政策缺陷的状况”[①]，使得评估结果的科学性受到影响。从以上分析可见，四类评估主体各有优势也各有缺陷，对不同主体应设计不同的评估指标体系，尽量发挥其优势，将主体缺陷对评估结果的影响降低到最小程度，使评估结果更具价值。

（二）评估指标体系设定——以满意度指标体系为例

公共就业服务绩效的评估，不是以资源投入量和工作量为考察指标的，而是以社会效益或者说社会和公众的需求满意度为考察指标的。只有当公共就业服务的实际工作被社会和公众所认可，才是有效度的，所以，在公共就业服务的绩效评估中，各种接受就业服务的“顾客”的满意度评价占有重要地位。因此，科学的评估指标体系是以服务对象主体的考量为主要依据的。

要使公共就业服务绩效评估科学化，构建科学的评估体系至关重要。本书姑且不谈公共就业服务在政府服务绩效方面的评估和财政投入方面的评估，仅从公共就业服务的实际效果层面来设定构建评估体系。对此问题，刘剑、王小玲、辛苹、张华、王欣新等均分别撰文阐述提出实证，笔者试图在此基础上做些指标体系的创新尝试。

科学的评估体系应是主客观评价相结合的评估体系。主观可测度的指标是指政策制度、服务项目、服务方式等的满意指数和认可指数，反映的是服务对象对“服务效率高低、服务质量优劣的评判结果”[②]。客观可测度的指标主要是指服务机构数量、分布、场地、设施等硬件条件，以及服务人员的数量与素质等，考察的是公共就业服务机构建设和发展情况。本书只就主观评估指标体系建构进行论述，设计了 7 个一级指标，15 个二级指标和 20 个三级指标即主要观测点，如表 8—1 所示。

公共就业绩效评估是主客观相统一的过程。评估指标体系的建构固然重要，但针对服务客体的评估反馈形式也需要注意。应本着时时评估、事事评估的原则，应用现场观察、座谈访谈、问卷调查等多样化方式开展评估，了解公众的意见、测评公众对公共就业服务机构所提供的服务的期望

① 王浩林：《推进公共就业服务体系的建设：以基本公共服务均等化为视角》，《北方经济》2010 年第 24 期。

② 曹培培：《图书馆服务质量评价方法的思考与改进》，《图书情报工作》2008 年第 4 期。

与其实际感受的差距，而且需要专门的机构负责评估结果的统计、分析、反馈以及监督整改。

表 8—1　　　　　　**公共就业服务建设状态评估指标体系**

一级指标 及权重	二级指标	主要观测点
1. 职业介绍	1.1 职业介绍内容	1.1.1 内容的广度
	1.2 职业介绍成效	1.2.1 信息获得畅通性
		1.2.2 信息的真实性
		1.2.3 信息发布的及时性
		1.2.4 信息发布方式的多样性
2. 职业指导	2.1 职业指导过程	2.1.1 指导内容的广度
		2.1.2 指导方式的灵活度
		2.1.3 指导流程的规范度
	2.2 职业指导成效	2.2.1 职业指导满意度
		2.2.2 职业指导人数
3. 就业培训	3.1 就业培训日常状态授课方式	3.1.1 课程内容设置
		3.1.2 授课教师水平
		3.1.3 授课教师态度
		3.1.4 培训时间安排
	3.2 就业培训效果	3.2.1 就业培训人数
		3.2.2 就业培训质量（参加培训后获取岗位情况获取的相关资格证书）
4. 就业岗位开发	4.1. 公益性岗位开发 4.2 劳务派遣岗位发掘 4.3 创业性岗位扶持 4.4 推动企业吸纳	
5. 就业服务信息化	5.1. 计算机在服务项目中的应用 5.2 互联网网站服务效果	
6. 服务质量保障	6.1 质量保障体系	6.1.1 质量监控
		6.1.2 质量评价
		6.1.3 反馈与效果
	6.2 服务管理	日常服务管理情况
7. 服务特色	7.1 特色服务、实施过程和效果	在实践中凝练出的服务特色及效果说明

科学的公共就业服务评估体系包括多个主体的多个评价标准，本书只是从服务对象角度，探究了公共就业服务建设状态指标体系的建构。在实际的推动公共就业服务评估科学化发展过程中，针对公共就业服务各个环节，面向不同评价主体的评估体系建构都是非常重要的。其中，公共就业服务支出绩效评估体系的建构显得尤为重要。应从“可支配的财力均等化和服务结果均等化两个基点衡量，从投入类、产出类和效果类三个层面分别设立多项评估指标”[①]。其评估结果可作为公共就业服务责任分工和问责机制的重要参照指标，同时也是财政资金分配的重要依据。

（三）以公共就业服务信用体系建设促进评估体系科学化

公共就业服务信用体系是社会信用体系的重要组成部分，它以法规制度为依据，以健全覆盖公共就业服务全领域的信用记录为基础，以树立诚信服务理念、诚信服务、诚信认知为内在要求，目的是提高公共就业服务的信用水平。

目前的公共就业服务评估体系发挥作用的程度有限，科学性有待提高，与信用体系没有真正建立有着密切关系。信用秩序混乱的劳动力市场和公共就业服务主客体各方的信用缺失，影响了评估结果的科学性，也制约了公共就业服务的均等化发展。所以，加强公共就业服务领域信用体系建设刻不容缓。首先，建章立制。诚信建设制度先行，公共就业服务领域的诚信建设方案和诚信制度体系要全面具体，包括各个环节。其次，实施落实。信用管理数据库信息要向社会公开，实行透明化管理；建立健全信用查询和发布制度，完善诚信失信行为的激励惩戒机制，赏罚分明，责权对称。通过信用体系建设，形成公共就业服务新局面。一是守信用、讲信誉。做到公共就业服务信息没有虚假成分，不含歧视内容，信守服务承诺，出现失信行为履行赔偿责任。二是严制度、重管理。健全运行规则和监督检查制度，用制度约束、用制度管理、用制度引领。三是讲文明、善服务。强服务意识，推文明用语，抓服务质量，追求高效服务，满意服务。四是创特色，出实绩。创新的思路，得力的措施，实际的结合，才能推陈出新，取得佳绩。

---

① 陈小平、卓晓奕：《公共就业服务满意度调查研究》，《人力资源管理》2012 年第 1 期。

第四节　本章小结

公共就业服务均等化是国家治理现代化在社会建设领域的一个重要考量指标，是解决民生问题之一的就业问题的有效途径。它体现了中国特色社会主义的核心价值追求——公平正义，是一个社会文明进步的显著标志。公共就业服务均等化是一个长期的过程，需要国家、社会、组织、公民个人群策群力付出艰辛努力。

公共就业服务均等化的实现需要国家、社会、公民三个层面的共同努力，攻坚克难；需要理念引导、顶层设计；需要制度构建，系统推动；更需要实践探索，创新前行。而国家层面的价值导向引领是前提和基础。

从公共就业服务均等化实现的宏观导向层面来看。首先，应该是"以人为本"理念的树立。作为人类实践活动的重要内容的公共就业服务均等化的推进必须以尊重人、理解人、注重人的全面发展为基础理念。只有树立"以人为本"的理念，才能为公共就业服务均等化的推进奠定思想基础。其次，应该是统筹规划，顶层设计。要做到发展与改革的有机结合，要增强公共就业服务体系的系统性，要彰显政府的主导作用，要科学界定公共就业服务与经营性就业服务的边界。再次，是立足现实，因势利导。公共就业服务均等化的推进，必须以现实为基础，从公民最关心、最直接、最现实的就业需求入手，加强针对性、注重实际性、强调实效性，加大投入、促进均等。又次，是依法实施，稳步推进。处处有法律遵循、时时有法律约束、层层有法律监督，才能避免职责不清、权责不明、标准不一、范围不定等问题，在法律框架内推进公共就业服务均等化。复次，全民共享，适当向弱势群体倾斜。一方面，要坚持公共就业服务的全覆盖，保证所有有需求的个体获取公共就业服务的权利，尽力排除性别、年龄、身份、地位和区域等障碍。另一方面，针对公共就业服务项目和方式的需求的群体差异性，做区别性对待和差异性投入，重点向特殊人群尤其是就业困难群体倾斜。最后，要以公平为基，效率引导。公共就业服务供给要考量多种影响因素，不仅强调效率问题，而且还要考虑供给的公平问题，也就是公共就业服务的提供要顾及不同劳动群体、不同劳动者之间的公平，这种公平不仅是感性的认知，更应该是可衡量的量化的维度。

公共就业服务均等化是在国家、政府主导下，社会、组织、个人群策群力的事业，要以改革创新的精神，不断推陈出新，破解难题，市场的决定性作用以政府的宏观指导为条件，盈利性与非营利性相携共生、竞争与合作互相促进、现代化与均等化协调统一，必须采取一系列措施稳步推进。

公共就业服务从促进举措角度来说：第一，要推进相关法律、制度建设现代化。中国的公共就业服务均等化是一个渐进性的实践过程，必须有现代化的稳定的制度体系加以支撑。只有公共就业服务制度体系更加成熟更加稳定，才能更加享受“制度红利”，为均等化的实现打下坚实基础。第二，要促进公共就业服务流程规范化、标准化。公共就业服务均等化是在服务流程中体现的。服务流程的规范化、标准化是公共就业服务均等化的促进因素，推进公共就业服务均等化也要求公共就业服务流程的规范化、标准化。第三，要实现城乡公共就业服务一体化供给。要城乡统筹公共就业服务制度安排，营造公平的就业环境，推进公共就业服务向农村全覆盖，双向强化平等意识，保障农民的就业权利。第四，要保障公共就业服务全领域信息化。信息化公共就业服务全领域有两个层面的含义。一方面，是指在劳动力市场和就业服务体系中广泛应用信息技术，着力建立公共就业服务信息网络，利用信息技术进行公共就业服务资源开发和使用，促进公共就业服务向全体社会成员覆盖，推动公共就业服务发展成果全民共享的进程，从而加快推进公共就业服务均等化的进程。另一方面，是指通过提高公共就业服务信息化水平，推动公共就业服务机构改造、整合、重组，优化公共就业服务流程，提高办事效率，使服务更加专业化，分工更加合理化，使有限的公共就业服务资源发挥最大效能。第五，要实现公共就业服务人员能力化和素质化。能力化、素质化既是过程也是目标，是指不断提升公共就业服务从业人员素质和能力，适应现代化、信息化、时代化的发展，实现与时俱进，在完善和发展中创新。

公共就业服务均等化是一个循序渐进的过程，不但需要政策法律引领，制度环境建设，还需要内涵发展提升，在公共就业服务过程中讲求因地制宜、因人制宜、因势利导，在细节上下功夫，把服务落实、落小、落细。

从公共就业服务均等化的保障措施层面来讲：第一，注重公共就业服务供给的个性化。包括个性化帮扶、创建个性化服务品牌、一对一的职业技能培训等。第二，推进公共就业服务主体的多元化。多元化供给模式的实行，提高公共就业服务效率是目的之一，节约资源、提高资源利用率是目的之二。在多元化供给模式下，公益性的达成要通过政府多种经济调控手段来实现。第三，推动公共就业服务财政投入的均衡化。要完善分税制财政体制，明晰各级政府财权责任；优化财政支出结构，加大积极性服务项目投入力度；加强转移支付力度，促进财政公平；健全专项资金使用制度、加大基层公共就业服务资金支持；实施扁平化管理方式，推进省直管县财政管理方式改革。第四，促进公共就业服务需求表达机制的畅通化。这就要求培养“积极”公民、提高弱势群体的组织化程度、建立公共参与机制。第五，推进公共就业服务监督机制的常态化。在多元公共就业服务框架体系中，作为这一公共产品的主要供给者，政府集协调、领导、整合与管理等任务于一身，在组织实施公共就业服务过程中的行为理应受到监督，在阳光下运行才能保障为民服务的本质。第六，推动公共就业服务评估体系的科学化。在实际的推动公共就业服务评估科学化发展过程中，针对公共就业服务各个环节、面向不同评价主体的评估体系建构都是非常重要的。其中，公共就业服务支出绩效评估体系的建构显得尤为重要，要以公共就业服务信用体系建设促进评估体系科学化。

结　　语

公共就业服务均等化是党中央、国务院关于公共服务均等化的战略部署在公共就业服务领域的体现，也是中国公共就业服务发展创新的方向。30 多年的改革开放使中国社会生产力不断发展，综合国力不断提高，但经济转轨和社会转型也相伴而生。时至今日，中国已由生存型社会进入发展型社会。依据马斯洛的需要层次理论，处于发展型社会的人们的需要已不再仅仅停留在生存层面，而是向发展、向自我实现等更高层次迈进。相应地，广大社会成员对教育、医疗卫生、就业、社会保障等公共服务提出了新的更高的要求。公共就业服务均等化是社会公平的重要标志，也是保障劳动者平等就业权、生存权和发展权的重要举措。推进公共就业服务均等化是保障公共就业服务资源有效、合理配置的重要措施，有利于减少和消除公共就业服务资源的不当配置、过度供给和浪费，使有限的公共就业服务资源得到最有效的利用，发挥最大作用。公共就业服务均等化的实现对促进人力资源开发和经济发展，促进小康社会建设，促进社会公平正义的实现，对实现中华民族伟大复兴的宏伟目标都发挥着重要作用。当前，在建设有中国特色的社会主义伟大实践中，社会建设事业的发展创新，在很大程度上取决于民生问题的解决，而民生问题的本质和关键是就业问题。实践呼唤理论，理论指导实践，作为国家治理现代化宏伟目标实现的重要载体之一的公共就业服务，只有实现现代化、均等化才能为整个社会带来公平和正义。

公共就业服务均等化的实质是实现公平就业。均等化就是由政府主导，克服劳动力市场由于城乡差异、劳动者素质差异及劳动力市场制度规则不完善等原因在资源配置上带来的就业机会不平等，消除不同层次和程度的就业歧视。要实现公共就业服务均等化就要遵循公共资源投入均等原则、就业机会平等原则、公民同等受益原则。公共就业服务均等化的实现过程是由多种公共就业服务内容的均等化组成的。包括就业政策咨询、人力资源信息提供、就业登记等。通过对省际、地区间、城乡间的公共就业服务均等化水平测度，发现中国公共就业服务存在的问题有：公共就业服务均等化水平总体较低，省际和地区间公共就业服务的均等化差异状况明显，公共就业服务均等化水平与省域经济发达程度的契合度不高，不充足和不均衡的公共就业服务投入现象依然存在，公共就业服务人力、物力、资源地区分布不均，公共就业服务受益群体间的服务不对等，地方政府存在公共就业服务偏好的差异。这些问题的产生受诸多因素的影响。宏观层面的因素包括基本国情的制约、改革开放后的发展战略的制约、制度体制层面的制约等。中观层面的因素包括缺陷性财政分配制度制约、区域内的地区经济发展不平衡制约、区域自然条件差异制约。微观层面的因素包括公共就业服务管理体系制约、公共就业服务供给机制制约、就业需求表达机制制约。

发达国家的公共就业服务均等化实践给予我们很多有益启示。一是要进一步明确政府公共就业服务机构存在与发展的目的。二是要加大中央政府的支持力度，提高公共就业服务均等化水平。三是政府在促进就业中要采取有成效的措施。四是要积极鼓励民间机构参与公共就业服务，满足社会需要。五是要把职业生涯规划指导理念贯穿于公共就业服务全程。六是要强化就业信息服务。七是要注重特殊服务项目和对特殊群体的服务。当然，发达国家在公共就业服务过程中也暴露出很多问题和缺陷，需要我们引以为戒。有的国家就业服务和福利计划的管理完全合并，容易造成服务人员的角色定位不准确，影响双方的服务效果；公共就业服务外包给私营机构的做法在面对新的就业群体、就业形势的情况下，存在服务滞后性的缺点；在公共就业服务计划的新旧更新交替中，由于没有充分考虑政策的延续性和新旧计划之间的接续效应，存在资源浪费和计划实施不了了之的问题。这些都是我们在实际运行过程中应当避免的。

公共就业服务均等化是国家治理现代化在社会建设领域的一个重要考量指标。它体现了中国特色社会主义的核心价值追求——公平正义，是一个社会文明进步的显著标志。公共就业服务均等化是一个长期的过程，需要国家、社会、组织、公民个人群策群力付出艰辛努力。

公共就业服务均等化是一项复杂的系统工程。随着经济社会的发展，公共就业服务不断拓展其内涵和外延，而“均等化”是适应社会发展需要，适应时代特征的新的发展理念和要求。基于此，本书选择公共就业服务均等化进行系统研究，这会对进一步推进公共就业服务均等化具有重要的理论意义和实践意义，但是由于篇幅约束和能力所限，公共就业服务均等化还需要在今后进行更深入的研究。

参考文献

中文文献

[1] 陈思霞:《中国基本公共服务均等化评估及优化机制研究》,经济科学出版社 2015 年版。

[2] 豆建民、刘欣:《中国区域基本公共服务水平的收敛性及其影响因素分析》,《财经研究》2011 年第 10 期。

[3] 封铁英、仇敏:《新形势下公共就业服务体系创新:框架、要素与效率》,《人文杂志》2012 年第 6 期。

[4] 高静:《公共财政的政治过程》,南京大学出版社 2015 年版。

[5] 葛晓梅、何长江:《转型期非政府组织参与公共危机管理的困境及其出路》,《贵州社会科学》2011 年第 1 期。

[6] 胡鞍钢:《治理现代化的实质是制度现代化——如何理解全面深化改革的总目标》,《人民论坛》2013 年第 2 期。

[7] 黄恒学:《公共经济学》,北京大学出版社 2009 年版。

[8] [英] 凯恩斯:《就业、利息和货币通论》,世界图书出版公司 2011 年版。

[9] [美] 康芒斯:《制度经济学(上、下)》,赵睿译,华夏出版社 2013 年版。

[10] 李善同:《农民工在城市的就业、收入与公共服务——城市贫困的视角》,经济科学出版社 2009 年版。

[11] 李天舒:《公共就业服务体系的基本特征和建设思路》,《经济研究导刊》2014 年第 10 期。

[12] 李宗泽、张玉杰:《澳大利亚人力资源服务业和公共就业服务外包制度》,中国人事出版社 2013 年版。

[13] 刘嘉慧：《公共就业服务均等化的财政责任分析》，《劳动保障世界》2014 年第 2 期。
[14] 刘剑、蒋红军：《我国公共就业服务中的问题与对策——基于社会管理创新的视角》，《党政干部学刊》2013 年第 8 期。
[15] [美] 罗尔斯：《正义论》，何怀宏等译，中国社会科学出版社 1988 年版。
[16] 麻宝斌、董晓倩：《中国公共就业服务均等化问题研究》，《东北师大学报》（哲学社会科学版）2009 年第 6 期。
[17] 莫荣：《国外就业理论、实践和启示》，中国劳动社会保障出版社 2014 年版。
[18] [英] 庇古：《福利经济学》，朱泱等译，商务印书馆 2006 年版。
[19] 孙德超、贺晶晶：《公共就业服务不均等的现实考察及均等化途径研究》，《河南师范大学学报》（哲学社会科学版）2011 年第 5 期。
[20] 王飞鹏：《中国公共就业服务均等化问题研究》，首都经济贸易大学出版社 2013 年版。
[21] 王浩林：《推进公共就业服务体系的建设——以基本公共服务均等化为视角》，《中国管理信息化》2012 年第 7 期。
[22] 王磊：《公共产品供给主体选择与变迁的制度经济学分析》，经济科学出版社 2009 年版。
[23] 王丽平：《我国公共就业服务均等化问题探析》，《新视野》2013 年第 5 期。
[24] 汪盛玉：《马克思社会公正思想论》，安徽师范大学出版社 2014 年版。
[25] 王钰：《在以人为本理念下构建公共就业服务体系》，《新西部》2010 年第 9 期。
[26] 魏国学：《城镇化进程中的三大问题：就业、土地和公共服务》，人民日报出版社 2015 年版。
[27] 温俊萍：《政府购买公共就业服务机制研究》，《中国行政管理》2010 年第 10 期。
[28] 吴忠民：《社会公正论》，山东人民出版社 2004 年版。
[29] 习近平：《切实把思想统一到党的十八届三中全会精神上来》，《求是》2014 年第 1 期。

[30] 肖六亿:《技术进步的就业效应——基于宏观视角的分析》,人民出版社 2009 年版。

[31] 徐云辉、崔力夫:《完善我国公共就业服务制度的路径探讨》,《经济纵横》2013 年第 7 期。

[32] 阎坤:《公共服务均等化问题研究》,《经济研究参考》2007 年第 5 期。

[33] 阳斌:《当代中国公共产品供给机制研究》,中央编译出版社 2012 年版。

[34] 杨河清、王飞鹏:《我国公共就业服务平台保障体系成绩与问题》,《中国就业》2010 年第 7 期。

[35] 杨慧、朱汉平:《公平正义:公共就业服务均等化的核心价值追求》,《经济研究导刊》2011 年第 33 期。

[36] 姚裕群、傅志明:《发展与就业》,中国劳动社会保障出版社 2010 年版。

[37] 曾湘泉等:《劳动力市场中介与就业促进》,中国人民大学出版社 2008 年版。

[38] 张海枝:《我国公共就业服务均等化现状研究》,《兰州学刊》2013 年第 6 期。

[39] 张宏军:《公共就业服务均等化及其实现路径》,《商业经济研究》2015 年第 10 期。

[40] 张明龙:《我国就业制度的六十年变迁》,《经济理论与经济研究》2009 年第 10 期。

[41] 赵建国、廖藏宜:《我国地区间基本公共服务供给均等化问题分析——基于中央财政转移支付的视角》,《宏观经济研究》2015 年第 8 期。

[42] 赵云旗、申学锋:《促进城乡基本公共服务均等化的财政政策研究》,《经济研究参考》2010 年第 16 期。

[43] 郑安文:《科学发展关系下实现我国区域经济协调发展的必然选择》,《商场现代化》2006 年第 2 期。

[44] 周爱军:《河北省公共就业服务均等化路径探析》,《河北学刊》2012 年第 2 期。

[45] 祝海畅:《我国公共就业服务政策绩效研究——基于面板数据的 DEA

分析》，《经营管理者》2013 年第 10 期。
[46] 朱玲：《德国就业政策改革》，《学习时报》2008 年 7 月 14 日 2 版。
[47] 竺淑琴：《澳大利亚公共就业服务模式》，《中国劳动》2006 年第 12 期。
[48]《中美德公共就业服务比较——公共就业服务课题报告》，中国劳动社会保障出版社 2013 年版。

英文文献

[1] A. M. Dockeiy, T. Stromback, 2011, "Devolving Public Employment Services: Preliminary Assessment of the Australian Experiment", *International Labour Review*, Vol. 140, No. 4, pp. 429 – 451.
[2] Afonso A., Fernandes S., 2008, "Assessing and Explaining the Relative Efficiency of Local Government", *Journal of Socio – Economics*, Vol. 37, No. 5, pp. 1946 – 1979.
[3] Alex Nunn, Tim Bickerstaffe, Ben Mitchell, 2009, "International Review of Performance Management Systems in Public Employment Services (Research Report No. 616)", Norwich: Department for Work and Pensions.
[4] Alfred Dockery, Thorsten Stromback, 2001, "Devolving Public Employment Services", *International Labor Review*, Vol. 140, No. 4, pp. 217 – 229.
[5] Bodil Damgaard, Jacob Torfing, 2010, "Network Governance of Active Employment Policy: the Danish Experience", *Journal of European Social Policy*, Vol. 20, No. 3, pp. 248 – 262.
[6] Bosch N., Pedraja F., Suarez – Pandiello J., 2000, "Measuring the Efficiency of Spanish Municipal Refuse Collection Services", *Local Government Studies*, Vol. 26, No. 3, pp. 71 – 90.
[7] Chi – Cheng Chang, 2013, "Improving Employment Services Management Using IPA Technique", *Expert Systems with Applications*, Vol. 33, No. 17, pp. 322 – 339.
[8] Chris Grover, 2009, "Privatizing Employment Services in Britain", *Critical Social Policy*, Vol. 29, No. 3, pp. 487 – 509.

[9] Christian Holzner, Sonja Munz, 2013, "Should Local Public Employment Services be Merged with Local Social Benefit Administrations?", *Journal for Labour Market Research*, Vol. 29, No. 462, pp. 1197 – 1216.

[10] Chung – Yi Chiu, et al., 2014, "State Rehabilitation Services Tailored to Employment Status Among Cancer Survivors", *Journal of Occupational Rehabilitation*, Vol. 10, No. 1, pp. 37 – 79.

[11] Colin Lindsay, Ronald W., McQuaid, 2008, "Inter – agency Co – operation in Activation: Comparing Experiences in Three Vanguard Active Welfare States", *Social Policy and Society*, Vol. 13, No. 7, pp. 353 – 365.

[12] Denis Fougère, Jacqueline Pradel, Muriel Roger, 2009, "Does the Public Employment Service Affect Search Effort and Outcomes?", *European Economic Review*, Vol. 38, No. 1, pp. 537 – 542.

[13] Dockery A. M., Stromback T., 2001, "Devolving Public Employment Services: Preliminary Assessment Australian Experiment", *International Labour Review*, Vol. 140, No. 4, pp. 102 – 119.

[14] Donk, L. Van, J. de Koning, 2005, "Mediation Services and the Outflow from Short – term Unemployment: Average and Relative Effectiveness of Public Employment Services", SEOR Working Paper.

[15] Elizabeth Webster, Glenys Harding, 2008, "Outsourcing Public Employment Services: The Australian Experience", *Australian Economic Review*, No. 11, pp. 42 – 54.

[16] Gerald W. McEntee, 2006, "The New Crisis of Public Service Employment", *Public Personnel Management*, Vol. 35, No. 4, pp. 323 – 346.

[17] Heike Boeltzig Brown, Chuji Sashida, Osamu Nagase, William E. Kiernan, Susan M. Foley, 2013, "The Vocational Rehabilitation Service System in Japan", *Journal of Vocational Rehabilitation*, No. 3, pp. 127 – 135.

[18] Hugh G. Mosley, 2011, "Decentralization of Public Employment Services", Brussels: DG Employment.

[19] Hungyang Lin, Shujung Li, Huifen Hung, 2014, "A Good Strategy to Pull the Needy out of Poverty? Contracting out the Public Employment Services for the Poor in Taiwan", *Poverty & Public Policy*, No. 12, pp. 42 – 63.

[20] Jaimie C. Timmons, Doria Pilling, Heike Boeltzig, Robyn Johnson,

2013, "Public Employment Services in the US and Great Britain: Employer Engagement Strategies that Generate Work forIndividuals with Disabilities", *The Journal of Workforce Development*, Vol. 6, No. 1, pp. 9 – 21.

[21] Joachim Bol, Lars Heberg, 2013, "Performance Management and Evaluation in the Danish Public Employment Service", *New Directions for Evaluation*, No. 137, pp. 57 – 67.

[22] Jun Zheng, Jundong Tang, Jiansheng Gao, 2012, "Construction of Graduate Employment Service System Based on Public Information Platform", *AASRI Procedia*, Vol. 31, No. 2, pp. 79 – 86.

[23] Killackey Eóin, Waghorn Geoff, 2008, "The Challenge of Integrating Employment Services with Public Mental Health Services in Australia: Progress at the First Demonstration Site", *Psychiatric Rehabilitation Journal*, No. 11, pp. 297 – 321.

[24] L. Stmyven G., Steurs V., 2005, "Design and Redesign of a Qiiasi – market for the Reintegration of Jobseekers", *Journal of European Social Policy*, No. 3, pp. 211 – 229.

[25] Liesbeth Van Parys, Ludo Struyven, 2013, "Withdrawal from the Public Employment Service by Young Unemployed: A Matter of Non – take – up or of Non – compliance? How Non – profit Social Work Initiatives May Inspire Public Services", *European Journal of Social Work*, No. 12, pp. 164 – 178.

[26] Ludo Struyven, Line Van Hemel, 2009, "The Local Integration of Employment Services: Assessing Network Effectiveness of Local Job Centers in Flanders", *Environment & Planning C: Government & Policy*, Vol. 27, No. 6, pp. 1055 – 1071.

[27] Ludo Struyven, 2014, "Varieties of Market Competition in Public Employment Services: A Comparison of the Emergence and Evolution of the New System in Australia, the Netherlands and Belgium", *Social Policy & Administration*, No. 2, pp. 39 – 63.

[28] Management Advisory Committee, 2004, "Connecting Government: Whole of Government Responses to Australia's Priority Challenges", Canberra: Australian Public Service Commission.

[29] Mark Bovens, 2007, "Analyzing and Assessing Public Accountability:

A Conceptual Framework", *European Law Journal*, Vol. 38, No. 4, pp. 447 - 468.

[30] Matthias Knuth, Broken Hierarchies, 2014, "Quasi - markets and Supported Networks: A Governance Experiment in the Second Tier of Germany's Public Employment Service", *Social Policy & Administration*, Vol. 27, No. 5, pp. 463 - 482.

[31] Melinda T. Neri, Alice Wong, Charlene Harrington, 2013, "Barriers to Use of Workplace Personal Assistance Services to Support Employment in California", *Journal of Disability Policy Studies*, No. 4, pp. 19 - 37.

[32] Núria Rodríguez - Planas, Benus Jacob, 2010, "Evaluating Active Labor Market Programs in Romania", *Empirical Economics*, Vol. 12, No. 21, pp. 371 - 381.

[33] Oachim Boll, Lars Hoeberg, 2013, "Performance Management and Evaluation in the Danish Public Employment Service", *New Directions for Evaluation*, Vol. 27, No. 137, pp. 57 - 67.

[34] Olfgang Ludwig Mayerhofer, Olaf Behrend, Ariadne Sondermann, 2014, "Activation, Public Employment Services and their Clients: The Role of Social Class in a Continental Welfare State", *Social Policy & Administration*, Vol. 49, No. 2, pp. 485 - 491.

[35] Oliver Bruttel, 2005, "Delivering Active Labour Market Policy through Vouchers", *International Review of Administrative Sciences*, Vol. 7, No. 3, pp. 1011 - 1023.

[36] Perri, 1997, "*Holistic Government*", London: Demos.

[37] Peter J. May, Soren C. Winter, 2007, "Collaborative Service Arrangements", *Public Management Review*, Vol. 9, No. 4, pp. 479 - 502.

[38] Philip D. Osei, Joan N. , Nwasike, 2010, "*The Contract System of Employment for Senior Government Officials: Experiences from Africa*", Commonwealth Secretariat.

[39] Pierre Koning, 2009, "The Effectiveness of Public Employment Service Workers in the Netherlands", *Empirical Economics*, Vol. 24, No. 2, pp. 372 - 383.

[40] Ronald G. Sultana, A. G. Watts, 2006, "Career Guidance in Public

Employment Services Across Europe", *International Journal for Educational and Vocational Guidance*, Vol. 34, No. 7, pp. 61 – 77.

[41] Ronald H. Coase, 1960, "The Problem of Social Cost", *Journal of Law and Economics*, No. 3, pp. 1 – 44.

[42] Ryan C. M., Walsh R., 2004, "Collaboration of Public Sector Agencies: Reporting and Accountability Challenges", *International Journal of Public Sector Management*, Vol. 13, No. 7, pp. 621 – 631.

[43] Smuelson P. A., 1954, "The Pure Theory of Public Expenditures", *The Review of Ecnomics and Statistics*, Vol. 36, No. 7, pp. 387 – 389.

[44] Thomas Bredgaard, Flemming Larsen, 2007, "Implementing Public Employment Policy", *International Journal of Sociology and Social Policy*, Vol. 27, No, 7, pp. 212 – 231.

[45] Vroman, 2009, "The Aggregate Labor Market Effects of the Swedish Knowledge Lift Program", *Review of Economic Dynamics*, Vol. 17, No. 1, pp. 24 – 27.